U0892216

高等院校文化产业基础教材

WENHUA CHANYE

丛书主编 王育济 韩 英

文化消费心理学

赵爱国 主编

海峡出版发行集团 THE STRAITS PUBLISHING & DISTRIBUTING GROUP | 福建人民出版社 FUJIAN PEOPLE'S PUBLISHING HOUSE

图书在版编目（CIP）数据

文化消费心理学/赵爱国主编. --福州：福建人民出版社，2014.2（2019.2 重印）

高等院校文化产业基础教材/王育济，韩英主编

ISBN 978-7-211-06863-0

Ⅰ.①文… Ⅱ.①赵… Ⅲ.①文化产业—消费心理学—高等学校—教材 Ⅳ.①G114②F713.55

中国版本图书馆 CIP 数据核字（2012）第 300337 号

文化消费心理学

WENHUA XIAOFEI XINLIXUE

主　　编：赵爱国
责任编辑：黄须友　江叔维
出版发行：福建人民出版社　　　　**电　　话**：0591-87533169(发行部)
网　　址：http://www.fjpph.com　　　　**电子邮箱**：fjpph7211@126.com
地　　址：福州市东水路 76 号　　　　**邮政编码**：350001
经　　销：福建新华发行（集团）有限责任公司
印　　刷：福州万达印刷有限公司
地　　址：福州市仓山区金山大道 618 号橘园洲工业园 19 号楼
开　　本：787 毫米×1092 毫米　1/16
印　　张：14.25
字　　数：229 千字
印　　数：6001—9000
版　　次：2013 年 12 月第 1 版　　　　2019 年 2 月第 3 次印刷
书　　号：ISBN 978-7-211-06863-0
定　　价：29.00 元

本书如有印装质量问题，影响阅读，请直接向承印厂调换。

版权所有，翻印必究。

序

2004年1月，教育部新设“文化产业管理”本科专业，山东大学历史文化学院成为全国首批承担这一专业的四个院系之一，并于当年实现了本科招生。次年春，山东大学文化产业管理学系成立。

任何一门学科的基础与范式，都只能建立在对研究史的总结之上，这是学科建设的第一块基石。山东大学已故史学名师郑鹤声先生有言：历史系每成立一个教研组，其首要工作必是整理学界相关著述之索引。基于这种办学传统，山东大学文化产业管理学系成立伊始，即会同历史系、档案系、考古系等，着手基础资料库的建设，并渐次启动《中国文化产业学术年鉴》(1979—2008年各卷）的编纂工作。《中国文化产业学术年鉴》按学术编年史的框架，通过“年度学术论著选编”“评价集成与结论”“研究总目索引”等形式，对改革开放30年来中国文化产业研究的学术历程进行了系统的梳理。《中国文化产业学术年鉴》的编纂工作历时7年，出版后获得学术界、文化界的广泛好评，被认为是“涵盖了近30年相关领域中最完整的学术信息和最丰富的理论内容，既包括文化产业的概念、定义、逻辑内涵、行业边际、学科特点等学理方面的研究，又包括中国文化产业的历史、现状、行业模式、区域布局、新兴业态、业内典范等方面的宏观理论、政策和案例研究……近700万字的各类索引，更是为文化产业的学术理论研究和文化产业发展提供了海量资讯”(《光明日报》2010年3月31日)；产业界、政府管理层，甚至央视《新闻联播》等，也对这套历时7年而成的学术年鉴给予了特别关注。

与《中国文化产业学术年鉴》相类似，现由福建人民出版社出版的这套“高等院校文化产业基础教材”，也是山东大学文化产业管理学系成立伊始即已启动，历时多年才完成的一套大学本科基础教材。该教材所对应的都是山东大学文化产业管理专业的核心课程，从最初的备课教案、自编讲义开始，经历过2004年至2012年间的若干轮授课实践和若干轮修改。

同时，这也是目前国内唯一一套由同一个院系的一线授课教师完成的本科基础教材。因而，除了相对严谨、扎实之外，这套教材也非常适合大学本科教学。

作为一套完全由山东大学一线授课教师所完成的教材，自然还会表现出某些“山大特色”，即山东大学师生有关文化产业的某些共识性的理念。

第一，关于“文化产业”自身的发展历程，我们的共识有两点：

1. 认为“文化产品”的历史可以追溯久远，但“产业”意义上的“文化产业”则是现代“工业革命”后形成的一种产业体系。工业革命提供了强大的能源动力，如留声机、照相机、印刷机、播放器、摄影机等可以把一件文化产品按产业的需求海量复制，火车、轮船、飞机又足以把海量文化产品的营销链条无限延展。正是伴随着工业文明体系的建立，才产生了真正产业意义上的现代文化产业。

2. 认为“农业文明”关联的只是“文化产品”，“工业文明”关联的是“现代文化产业”，而数字技术关联的则是“当代文化产业”。数字技术对文化产业的最大影响，就是使文化产品彻底突破了时间与空间的限制，从而创造出巨大的利润，“文化产业”也因此而成为“朝阳产业”“黄金产业”，或“最后一块暴利蛋糕”。但是，这也同时提醒我们，不能笼统地把“文化产业”认定为“朝阳产业”，只有数字技术所催生的“当代文化产业”才是“朝阳产业”。从这一意义上说，以“三屏产品”（电视屏、网络屏、手机屏）为代表的数字文化产业，应该成为当代文化产业发展的主要方向。

第二，关于文化产业的公众认知和理论导向，我们的共识有四点：

1. 认为“文化、创意、财富”是文化产业三个最为本质的表达元素，也是“文化产业”最通俗、最平实的诠释。

2. 认为“文化”经过“创意”而产生“财富”，这之间并不存在“阿里巴巴”式的神话，存在的永远是《资本论》中所描述的从商品到货币的“惊险一跃”。而且，与工业、农业相比，文化产业的市场需求是“弹性”而非“刚性”的，这也就意味着这一产业更大的风险性。因而在宣传文化产业是“黄金产业”“最后一块暴利蛋糕”的同时，更应突出“文化产业的高风险性”这一往往被忽视的观点。

3. 认为文化产业的发展对“文化”始终是一把双刃剑，既有普及、提升文化的功能，又始终包含着强烈的“反文化性”。

4. 高度认同“历史文化资源的丰富是中国文化产业的最大特点和最大

的优势所在”。2002年的中国共产党第十六次全国代表大会，首次在大会报告中提出发展文化产业的战略部署。2003年1月，时任中共中央政治局委员、中国社科院院长的李铁映撰文指出：“中华民族有着五千年悠久的历史和灿烂的文化，其文化累积之丰厚、文化形态之多样和文化哲学之深刻，是世界上其他国家少有的。这是一笔怎么估价也不过分的宝贵的文化资源，是我们得天独厚的优势。对于中国新兴的文化产业来说，启动并整合、包装这些文化资源，就有可能形成具有中国特色的文化产业，并在全球市场的激烈竞争中占有可观的优势。”这些关于中国文化产业优势与特征的科学认识，至今仍然有着强烈的导向意义，当下中国文化产业最现实、最积极的发展策略就是如何将“历史文化资源大国”变为“文化产业强国”。这其中，历史文化资源与数字技术的结合，可能是最值得关注的方向。

第三，关于近30年中国文化产业理论研究的“学理架构”和当下的学科建设，我们的共识有三点：

1. 认为“文化产业”这一概念在近30年的中国出现，并不是对法兰克福学派“文化工业”概念的简单转译，它的生成，可以直接追溯到改革开放之初对知识分子地位的认定：由于当时知识分子已从“臭老九”跃升为工人阶级的一部分，于是各个“知识部门”，如教育、文化部门等，也就与“农业”“工业”一样，成为“一种生产部门，一种产业部门”。正是在这种理论思维的推动下，“第三产业”的概念在1980年前后即为中国学术界所关注。“第三产业”作为一个包含着“知识生产”在内的术语，又直接导致了“文化产业”这一概念的生成。因而早在1981年就出现了“文化的产业化”的说法，出现了“第四产业”与“精神经济学”之间的讨论，至1987年就出现了“文化产业”的概念。尽管当时尚无学者对这一概念进行定义，但是这一概念所具有的“望文生义”的优势十分明显，与中国传统思维的路数亦十分吻合——无需定义和解说，即可粗知内涵。正因如此，“文化产业”这一概念才能超越“第四产业”“精神经济学”，以及后来的“文化工业”“创意产业”“内容产业”“版权产业”等外来概念，被中国学术界和社会普遍接受。“文化产业”这一概念在中国首度出现的时间是1987年，远早于20世纪90年代末才为学界所引介的“文化工业”，因而“文化产业概念的内生性”，是近30年来中国文化产业理论最重要的“学理性起点”。

2. 认为作为国家战略层面上的文化产业发展起始于近十年，但关于文化产业的学术研究则贯彻于近30年。其中重要的节点是：1979年以来经济学界关于“精神产品”和“知识价值”的讨论；20世纪80年代学术界关于“第三产业”“第四产业”“精神经济学”“文化市场”“文化个体户与经纪人”“文化搭台与经济唱戏”“大众消费文化与精英文化”的讨论；20世纪80年代中期“文化产业”概念的首度出现，以及20世纪90年代有关“文化产业”“创意产业”“版权产业”“文化经济学”“文化管理学”的诸多讨论；2000年以来关于“文化事业与文化产业”的讨论，以及党的十六大以后国家战略层面上的文化产业研究；等等。对这些节点进行整合性梳理，可以为当下中国文化产业学科奠定坚实的基石，也是创立有中国气派、中国风格的文化产业理论体系的必由之路。

3. 认为文化产业管理专业作为教育部新设的一个十分年轻的应用型专业，就其人才培养目标而言，可以简单表述为：既要有纵贯古今的文化视野，也要有策划经营的文化理念，以及现代产业意识和经营思路的复合型人才。但就课程的设置和教学的重心而言，文化产业管理专业显然应该与具体的工艺美术设计、图书编辑出版、游戏创意、景区规划，以及演艺产业、广告产业、体育产业、旅游产业等有所区别。所以，在文化产业的教学、科研和学科建设中，应该突出“通识意识”“学问意识”和“经典意识”，要从学术史的梳理中奠定这一应用学科的学理基础；要引导学生关注工业革命以来有关“文化工业”“文化产业”的经典文献，关注近30年来中国学术界在文化与文化产业问题上的深度思考，从而保持大学教育应有的内在思想的活力、反省能力、质疑能力和价值动力。换言之，“文化产业”这一学科所面对的问题可能非常现实、非常政治和非常经济，但大学教育和学科建设仍应该与“现实”“政治”“经济”拉开距离，要努力建立并坚持大学自身的学术话语，并依据大学应有的治学逻辑设计学科建设的路径。

以上理念和观点主要体现在《山东大学关于增设“文化产业管理”本科专业的建议报告》（2003年）、《山东大学关于建立山东省文化产业研究基地的论证报告》（2003年）、《培养文化产业管理专业的合格人才》（2004年）、《文化产业：学术阐释的原则与目的》（2006年）、《加强文化产业的基础理论研究》（2006年）、《文化·创意·财富：三论“文博会”主题词》（2006年）、《论文化、创意、财富三者之间的关系》（2006年）、《关于文化创意产业的几点认识》（2006年）、《也谈文化与文化产业的关系》（2006年）、《1987：中国文化产业的重要节点》（2009年）、《中国文化产业学术年鉴2003—2008年卷出版说明》（2009年）、《中国文化产业学术年鉴1979—2002年卷特别说明》（2009年）、《文化产业学科建设要有四大意识》（北京大学第七届文化产业新年论坛主题发言）（2010年）、《济南历史文化资源与文化产业》（济南市政策研究室委托课题结项报告；文化部基层文化干部培训班讲义）（2012年）、《数字技术与当代文化产业》（济南市第三届青年科学家论坛主题发言）（2012年）等相关文献和著述中。山东大学的各位同仁在教学和研究中对这些方面的问题思考和讨论也较多，所形成的共识也都以这样或那样的方式渗透、沉淀在这套教材的相关章节之中。这也使得这套教材有了一些区别于其他著述的显著特色。

这套“高等院校文化产业基础教材”的出版，得益于福建人民出版社的全力支持和赖炳伟先生的促成，从选题调研、审定编写提纲、编稿到今天的付梓，时间已过去了一年多，这期间，赖炳伟先生以及责任编辑们的工作热忱和辛劳，感动了我们每一位作者。可以说，没有他们的努力，这套教材可能还会以内部讲稿的形式存在若干年。

《中国文化产业学术年鉴》（1979—2008年各卷）的编纂和这套教材的出版，大致夯实了山东大学文化产业学科建设的基础，但能否在这一基础上更筑层楼，显然还有待更多的努力。

是为序。

王育济

2012年8月23日

目　　录

第一章　消费心理与文化消费心理

随着我国经济社会的转型发展，传统行业面临诸多挑战，文化产业在国家的大力倡导和扶持下，在文化消费需求不断增长的推动下迅速发展。西方国家的文化产业与文化消费比中国更加发达，也形成了比较成熟的文化产业和文化消费的代表性理论。美国未来学家托夫勒早在20世纪80年代就在《第三次浪潮》中提出人类社会步入后工业社会后将进入一个物质财富极为丰富的社会，并开始进入更高精神层次追求发展阶段。[①] 20世纪末，同样是美国学者提出了“体验经济”的概念，消费者既是消费者又是生产者，消费者成为价值创造的主体，体验消费带来的愉悦。[②] 在现代社会节奏快、压力大、精神紧张和不确定的环境下，人们需要借助更多的更丰富的文化娱乐产品，以满足自己的心理需求，消费者除了“关注文化商品的实用价值外，更要关注文化商品的审美价值。”[③] 文化消费成为非常重要的消费选择，大众文化消费的时代已经到来。

第一节　消费心理与文化消费心理

一、消费心理

重视消费者的消费心理是所有营销活动最关键的选择。“攻心为上”“得人心者得天下”是永恒的道理。著名营销专家林伟贤认为，完整的商业模式必须了解企业的消费者是谁？消费者有什么需求？企业为消费者提

---

① ［美］阿尔温、托夫勒著，米志焱等译：《第三次浪潮》，90页，北京，三联书店，1984。

② 约瑟夫·派恩、詹姆斯·吉尔摩：《体验经济》，22页，北京，机械出版社，2002。

③ 吴玉红：《论消费社会的文化消费与文化审美》，《学术界》，2012（11）。

供什么？提供的产品、服务有什么特点？企业如何提供产品、服务以满足消费者的需求？[①] 企业必须关注消费者的需求，而消费者最高兴的事情是觉得被增值。台湾地区的85度C咖啡面包店，星巴克开在哪里它就开在哪里，星巴克能够提供的，它都能够提供，而且品质一样，价格只有星巴克的1/3，省下的钱可以买它的可口美味的面包、点心，消费者会感觉自己真的很有增值感。所以企业发展非常快，在上海2010年就有90多家店开业，当年在台湾上市，168元新台币挂牌，收盘新台币400元。它的成功在于站在为消费者的角度充分考虑消费增值问题，于是有了很神奇的发展速度。[②]

消费心理是决定消费行为的前提。随着社会生产力的不断发展，消费者的选择空间日益扩大，消费心理对人们消费行为的影响越来越直接。随着社会的快速发展，商品和服务的提供越来越丰富，绝大多数商品已经进入买方市场，人们的消费心理与行为越来越复杂，消费心理与行为成为企业和学界关注的重要问题。消费是人们日常生活中非常普遍的行为，也可以说是延续生命和自身发展的一直在进行的行为，人们不仅消费物质资源也消费非物质资源，不仅要满足物质需要，也要满足精神需求。人们的消费行为是在心理支配下有意识的过程。消费心理学是研究消费者消费行为中以不同形式表现出来的一般心理规律。

消费心理是消费者在消费过程中或消费活动中的心理活动过程和心理现象的综合表现。不同的消费者在长期的消费过程中其消费心理既有受到多种因素，如文化传统、习俗、时尚等影响形成的心理共性，也有受到个性心理影响形成的个性消费心理。人们的消费心理受到社会消费环境的影响非常明显。如在全球金融危机的影响下人们的消费心理明显趋于谨慎。

研究消费心理必然涉及消费与消费者。从消费心理学的意义上讲，消费心理还涉及群体消费、组织消费行为等问题的研究。

消费是与人类社会的形成相一致的，有了人就有消费行为。人类消费行为的不断发展变化也见证和反映了人类社会的不断进步。从原始人类的茹毛饮血、以树草作衣，以简单的石器作为生产工具，劳动生产率极为低下，仅仅能够满足最基本的生存需求，到春秋战国以后，社会生产能力不断提升，再到文景之治，盛唐气象，一直到现代社会，随着社会生产力的

① 林伟贤：《最佳商业模式》，167页，北京，联合出版公司，2011。

② 林伟贤：《最佳商业模式》，19页，北京，联合出版社，2011。

提升，人们的生活发生了巨大变化，而追求生活消费水平和质量的不断改善、追求生活品质的提升是社会发展最直接的推动力，人们的心理需求和动机具有强大的原动力。而与消费发展一致的是人们消费心理的变化和心智的成熟。

随着社会经济、政治、文化的发展，人们对生活品质的追求越来越高，其中能够反映生活质量的重要指标是文化消费的水平。当前，文化消费成为我国消费增长的重要推动力足以证明这一点。

文化消费的增长在很大程度上取决于人们对精神文化需求的增长以及消费心理的变化。美国心理学家马斯洛的心理需求层次理论在某种意义上有助我们理解这个问题。马斯洛在20世纪40年代提出把人们的心理需求分为五个递进的层次：1. 生存的需要；2. 安全的需要；3. 社交的需要；4. 尊重的需要；5. 自我实现的需要。前一个需要的满足有助于向更高层次需要的满足上升，前三个需要被称为“缺乏性需要”，只有这些需要满足后人们才会感到舒适，后两种需要则被称为“成长性需要”。马斯洛的需要层次理论是基于人的个性需要，对文化消费心理研究有重要的指导意义。

人们的生活离不开物质和文化的需要，对消费者来说，需要满足以前只是一种欲望。欲望是一种心理状态，欲望的形成有两个原因，心理处于不满足状态，又期待满足。怎样处理好欲望与满足的关系呢？早在2000多年前荀子就在《礼论》篇中提出“养人之欲，给人以求，使欲必不穷乎物，物必不穷乎欲，两者相持而长”。比如有时人们希望到欧洲旅游，去感受法国、意大利的社会风情与古老建筑，在没有成行以前，只是一种欲望，欲望越强烈，期待越强烈，动力越强大，欲望是产生需要的前提，也是人们行为的原动力，而且欲望具有无限性。人们首先会选择对其最有价值的欲望，产生相应的需要，所以一般情况下生存的需要、安全的需要是最基本的需要。但是欲望是有弹性的，文化消费具有明显的弹性消费特点，在社会经济发展，人们的收入达到物质生活基本保障的前提下，文化消费的欲望会提升，形成相应需要。而经济收入压力很大的情况下，文化消费可能成为被压缩的消费，但这并不是绝对的，人们的生活、工作压力增大、收入减少时往往产生更强烈的缓解压力的需要，文化消费也会成为重要的满足方式。例如受全球金融危机的影响，美国国内的消费一直低迷，但美国的文化消费却呈现增长态势。

从一般意义理解，消费包括人们生产过程中对物质商品和非物质商品的消费，现实生活中很难将物资消费与文化消费相区别，现实社会中几乎所有产品和消费项目都包含文化因素，当然文化消费在传统意义上会更多地与较高层次的需要相联系。

消费行为是由消费者完成的。消费者泛指参与消费活动的个人和组织。消费者集消费需求、购买行为和消费品使用于一体。消费者本身是处于一个不断变化的生命过程中。首先从消费者的生命周期看，不同年龄的消费者其行为具有明显的年龄特征，同一个消费者在不同年龄阶段消费状况会有明显变化；同时，商品的购买者不一定是商品的消费者，中国是一个很重视人情和关系的社会，相当多高档商品的购买者并不是消费者，所以又导致了送礼需要带来的商品过度包装的弊端。从社会共同心理的角度分析，同样可以理解出现类似问题的基本原因。中国人重情重义，在人际交往中讲究"来而不往非礼也。"所以礼品的包装成为重要的内容而不仅仅是形式，本身具有存在的合理性，但过度包装导致的问题是值得警惕的。每到传统节日，商品的过度包装现象愈加明显，天价月饼、天价元宵、天价粽子等等层出不穷，不仅浪费资源，还导致奢靡之风泛滥，甚至产生腐败，违背了正常的价值规律。

同时，从群体心理的角度分析，家庭消费、组织消费与个人消费也有不同的消费行为和消费方式。

二、文化消费心理

（一）文化消费

《易经》中有"观乎天文，以察时变；观乎人文，以化成天下"。"人文化成"是中国古代先哲对文化的理解。文化的本质内涵是自然的人化，包括外在的文化产品的创制和内在心智、德性的塑造。实际上就是人们经常谈论的物质文化和精神文化，介乎两者之间的还有制度文化和行为文化。[①] 所以文化包括物质、精神、制度和行为四个层面。文化消费明显地受到四个方面的制约，要系统关注相关问题的研究，没有文化社会成员就无法交流，社会就不能延续和发展。

文化消费是指对精神文化类产品及精神文化性劳务的占有、欣赏、享受和使用等。是人们对文化产品、文化服务的购买与消费。文化消费是以物质消费为依托和前提的。文化消费需求的增长总是受制于社会的生产力

① 冯天瑜、杨华、任放：《中国文化史》，13页，北京，高等教育出版社，2005。

发展水平，因而文化消费水平能够更直接、更突出地反映出现代物质文明和精神文明的程度。

文化消费的研究还是一个比较新的课题，还不成熟。对文化消费的概念有不同的表述。如“文化消费，简单地讲就是文化生活，广义的文化消费是指消费主体在文学、艺术、教育、科学、旅游、体育等方面的消费和支出。”[①] 文化消费是一个知识不断增值的过程。

我们这里指的文化消费，并不只是一般所言的对文化的消费，或者说仅仅是消费某一样被标示为文化的东西，文化并不是一系列的课题或文本，而是一个不断创造与生成的过程。[②]

文化无处不在，文化消费行为具有普遍性、多样性、可重复性、可再生性等特点。最早的商品交换就含有充分的文化的内涵。人类早期使用的贝币不仅可以作为货币，还可以用于装饰，有明显的审美文化内涵。从文化消费的角度分析，各个国家、各个时期的民俗、节庆、庙会、宗教活动等形式的文化内涵都值得研究。早期的商品是为了满足人们的基本物质需求，但是人类社会发展的历史过程也是人类审美意识不断增强与审美文化不断积淀的过程，人类社会的发展史也是人类对美不断追求的心路历程。原始社会时期的岩画和壁画都体现了早期人类对美的感悟，在中国原始社会时期，发现的许多重要的文化遗址都有早期的刻画或者器物上的符号，另外岩画是远古时期人类智慧的产物，先民们在原始生活的过程中希望把一些自己认为重要的事情记录下来，可是那时既没有文字，更没有纸、笔等工具，人们发现可以把一些重要的大事件以及自己的思想和情感刻画在岩石上保存下来，由此产生了岩画。随着经济的发展，文化与审美意识不断增强，龙山文化时期的蛋壳陶工艺今天仍然很难超越，商周时期青铜器制作已经非常精美，春秋时期到汉代的石刻和画像石，魏晋时期的佛教造像，再到唐三彩、宋代瓷器等等，都是在实用基础上对器物美的不断升华，体现出人们对物化的美和抽象的美的理解与认识已经达到很高水平。

（二）文化消费心理

文化消费心理是指文化消费过程中人们的心理活动过程。不仅涉及文化消费的个性消费心理，同时还涉及群体消费心理、个体消费心理、个体

---

① 范周等著：《中国城市文化消费报告·总卷》，1页，北京，社会科学文献出版，2010。

② 杨晓光：《关于文化消费的理论探讨》，《山东社会科学》，2006（3）。

与群体消费心理的影响因素；涉及文化产业细分行业的消费心理和行为，如影视媒体、网络媒体、旅游、体育、演艺、会展等文化消费过程中的心理活动和规律。文化消费是人们为了满足对美的追求的消费行为。人们对美的追求是无止境的，形式和方式也是多样化的。比如，人们为了满足不同的心理需求会去选择不同的旅游目的地。为了怀旧和追忆选择故地重游；为了欣赏自然风光选择山海湖泊；为了追求生活品质选择生态环境优美之处；为了学习文化与历史，选择历史文化古迹或海外旅游。人们对美的不断追求也推动了文化产品的不断丰富和文化产业的不断发展。

我们认为，美学理论对文化消费心理研究有直接指导意义。文化产业的发展既要重视文化产品、文化项目、文化服务的发展问题，也要特别重视对人们审美需求的研究。文化产业最核心的问题是要满足人们对物质和文化的双重需求，如何通过服务、项目、文化商品的设计和提供，实现物化商品的审美转化，让自然美、色彩美、形式美以美的内容和形式吸引社会公众。中国传统美学思想会在文化消费心理研究方面带给我们很多启示。

中国传统审美文化与民族精神有着内在的本质性联系。这个本质性联系的根本点、关键点在于：都不是唯理的、逻辑的，而是情感的、心理的；都不是宗教的，而是艺术的、审美的。在很大程度上，中华民族精神是一种以情感、心理、内省、体验为主轴的具有审美性质、艺术性质的文化精神。所以，情感体认机制是我们观照、解释中国传统审美文化与民族精神之本质性联系的一个重要切入点，也是中华民族共有精神家园最重要的内容之一。① 用符合中华民族传统审美心理的方式满足人们的文化需求是文化产业发展的重要任务，也是文化消费心理研究的重要课题。

著名美学家周来祥先生曾经指出："中国传统文化所讲的'中和'，不只是贯彻始终，同时也是一个几乎无所不包的大概念、大范畴。它无所不在，无处不在，无时不在，渗透于中华民族的大脑、灵魂和发肢，甚至于从每一个文化细胞中都能看到它的踪迹和影子。从大的方面说，它体现为宇宙的本体，就是'中和'之道；体现为人类的行为、实践，就是'中和'之行；体现为待人接物、处理问题、解决问题的方式、方法，就是'中和'之用。从哲学认识论看，'中和'就是至真。儒家很重视文学艺术对人的仁心的滋润和塑造，而文学艺术又以诗教或乐教为主。从伦理道德

① 王育济：《建设中华民族共有精神家园》，《光明日报》，2012-1-11。

看，‘中和’就是至善。从美学上看，‘中和’就是至美。”[①] 同样，我们认为文化消费心理的最大满足应该是到达“中和”之美。

中国传统文化中特别重视“和”的价值，《论语》中有“和为贵”的论断，中国传统思想特别强调“天时、地利、人和”。孔子认为“《诗三百》，一言以蔽之，曰‘思无邪’。”所以《诗》也是重视和谐的意义的。中国传统文化又是一个伦理性很强的文化，非常重视人与自然、人与社会、人与人之间的和谐，和谐在审美心理中具有核心地位，所以在中国传统文化中它往往会把自然界的美的事物赋予人性的、情感的、道德人格意义。以莲花“出污泥而不染”比喻人品的高洁；以苍松象征人的坚贞不屈的精神；梅、兰、竹、菊被称为“四君子”，都寓示着人品的高洁，另外“比德如玉”也成为中华传统文化的一个典型的概念。所以传统文化产品经常以“四君子”为题材。这些产品具有很强的文化意义和心理教化功能，有助于人的道德修养和精神境界的提高。中庸之道是儒家的一种基本主张，其思想精髓是“和”，是权衡之后的一种微妙平衡，一种和谐。就个人而言，中国人往往竭力遵守群体规范，力求在言行举止上与大家一致，具有含蓄的民族性格和谦逊的心态，这种文化意识反映在消费行为上表现为求同和从众心理，尽量取得他人的认同和接受，比较容易接受大众化的商品。此外，儒家文化追求的精神境界，讲求道德的贤者风范，注重通过个人品质的修炼达到完美的人格，节制个人欲望被视为一种美德，从消费行为上表现为注重商品的实用性和耐用性。[②] 现代文化消费商品也必须充分认识古代审美理论的现代价值。

三、中国古代对消费心理与文化消费心理的认识与实践

中国历史悠久，传统文化源远流长，内涵丰富。冯天瑜先生在《中国文化史》中认为中华文化的特质包括：人文传统、伦理中心、尊君重民、中庸协和、延绵坚韧。也有学者概括其基本精神为讲究中庸、注重伦理、注重家庭、注重面子、重义轻利。例如中国人的家庭观念、家庭依赖感、家庭责任感都比西方人强，中国人的家庭往往就是一个消费单位。在中国，个人的消费行为常常与整个家庭的行为活动息息相关。因此，个体的

① 周来祥、周纪文：《中国审美文化通史》（秦汉卷），16页，合肥，安徽教育出版社，2007。

② 张国庆等：《传统文化对消费心理的影响及营销对策》，《中外企业家》，2009（3）。

消费行为不仅要考虑自身的需要，而且要顾及整个家庭的消费需要。中国传统文化的价值观念、思维方式、生活方式、消费观念等也都有其独特性，研究这一独特性，特别是研究中国传统文化对人们的消费心理与行为的影响有重要意义。当今社会传统文化因素对消费的影响日趋明显，文化消费已经成为消费的新的增长点。因此，重新认识中国优秀传统文化，发掘传统文化的新价值，对社会经济、文化的发展都将起到不可估量的作用。①

中国传统文化还是一个偏重于反映人与自然、人与人、人与社会关系的文化，重视人的内心道德修养以及人与人、人与社会之间的关系是非常重要的内容。中国古代在消费心理与文化消费心理方面没有形成系统的理论，甚至连基本概念也表述不完整，但是这并不影响古人对消费心理和文化消费心理的认识与实践。

中国是世界四大文明古国之一，据史料记载，在商周时期已经有了商品与交换，战国时期商品交换已经比较发达，当时的齐国都城临淄商业繁荣，“熙熙攘攘”“皆为利往”。古代的商人为了将商品推销出去，势必要进行营销活动，对影响人们消费行为的因素进行研究分析，比如重视商品的招牌、标志等的设计，以醒目的方式影响消费者，虽然没有形成系统的商标品牌的理论，但是很多商品已经有了近乎统一的标志和展示形态，与商品交换相对应的商品标记也应运而生。从春秋战国开始，很多手工匠人在自己制造的产品上刻上代表性符号标记，这些符号标记逐渐向标明商品来源的商标转化。中国古代是很重视酒文化的，酒的功能首先是礼仪的功能，《汉书·食货志》说：“百礼之会，非酒不行”。民间交往也往往“以酒会友”，文人雅士更是“对酒当歌”“斗酒诗百篇”。为了招徕生意，酒店往往非常重视“酒旗”的设计，《韩非子》记载，我国在春秋战国时期就有酒旗，可以看作早期的广告，唐代诗人杜牧的七绝《江南春》，一开头就是“千里莺啼绿映红，水村山郭酒旗风”。酒旗也从早期的青白两色发展到后来的彩旗飘飘，非常重视文化内涵和实用性，重视对消费者的心理引导作用。

中国有许多老字号一直延续到现在。如同仁堂、仁济堂、瑞蚨祥等等。老字号往往都有自己的独特商业文化和品牌，对消费者的消费行为具有直接的吸引力。同时商家也非常重视商业信誉和品牌的塑造对消费心理

① 张国庆等：《传统文化对消费心理的影响及营销对策》，《中外企业家》，2009（3）。

的影响，重视消费环境的文化氛围的营造。《燕京杂记》记载：京师市店，素讲局面，雕红刻翠，锦窗绣户。有的店铺招牌高悬，入夜家家门口点起了五光十色的锦纱灯笼，把街面照得如同白昼。有的店铺摆挂商品宣传字画，张挂名人书画，附庸风雅。以此来提升店铺的品位与提高顾客的回头率。还有些茶肆、饭馆、酒店特意安排有乐器演奏和评书为客人助兴。宋代京都杭州的面食店里，只要顾客一进店坐下，伙计立刻前来问顾客所需，尽合诸客呼索指挥，不致错误。经营者们深深懂得豪华的装饰能够反映一个店铺的实力，于是店堂设计画栋雕梁，古色古香，金碧辉煌，极尽铺陈之能事，以迎合达官巨贾、贵妇名媛求高雅的消费心理。在服务上进门笑脸相迎，出门点头送行。这些敬客如神的做法加上高贵典雅的装饰，使众多顾客如坐春风，一见钟情，从而流连忘返、百顾不厌。①

到了北宋时期商标已经相当普遍，甚至出现了专门印制的纸质商标标志。山东济南刘家针铺的“白兔”细针商标印制模版，是我国迄今发现使用最早、图形较为完整的商标，距今已有1000多年历史。北宋私营工商业发达，竞争日趋激烈，不少店铺为了推销自家产品，除了装潢店面之外，还印制了带有店铺标记的广告。刘家针铺的这块铜模版就是用来印刷广告的，模版长12.4厘米，宽13.2厘米。印版上方标明店铺字号“济南刘家功夫针铺”，正中有店铺标记——白兔捣药图，并注明“认门前白兔儿为记”，下方是广告语：“收买上等钢条，造功夫细针。不误宅院使用，客转为贩，别有加饶，请记白。”

当时商品经营以自产自销为主，这种店铺标记就成为此种经营方式下的商品特定标志。“济南刘家功夫针铺”铜模版是迄今已知世界上最早出现的商标广告实物。目前，这块附加商标图形的“告白”（广告）印版，保存在中国历史博物馆里，是我国商标与广告的珍贵历史文物。

“白兔”商标的出现，还蕴含着一段美丽而吉祥的传说。商标所使用的“白兔”，不能简单解释为一般的“兔子”，而是指“嫦娥”的化身，取材于“嫦娥奔月”这一传奇故事。

刘家针铺借“嫦娥”化身的白兔作商标，蕴意深刻，情趣盎然，自然博得广大消费者的喜爱，是一种现代意义上的促销手段，有利于带动营销。这幅“告白”无论在产品商标选择上，还是广告用语上，

① 《古代商人赚钱十大秘诀》，阿里巴巴资讯管理，1688.com，2006-2-1。

都具有一定水平，至今仍不失为一个好典范。①

第二节　文化消费心理的特征

一、文化消费与一般消费的比较

我国首次提出“文化消费”一词是在1985年的消费经济研讨会上，1987年后文化消费正式成为消费经济学研究领域的一个重要课题。我国统计年鉴将文化消费分为三部分：教育消费、文化用品消费及文化娱乐服务。随着文化与科技、经济的结合越来越紧密，文化产业化、市场化的趋势越来越明显，我国文化消费得到了空前的繁荣。②

文化消费与一般消费最大的区别是消费商品的文化内涵的不同。当今社会，我们几乎不能把消费与文化割裂开来。任何消费都会涉及文化的意义，特别是与人们日常生活相关的消费，无不具有文化消费的内容，即使最平常的油盐酱醋。文化消费层次的变化也体现出清晰的由低向高发展，多元化与多样化的路径。

文化消费具有多种内容和形式，对其具体内容有不同的表述。有学者认为文化消费主要包括：文化教育、书法、绘画、雕塑、影视、戏剧、音乐、舞蹈、杂技以及文物、出版读物、音像、体育、健身等等。文化消费的形态包括两个基本方面，即：物质形态和劳务形态。前者如音像制品、文化用品及娱乐设施等；后者如杂技表演、音乐演奏、综合文艺晚会等。③而且，文化消费的新业态如网络消费、手机等移动平台消费发展迅速。

包霄林在《中国文化报》（2009年1月23日）上概括了文化消费的十大特征：文化消费是文化再生产的必要条件，是文化生产力的表现形式；遵循资本规律和市场经济的规律；文化消费受到多种因素影响；具有原创性和共享性并存的特点；遵从品牌效应；具有可抑制性、可伸缩性；文化生产和文化消费是社会发展的趋势；文化消费向时尚化发展是现代社会文化消费的重要特征；个性与主体间性的双向突出；当代文化消费有向体验消费发展的趋势。其中也包含了文化消费心理的某些特征。

---

① 参见 http：//ks. cn. yahoo. com/question/1508061801763. html.

② 罗晓玲：《近年我国文化消费研究述评》，《华中农业大学学报》，2004（3）。

③ 秦开凤：《文化消费内涵辨析》，《经济研究导刊》，2011（26）。

以上观点具有很好的参考价值。综合不同的论述，结合相关研究，我们认为与一般消费相比文化消费具有以下主要特征：

（一）文化消费受到文化价值的影响，内容产业的特点鲜明

从消费内容上看，在文化消费活动中，消费对象的文化内容具有可共享性，例如同样一部电影、一本小说、一首音乐可以供成千上万人欣赏，并不影响其价值，甚至会使其增值。相当多的文化产品的消费过程以审美欣赏为主要途径，景区的美丽风景，不会因为人们的观看而受伤（当然要以消费者具有基本的保护意识和行为为前提）。在文化消费过程中人们所消耗的是知识、文化、艺术的物质载体，而其文化价值不但不会消耗，反而会在人们的共鸣中变得更加丰富。

文化消费的过程也是一个价值再生产的过程，是一个个性化的过程，不同的消费者会对同一部作品形成不同的感受，这些感受会形成新的文化意象。像读后感、观后感、游记、评价分析和研究型文章等等，会在原来的意义上使文化的价值得到了增强。

（二）文化消费的形式具有多样性

随着社会发展和科学技术的进步，尤其是网络化、数字化的发展。人们对文化商品的消费可以有非常多的消费方式和消费途径。同样一部电影既可以选择到电影院观看，也可以选择购买影碟观看，还可以在网上观看；可以选择付费观看，也可以选择一段时间以后在网上或下载免费观看。博物馆和很多展会都有数字化的网上展览，消费者也可以有多样性选择，图书可以选择付费的数据库阅读，也可以选择不付费或少付费的网上阅读形式。手机现在已经是一种很好的文化消费和移动支付平台。国家还在大力发展免费的公益文化项目等公共服务产品，也会提供消费者更多的文化消费选择。

（三）文化消费既具有整体性和流行性，也有个性化的特点

文化消费的整体性和流行性表现在受到环境和流行趋势的影响。不同文化环境形成的文化氛围会直接影响文化消费选择。同时文化消费也会形成不同人群所构成的文化环境。例如星巴克的消费不仅是咖啡消费，更是人与文化环境与服务的互动。趋同心理是人类的共同心理，早期与人们对安全的需求有直接联系，现在更多地表现为对文化和流行的认同。以苹果手机的流行为例，手机不仅是一个通讯工具，已经成为文化的载体和文化消费的平台，而且科技发展的很重要的内容之一是建设以手机为载体的移动平台，手机的功能和对人们的意义更加突出。一段时间苹果手机成为最

WENHUA CHANYE

受追捧的时尚产品。经常看到一个会议中手持苹果手机的人高达60%甚至更高，进入2013年，苹果手机明显受到冷落，代之而起的是三星手机的流行。追新猎奇和永无止境的好奇心是推动文化产业发展变化、推动文化消费的重要力量。

（四）文化消费具有明显的层次性

消费者由于文化素养、受教育程度、性格趣味、格调气质等方面的不同，致使其在文化商品的消费选择上会体现出明显的层次性，体现出消费主体不同的审美价值和文化内涵。这种层次性并不意味着消费主体水平或层次的高低优劣，而是不同个体或群体的文化欣赏和趣向的异质性的表现。

同样一件文化消费品所蕴含的文化内容可能会引起不同的文化认同或共鸣反映，涉及价值观、宗教和民族问题的文化商品和项目更要特别慎重。应该特别重视文化消费过程中不同地域和不同民族文化差异性的问题，文化产品在流通过程中，尤其是在文化贸易跨越国境时，不可避免地会产生文化与心理冲突。美国电影《穆斯林的无知》引起穆斯林世界许多国家民众对电影侮辱先知穆罕默德的非常广泛的抗议活动，也引起了世界各国民众的广泛关注。“尤其美国打着文化普遍主义的旗号，把自己的文化价值观肆意地渗透和入侵到其他民族文化当中，不考虑其他民族的自主性和独立性，甚至中断其他民族文化的发展，从而使整个世界的文化同质化，使全球文化朝着单一向度发展。”① 这是典型的文化霸权主义。

一件文化产品消费的效用和价值是否达到消费者的心理预期是难以衡量的，由于文化观念的差异，人们对于同一文化产品、项目或服务的评价有可能存在较大差异。

既要认识到不同民族、地域文化评价的不同，也要看到文化商品所蕴含的文化的共性，这种共性集中的体现在审美的共性心理，即对真善美的共同追求，这种文化共性是文化商品得以广泛流行的基础，也是文化产业国际化的条件。文化的共同性构成文化消费的共同趋向。而这种共同文化趋向在国际化的背景下，通过文化交流又会增强不同文化之间的相互参考和融会，促进各个国家和民族之间的相互理解。例如一本好的历史小说可以帮助不同国家的民众了解小说所描述国家的历史文化、民俗传统、国家制度，对本国民众则会增强文化认同、国家意识和民族感情。

---

① 金民卿：《文化全球化与中国大众文化》，4页，北京，人民出版社，2004。

从历史的角度出发，中国民众的文化消费心理大致经过了原始平均主义心理阶段，所有物资消费全部平均分配；封建奢侈主义心理阶段，今天的奢华之风也与此有历史的渊源；民间节俭消费之风，节俭一直是中华民族的传统美德；随着社会的不断发展，中国开始进入小康社会，随着居民收入水平的增长，在中国也形成了中产阶层，在物质消费不断增长的同时，人们追求精神文化生活的动力日益强烈，文化消费、时尚消费成为社会的趋向。

文化消费行为根据不同的标准划分为聚众文化消费、互动文化消费、体验文化消费、娱乐文化消费、休闲文化消费等形式。①

二、文化消费心理的一般特征

消费心理与消费行为有着直接关系，是人们所思所想和所作所为的两个方面，心理是描述人们的内在心理活动，行为则是描述人们的外部活动，两个方面构成完整的文化消费过程。文化消费心理与文化消费行为从学理上和实践上都难以简单区分。如前所述，文化消费过程中的特点也在很大程度上体现了文化消费心理的特点。

文化消费是一种特殊意义的消费，消费活动不是简单的机械活动，而是表现为对某种需求的行为冲动。这种由需要引发的行为冲动总是在不同的社会心理和社会诸因素的影响下产生、发展和变化的。根据不同的角度，对消费者心理的分类也是多种多样的，归纳起来，有两种消费心理支配人的消费行为，一种是本能性消费心理，另一种是社会性消费心理。②文化消费是用文化产品或服务来满足人们精神需求的一种消费，主要包括教育学习、文化娱乐、体育健身、旅游观光等方面，“简单地讲就是文化生活”，③ 从这个角度来看，文化的特性决定了文化消费活动是一个心理运动的过程，主要还是为了满足自我的精神需求，偏重于社会性心理。

相对于物质消费而言，文化消费是人类一种有特殊意义的消费活动，有着与物质消费不同的特点和规律。文化消费是一种文化体验、情感享受和社会存在感的承载。“事实上，一个消费者是有他内在的东西的，其消

---

① 李宇红、赵晶媛著：《文化创意的人文理论和产业研究》，39页，北京，中国物质出版社，2010。

② 徐萍主编：《消费心理学教程》，8页，上海，上海财经大学出版社，2012。

③ 范周主编：《中国城市文化消费报告·总卷》，1页，北京，社会科学文献出版社，2010。

费价值观是受社会文化作用而形成的。一个人通常有三个层次：第一个是他的表象，第二个是有内在价值观的一个人，第三个则是在特定社会文化作用下的人。”①

文化消费心理的重要特征是追求物质与精神的双重满足而不是简单的物质满足，这个过程中物质满足与精神满足是一致的，甚至精神的满足、审美的满足要更强烈于物质的满足。如人们来到风景如画的景区，来到历史博物馆等场所满足自身对美的追求、对历史文化的追求，满足人们回忆和追思的心理。随着环境和生活水平的变化，到餐馆人们不仅要满足食欲，对就餐环境和氛围往往会有更高的要求。很多情况下，环境和氛围比物质的东西更加重要。在星巴克人们对咖啡是重视的，但对环境和文化的感受可能更能体现人们对星巴克的喜爱。

品牌消费心理体现了文化消费心理的典型特征。所以企业必须准确地理解消费者对其产品的心理需求。如中产及以上阶层的工作环境、社会地位、人际交往、收入状况等均与其他阶层不同，因此他们在消费时更注重品牌，因为品牌可以代表消费者的实力和影响力，可以满足此阶层追求彰显身份地位的心理。“符号消费”是指在消费的过程中，消费者除消费产品本身以外，还消费这些产品所象征和代表的意义、心情、情调等。中产以上阶层收入水平与所受教育程度一般较高，容易形成符号性消费心理。②

企业即使以巨大的投入来塑造产品品牌，也需要一个积累的过程才能被消费者所认同与接受。世界顶级知名品牌无不经历一个文化积淀的过程，品牌的内在价值在很大程度上是其文化的价值，是能够引起使用这类品牌的消费者心理积极反响的内容。努力使品牌商品能够代表某一类人群的身份和品位，构成品牌价值的核心组成部分，也是企业塑造品牌的核心目标。

人们对品牌的倚重程度与社会生活水平的提高、与社会进步和生活节奏加快成正相关，对名牌商品的追求体现出明显的对文化内涵的重视。人们选择名牌是对个人品味、地位、财富等方面的定位。不仅关注名牌的质量和服务、关注品牌的价格，对中国民众来说也开始关注品牌背后的文化价值，关注品牌对生活质量的提升。整体上分析，国内民众的品牌消费心理还不够成熟，需要引导。品牌心理的不成熟也导致了盲目消费、假冒品

---

① 刘泓：《广告社会学》，2 页，武汉，武汉大学出版社，2002。

② 张勇、陈愚：《消费者消费心理研究》，《文化产业》，2011（3）。

牌的盛行，尤其在对国外品牌消费过程中出现许多问题。

2005年北京有媒体对品牌影响生活有多大进行了大型调查，在调查报告中，问卷调查是其重要组成部分。在此次问卷调查中，51%的被访者具有本科或本科以上学历，男女比例控制在2∶3。此次问卷中遴选出来的一批最具代表性的答卷，构成了以下数据的来源。

39%的被访者认为好的品牌会影响自己的生活哲学。

相当一部分被访者（39%）认为好品牌的影响不仅仅在消费方面，还有可能会影响其生活哲学。从某个角度来说，“品牌”的观念已经深入人心，成为一种现代的文化理念。另有16%的被访者认为品牌会影响其消费观念。

55%的被访者认为品牌非常重要。

日常消费中许多人都会受到品牌意识的影响，他们买东西会买名牌。那么多少人认为品牌在日常生活中很重要呢？调查显示，近55%的被访者认为品牌在生活中扮演的角色“非常重要”。32%的被访者认为“一般重要”。7%的被访者认为不太重要。

21%的被访者常与人分享家电方面的品牌。

很多人喜欢把好东西拿出来大家分享。那么，多少人乐于分享自己的品牌信息呢？又有哪些方面的品牌“分享率”最高呢？调查显示：21%的被访者常与人分享家用电器方面的品牌。15%的被访者常与人分享食品、饮料方面的品牌。14%的被访者常与人分享电脑方面的品牌。常与人分享手机和日用百货方面品牌的被访者同为12%。常与人分享服装鞋帽和音像制品方面品牌的被访者同为10%。另有6%的被访者常与人分享化妆品方面的品牌。

18%的被访者最常交流的品牌信息是价格。

公众与人分享品牌信息有哪些呢？调查显示：交流价格仍然是信息分享中的重头戏（18%），和它平分秋色的是交流购买和使用商品的经验（18%）。10%的被访者最常交流品牌的信息是促销活动。

34%的被访者认为挑选家电品牌最能体现品位。

哪些方面的品牌挑选最能体现消费者的眼光呢？调查显示：34%的被访者认为家电产品的挑选最能体现消费者的眼光。其次，是认为服装品牌的挑选，此类人群为22%。另有15%的被访者选择了饮食品牌。与其相仿的是选择汽车品牌的被访者（15%）。此外，还有10%的被访者选择了化妆品品牌，3%的被访者选择了休闲场所。

> 25%的被访者认为买国货还是买洋货，先比其售后服务。
>
> 选择国产品牌还是进口品牌首先考虑什么因素呢？调查显示：25%的被访者选择售后服务。24%的被访者选择价格因素。20%的被访者选择科技含量。20%的被访者在考虑以上因素的同时，还考虑产品是否美观。[1]

文化消费心理与人们一般消费心理相比较既有共性又有差异。文化消费心理首先受到文化与精神满足的影响。一场京剧表演对喜欢京剧的人来说可能获得极大的心理满足，而对京剧并不了解又不喜欢的人来说无疑会是一次漫长的甚至是无聊的过程。

人们的文化消费心理既有共性即对精神满足、对美的共同追求，又存在明显的群体与个体差异，受到多种因素的影响。年龄、教育程度、民族、收入水平、性别、文化传统等等都会对文化消费心理与行为产生直接影响。

文化消费心理与文化消费行为一样具有层次性、多样性和弹性及变化性。有学者把人们的文化消费心理细分为习俗心理、流行心理、从众心理、优越心理、艺术文化心理、便利心理、求实心理、新奇心理、时髦心理、偏好心理、求名心理等等。[2]

第三节　研究文化消费心理的一般意义

文化消费是一种随着社会发展越来越受到关注的消费类型。有关消费经济学的理论指出：随着人们收入水平的提高，文化消费越来越成为人们消费的重要组成部分，当人均收入超过5000美元时就进入了小康社会，小康社会的文化消费开始快速增长。中国刚刚进入小康社会，尤其是一批先富起来的人们，有了更强烈的文化需求。但是许多人对文化消费往往处于盲目状态，不清楚如何进行消费才是有意义的文化消费。甚至在国内外还闹出很多笑话。少数人购买奢侈品的疯狂行为受到诟病，尤其是西方有些人从中国消费者手中赚了大钱还反过来诋毁中国消费者没有文化。不同的文化背景会有不同的意识形态和价值观，这种价值观会直接影响文化消

---

① 《北京科技报》，2005-5-18。

② 李宇红、赵晶媛：《文化创意的人文理论和产业研究》，174页，北京，中国物质出版社，2010。

费心理和文化消费的选择。

文化消费心理研究在中国刚刚兴起，具有很大的发展空间，具有特殊的意义。

首先，研究文化消费心理有利于引导消费。中国消费者的文化消费需要引领，尤其是要加强文化消费心理的研究，不仅要了解消费者文化消费的心理活动和需求规律，而且要指导消费者"有文化的"进行消费。随着中外交流的日益频繁，国外的商品越来越多地进入中国，如红酒文化与红酒消费的问题。很多人经历了从并不了解红酒到开始了解红酒、消费红酒这么一个过程。红酒是有文化的，什么场合喝什么红酒都是有礼仪规范要求的，红酒需要"品"，但是很多人还是习惯于干杯甚至狂饮。也有很大一部分消费者一味推崇国外红酒，尤其是拉菲，但是拉菲好在哪里则根本不清楚。中国有一部分消费者很喜欢国外的香水，但是相当一部分人对香水不甚了解，用起来经常"男女"不分、场合不分，常常贻笑大方。

研究文化消费心理有利于满足消费。尤其是要满足人们对美的需求。审美心理是人们对美的整体评价，消费者的审美心理在很大程度上决定其文化消费的选择。通过对文化消费尤其是文化消费心理的研究，正确理解消费者的文化消费心理，提出有针对性的文化消费策略，有助于满足消费者的文化消费需求；有助于消费者更好的了解自身的文化消费心理，提高消费决策的水平，提高对文化消费品的理解与认识；有助于培养健康的文化消费心理，提升文化消费修养，改变不良的消费心理的影响。

其次，研究文化消费心理是要了解消费者的真正需要，有针对性地提供文化消费产品与服务。"服务的核心目的是感动顾客的心"。要关怀顾客最小的需要，把握服务的层级，关心顾客的抱怨。台湾有一家酒店叫雅都丽致，在电子邮件还没有出现时，当客户打电话给酒店，酒店客服人员会了解客户的情况并发传真询问客户的职业、需求等，在客户入住时会发现所有的东西都是房客想要的，如果是服装设计师会发现房间摆了很多镜子以方便试衣服，如果是建筑设计师则会发现建筑师专用的绘图桌已经准备好，很多年前他们就在做，虽然老板严长寿只有初中学历，却是台湾第一家五星级酒店的总裁。[①]

第三，研究文化消费心理有利于推动文化产业的发展。中国的文化产业只有很短的发展历史，产业发展过程中还存在许多问题，业态不成熟、

① 林伟贤：《系统的力量》，126页，北京，联合出版公司，2011。

机制不健全、产品数量少、吸引力不高、企业面临巨大的竞争压力等，尤其是很多企业对文化消费和文化消费心理的关注度较低。文化消费心理是形成文化消费的前提，满足文化消费需求是文化产业发展的终极目标，也是文化产业发展的基础，而且对文化产业的发展有直接导向作用。如济南2013年的泉水文化节就采取多种方法广泛征求市民的意见、了解市民的需求和创意，在此基础上开展项目设计和产品开发，收到了良好的效果。

通过文化消费心理的研究，有助于企业了解消费者的需求心理与规律，有针对性地设计、开发文化产品和项目，提升社会和经济效益，从而推动文化产业的健康、快速发展。

第四节　文化消费心理学的趋势与方法

一、文化消费心理研究概况

当前，我国的文化消费心理研究所受的关注度低，相关研究很少且水平亟待提高。文化消费研究和消费心理研究的论著数量相对较多，其中也有些内容涉及文化消费心理问题，但是把两者有机结合进行研究的论著很少，专门的文化消费心理研究还是一个比较新的领域。在万方数据、中国知网、读秀网和学术期刊网上难以直接查询到文化消费心理研究的综述性论文。在图书馆查找到的相关图书文献中，直接研究文化消费心理的论著也很少。以下是除了《中国文化产业学术年鉴》等大型工具书外，有关文化消费心理问题研究的基本情况概述。

在中国知网上输入关键字“文化消费心理”查询到的主要有：赵娅琳的《大众文化消费心理对艺术产业发展的影响》，山东大学硕士论文，2012；李青、李伯伟的《中西饮食文化消费心理比较》，载《商场现代化》2007年第9期；姚韬的《从“隐私写作热”看大众文化消费心理》，载《沈阳教育学院学报》2006年第4期；陈蕾的《多元文化与消费者的消费心理与行为》，载《湖南工程学院学报》（社会科学版）2011年第4期。在读秀网上输入关键字“文化消费心理”查询到涉及文化消费心理方面的书籍中，与之最切合的是王海鹰的《消费者文化心理研究》，经济管理出版社2007年版；其他多为消费心理学和行业消费心理的著作，如刘军、王砥主编的《消费心理学》，北京机械工业出版社2012年版；来逢波主编的《旅游心理学》，北京师范大学出版社2011年版；周忠民主编的《饮食消费心理学》，中国轻工业出版社 2011 年版；陈灵强的《多维视野中的大众文化》，浙江大学出版社 2007 年版；王婉飞的《餐饮文化消费心理与经营策略》，中国发展出版社 2001 年版；司金銮的《消费心理学》，中国商业出版社 1994 年版；蔡良才主编的《消费心理及市场营销对策》，北京工业大学出版社 1997 年版；李宇红、赵晶媛著的《文化创意的人文理论和产业研究人文精神与商业体系：文化创意经济的发展》其中有一章专门研究涉及大众的文化消费心理，中国物质出版社 2010 年版；浩东、多维主编的《电影产业研究之文化消费与电影（卷 2006)》其中有《略论中国电影观众文化消费心理的变迁》；索亚斌的《丑角英雄和优势认同——从动作片看中国观众的文化消费心理》；宋学清主编的《文化产业研究》；高占祥主编的《文化管理手册》，吉林人民出版社出版 1991 年版；以及本书后列参考文献的主要书目。总之，当前涉及文化消费心理研究的论著少，理论研究的深度和系统性还很不够。

二、文化消费心理研究的趋势

1. 多学科研究的趋势。文化消费心理研究涉及心理学、社会心理学、消费心理学、市场营销学、文化产业与文化资源学等等，人们的心理活动既有规律性又存在复杂性、多变性。美国学者贝里尔·马卡姆在《乘夜西行》中写道："令死神望而却步的是人们永无止境的好奇心。"文化消费心理研究必然需要多学科的知识，研究文化消费心理的变化既是历史学的课题，也是心理学的课题，还是营销学的课题，也可以从社会学的角度，甚至经济学的角度去研究。

2. 案例研究的趋势。案例研究一直是心理学研究的重要方法。案例教学是运用案例帮助学生达到特定教学目的的整套方法与技巧。文化消费心理的实证研究要通过收集不同的案例，进行系统分析。哈佛商学院的案例一直受到高度评价。案例研究的方法是以问题、焦点为导向，通过经典案例的收集整理和统计分析，从理论上解释现实社会、企业和人的活动的成功经验。案例研究过程中特别重视案例的设计和资料的整理、分析，所以这部教材根据教学需要也选择有相应的案例。

宝洁的案例很有代表性，它是通过培育消费、科学与品牌命名、知识营销、利益诉求和情感诉求、企业公民等多种方式，以广告为载体、以文化为核心去打动消费者的心理，消费者对宝洁产品的选择在很大程度上受到品牌因素的影响，而品牌的核心是文化。

以宝洁的知识营销与利益情感诉求为例。

知识营销是指企业在营销过程中注入知识含量，帮助广大消费者增加商品知识，提高消费者素质，从而达到销售商品，开拓市场的目的。

宝洁的知识营销是很典型的，在营销过程中打造一系列的概念。在洗发、护发类产品中，这一营销理念被应用到了极致，每个品牌都赋予了一定的知识，打造一个概念，从而给每个品牌赋予个性。在广告宣传上，知识、概念的运用也表现得淋漓尽致。看看海飞丝洗发水的广告：海飞丝洗发水，海蓝色的包装，首先让人联想到蔚蓝色的大海，带来清新凉爽的视觉效果，“头屑去无踪，秀发更干净”的广告语，更进一步在消费者心目中树立起海飞丝去头屑的信念；再看看潘婷洗发水广告：“含丰富的维他命原B5，能由发根渗透至发梢，补充养分，使头发健康、亮泽”，突出了潘婷的营养型个性；飘柔洗发水：“含丝质润发，洗发护发一次完成，令头发飘逸柔顺”的广告语配以少女甩动如丝般秀发的画面，深化了消费者对飘柔飘逸柔顺效果的印象。

利益诉求与情感诉求。

利益诉求就是从品牌的功效来演绎概念；情感诉求则从与消费者的情感联系中来演绎概念。宝洁广告，就像一位温柔的妻子，依附在丈夫的身边，不仅好言相劝，而且身体力行；不仅耳提面命，而且从善如流。宝洁不仅教人们洗头，还教中国一代又一代人刷牙，在获得经济效益的同时，获得的社会效益也是空前的，更是长远的，从倡导洗发新观念到引导多洗发，从合理刷牙到科学选择牙膏，从勤洗手到杀菌、护肤等等，引导中国消费者生活观念、生活习惯的改变，将健康的生活方式、全新的健康理念和可信的健康用品，一齐送给消费者，消费者先是怀着几分敬意接受，继而是十分虔诚地礼拜了。

宝洁的品牌还加强了情感诉求，飘柔打出自信的概念大旗，从“飘柔吵架篇”“飘柔老师篇”到“飘柔指挥家篇”，飘柔广告无不以自信作为品牌的诉求点。此外，飘柔还相继推出“飘柔自信学院”“多重挑战”“同样自信”“职场新人”“说出你的自信”等系列活动，将“自信”概念演绎得炉火纯青。在广告传播方面，特别是电视广告，宝洁有一套成功的公式。宝洁公司的品牌战略不仅使得该公司在社会上有着良好的形象、较高的声誉，而且还培育了一大批忠诚的顾客，获得了较高的顾客满意度，为该公司的可持续发展赢得了竞争优势。①

3. 综合研究和调查研究的趋势。综合研究运用多学科的系统分析方法是推动学科发展的重要途径，在现代科学研究中调查分析一直受到高度重视，通过科学的调查研究，获得系统的数据以加强定量研究，也是学术研究的发展趋势。

三、文化消费心理研究的原则与方法

（一）原则

1. 科学性原则。

按照客观性要求，以科学的世界观和方法论指导相关问题研究，特别要重视理论联系实际，把文化消费心理的研究与实际的调查、客观的分析结合起来，把心理研究放到实践的环境中。

2. 系统性原则，也是联系性原则。

影响人们心理的因素非常多，各因素之间又相互联系，社会行为与社会心理现象存在于一个系统之中，其产生与变化均有原因。系统性原则要求不仅要把所研究的对象纳入系统进行考察，而且要用系统的方法来研究。系统论中的许多原则，如动态原则、整体原则、有序原则以及反馈原则等为文化消费心理学研究提供了理论视角与分析手段。

3. 综合性原则。

文化消费心理的研究需要多学科的理论与知识。文化消费心理学涉及领域广泛，研究方法必然呈现多样化的趋势，特别是要善于运用多学科方法和相关研究方法。

宏观理论与方法上，有学者提出，社会学依然是文化消费研究的重要方向，但社会学方法的运用虽然普遍，其理论却运用得不够深入；经济学理论比前期运用更为普遍，也更为深入，分析角度更加多样化；文艺社会学的方法为文艺学背景的研究者使用，不像早期较多从文艺消费角度切入，近些年的文化消费研究更多从大众文化的角度来切入。当前国内文化消费实证研究在指标体系上没有比较统一的标准，降低了区域间文化消费现状与水平的可比性；研究方法上偏重经济学方法，社会学、文化学方法的运用不够深入；应当在文化消费群体差异、文艺工作者群体现状、文化

① 资料来源：http：//wenku. baidu. com/view/5bacd24fe518964bcf847c55. html.

WENHUA CHANYE

消费与社会心理的互动影响等角度作深化研究。[①] 这种观点对确定文化消费心理的研究的原则与方法有参考意义。

（二）方法

由于文化消费心理和行为受到多种因素的影响，而且随着社会的发展在发生不同的变化，文化产业的发展时间较短，但文化产品的丰富已经成为必然，而产品的质量和满足文化消费的能力尚有较大不足，所以研究文化消费心理必然要用多学科方法，开展多方面的研究。观察法、访谈法、实验法、抽样调查法、综合分析法等等都是重要的研究方法。而具体研究中采用何种方法则要根据研究的目的确定，从科学研究的发展趋势和研究的科学性出发，定量分析和模型分析应该是今后加强的方向。

1. 观察法

观察法是观察者在自然状态下对被观察者的行为进行有目的的直接观察，从而对其心理活动和行为特点、规律进行分析的一种方法。在观察的过程中，一种是被观察者并不知情的情况下的观察，可以获得自然状态下真实行为表现，如中央电视台的家庭装饰节目《交换空间》，双方家庭都不清楚家里会被装饰成什么样；另一种则是被观察者在知情的情况下进行观察，如中央电视台的另一档节目《购时尚》，是央视第一档以“时尚重塑自我、自信改变人生”为主题，围绕时尚设计的全新原创大型时尚消费真人秀节目。两种观察的目的是了解被观察者的行为反映出的不同的心理活动，分析他们的喜好和消费选择，虽然和一般的科学研究有所不同，但是仍然有很好的启示作用。

2. 访谈法

一般是按照设计好的问题与访谈对象进行直接交谈以了解访谈对象的心理和需求，从而了解其文化消费的不同需求，为相关企业产品生产提供依据。根据具体目的的不同，对访谈对象的人数、年龄、文化程度、教育背景、经济收入等等会有不同要求。

3. 调查法

是消费心理研究的重要方法，也是最常用的方法。根据研究需要设计不同的调查方法，收集相应的资料，进行研究分析，得出相应的结论。调查的途径和方法是多种多样的。可以通过谈话、问卷、抽样、产品演示、举办活动等方法进行。

---

① 胡秀丽：《近年国内文化消费研究概览》，《中共杭州市委党校学报》，2006（6）。

如收视率是广告商与电视台之间就电视时段的价格进行谈判的出发点，电视台必须要重视收视率的调查。在谈到由广告收入支撑的媒体（包括电视和广播）的收视（听）率时，在美国最常提到的一个名字是尼尔森媒体调研公司，在中国则是央视索福瑞。收视率调查主要要关注人口统计学特征和电视时段划分等问题。

当决策者考虑在什么地方投放广告时，他们会重点研究什么节目或哪个时间段最能吸引他们所要针对的目标消费群体。例如，若是将一个面向18～24岁的女性产品的广告投放到央视的《足球之夜》栏目中，那么广告客户的投放费用并不能收到最佳效果。尽管该广告可能吸引了不少眼球，但它却不能使这些观众产生立即购买的冲动。人口统计学特征是使商品和消费者的钱包合理匹配的关键因素。另外要重视电视时段与消费者之间的关系。仅仅知道不同人群喜欢什么内容的节目还是不够的，还需要知道不同群体收看电视的可能的时间，安排合适的节目和广告，并且把年龄、性别、兴趣爱好、经济状况等因素都考虑进去。

4. 实验法

心理学非常重视实验研究，实验研究通常是在特定研究目的下，通过设定条件研究消费者的心理。也可以在日常环境下通过创设一定的条件对实验者的心理进行研究。还可以在实验室中进行，对环境进行设定，通过精密的实验设备和软件获得更为精确和定量化的数据。

第二章　文化消费心理学的理论与实践基础

第一节　心理学基础

一、心理学及其发展概述

心理学是一门研究人的心理及其规律的科学。有了人就有了人的心理活动，人类社会不断发展进步的历史也是人类心理不断发展成熟的历史。人的文化的历程是伴随着人类心理成熟的过程，而且审美心理的发展从人类出现已经开始。

（一）中国古代心理学思想

从中国古代开始，先哲们对人的心理的研究和探讨从未停止，许多学者对人的研究在很大程度上也是通过对人的心理的研究展开的。如孔子、荀子、庄子、老子、韩非子等，以及程朱理学、阳明心学等学派，古代思想家对人的心理、包括审美与文化心理的表述有着重要的心理学价值，甚至对人的需要层次也有明确的表述。如《管子》中有“仓廪实知礼节，衣食足知荣辱”的说法，再如北宋的周敦颐的人格心理思想，他在《通书》中提出“诚者，圣人之本”“五常之本，百行之源”，他还把人格阶梯划分成三个层次，即“士、贤、圣”，并且“圣希天、贤希圣、士希贤”，是一个逐层修养的过程。[①] 这种思想比马斯洛的需要层次理论要早近千年。中国古代先哲们的思想构不成心理学的体系，且中国古代不存在严格意义上的心理科学，但是散见于历史学、哲学、文学、医学、宗教等典籍中的心理学思想（包括文化消费心理的思想）是非常丰富的，值得深入发掘。著名心理学家高觉敷认为，“中国古代没有心理学，但有心理学思想”。古代

① 肖莉：《周敦颐的人格心理思想及其现代启示》，《江西社会科学》，2012（8）。

思想家对人的心理的探讨体现出不同的观点和态度。对人的本性就有荀子的性恶论、孟子的性善论和善恶混杂论。①

《荀子》中有“人生而有欲，欲而不得，则不能无求”。范缜的《神灭论》的中心思想是“形存则神存，形谢则神灭”。中国古代思想家也很早就对人的各种心理现象进行了许多探索，如《诗经》《周易》《尚书》等早期典籍中就明确记载了许多关于人的身心关系、自我意识、群体心理以及个体心理过程等心理学思想，至春秋战国时代，对心理现象的研究已蔚然可观，确立了以人性论为主线索的心理学思想。以后的秦汉、魏晋、唐、宋、明、清历代的思想家对心理现象的讨论就更加丰富和深入，不仅从思辨的而且从实证的两个维度都作了很多有价值的研究，许多研究成果与现代心理学的结论相符，至今仍具现实意义。1985 年，高觉敷在其主编的中国第一部《中国心理学史》“绪论”中提出了古人心理学研究的六个范畴（专题）的说法，即天人、人禽、形神、性习、知行、理欲，认为这六个范畴所讨论的问题代表了中国古代心理学思想的基本特点。另外，与高觉敷一起编纂《中国心理学史》的燕国材则在 1987 年提出了八对对偶范畴学说，即形与神、心与物、知与虑、藏与壹、情与欲、志与意、知与能、质与性。1988 年，他又将这八对对偶范畴改为七范畴，即心身（形神）、心物、知虑、情欲、志意、智能、性习。古代心理学家已经注意到了文化和环境对人的心理的影响。

在中国悠久的文化传统中蕴含着丰富的心理学思想，其中的精华应该成为中国心理学思想体系的一部分。高觉敷主编，燕国材、杨鑫辉为副主编的《中国心理学史》（人民教育出版社，1985 年）是中国第一部系统研究中国心理学史的专著。作者按照时间顺序撷取历朝历代的重要思想家和重要著作，对其中蕴含的心理学思想进行了挖掘和整理。本书出版后引起国内和国际心理学界的重视。②

中国古代心理学思想直接影响了西方许多重要心理学家。他们将中国作为心理学的第一个故乡，追求中国的文化与中国文化中的心理学；而我们中国的心理学家则是在“念佛生西方”，将心理学看作源自西方的科学。所以我们认为，无论如何，我们都不能因为引进了西方的“psychology”，接受了西方的“mind”，而丢弃或忽略了自己的“心”。在我们看来，惟有

① 苏东水：《管理心理学》，61 页，上海，复旦大学出版社，2002。

② 《中国大百科全书》，570 页，北京，中国大百科全书出版社，1979。

“心”与“脑”的结合，才会产生真正的心理学的智慧，也才能够有真正的人性的思维。

西方许多知名心理学家如荣格、马斯洛、弗洛姆，无不与中国文化有着密切的接触，也都直言不讳从中获得了灵感。加德纳是美国认知心理学的主要代表，但他的研究和理论，研究与发展的方向，都表现出一种对于中国文化心理学的呼应。他本人曾于1987年访问中国，随后不久他在美国《今日心理学》上发表了《我们应该从中国学习教育吗?》一文，详细描述了他所感受的中国文化及其影响。1989年，他出版了《敞开心灵：中国对解决当代教育困境的启迪》一书，更加全面地论述了他从中国文化中所获得的心理学意义。①

（二）中国近现代心理学

中国近现代心理学开始于清末，是学习西方理论的结果。当时正是改革教育制度、创办新式学校的时期，师范学校里首先开设了心理学课程，用的教材多是从日本或西方翻译过来的。1907年王国维翻译丹麦霍夫丁所著英文版《心理学概论》；1918年陈大齐著《心理学大纲》由上海商务印书馆出版，这是中国最早以心理学命名的书籍；1917年北京大学建立心理学实验室；1920年南京高等师范学校建立中国第一个心理学系。20世纪二三十年代，构造心理学、行为主义心理学、格式塔心理学、精神分析等都被介绍到中国来，中国也开始有了自己的心理学研究。陈大齐、潘菽、周先庚、唐钺、陈鹤琴、汪敬熙、陆志韦、高觉敷、郭任远、肖孝嵘等成为中国现代心理学的代表人物，他们大多数毕业于西方知名高等学校的心理学专业，基本上在民国时期回国，对中国心理学的学科发展起到了关键作用。中华人民共和国建立后，很多人仍然在心理学研究中发挥学术引领作用，1951年中国科学院成立了心理研究所。后来在北京大学、北京师范大学和华东师范大学、华南师范大学、南京师范大学等都设立了心理学专业。但是心理学在中国的发展是非常曲折的，曾经所有的心理学专业都被停办，党的十一届三中全会后才逐步恢复，目前已经有20余所高校有心理学专业博士点，心理学教育和研究都有了长足进步。

（三）西方心理学及其主要思想

西方心理学诞生的标志是1879年德国心理学家冯特在莱比锡建立了世界上第一个心理学实验室，从此心理学脱离哲学而成为独立的学科。冯

---

① 高岚申荷永：《中国文化与心理学》，《学术研究》，2000（8）。

特是一位哲学家兼生理学家，他的心理学实验室主要研究感知觉心理过程，所用的主要是生理学的实验技术，被称为生理心理学，也称为实验心理学。所以心理学是从实验心理学开始的。借助实验仪器和设备对心理活动的基本问题如感觉、知觉、记忆、能力、学习、动机等进行设定条件下的实验以研究人们的心理活动。实验心理学是心理学的第一个流派，心理学在发展过程中受到多重因素的影响，形成了许多不同的心理学流派。

西方代表性心理学的流派还有弗洛伊德的精神分析学派。弗洛伊德认为，人的绝大多数心理活动是无意识的，在人的心理意识结构中存在本我、自我、超我三个相互矛盾的结构。本我反映与生俱来的生物性的一面，遵循无意识的追求快乐的原则；自我则是意识的产生、理性的寻求满足，遵循现实的原则；超我则是人类自身心理的协调意识，调节前两者的矛盾，但其本身仍然是无意识的。弗洛伊德学派非常强调无意识的作用，还提出了性能量的升华、转移、投射和退行等理论。

弗洛伊德的精神分析学派来源于精神病学。我国著名心理学家高觉敷认为，弗洛伊德心理学把性本能作为人的活动的主要动力是“抹杀了人的本质特征”。①

行为主义学派以约翰·华生和斯金纳等为代表。美国一直是现代心理学的重要研究中心。20世纪20年代到50年代，行为主义一直统治着美国心理学。行为主义心理学强调学习的作用，认为一切都是学习的产物，人的自然属性是没有差异的，差异都是后天形成的。他们认为精神分析学派的观点都是没有科学依据的，生物之间并不存在差异，可以通过非人类的行为来研究人。他们还提出了习惯化原则、经典条件作用理论等，强调条件反射和刺激理论。认为人的行为取决于刺激的强度，以交替反映来解释人的行为。但是行为主义学派只承认可以观察到的事物，对人的主观意识活动并不关注，同样是有缺陷的。但是新行为主义心理学已经开始注意到既要关注人们的行为也要关注人的心理活动。

在行为主义理论流行的同一时期，还有欧洲的格式塔心理学派。格式塔心理学诞生于德国，它反对冯特的实验心理学的观点，其代表人物是韦特海默、科夫卡和克勒。格式塔是德语“Gestalt”的音译，意思是整体、完形，格式塔心理学强调整体大于部分之和。格式塔心理学派的后期代表

① 高觉敷：《高觉敷心理学文选》，225页，南京，江苏教育出版社，1986。

人物勒温重视环境与人的心理关系，提出了心理环境的理论，认为人的心理环境是开放的，经常受到环境变化的影响。勒温利用物理学当时流行的"场"的理论，"把人的心理需求看成内在的心理力场，环境因素看成外在的心理力场，人的心理活动是在生活空间内在的心理力场与外在的心理力场相互作用的结果"①。后来他还提出了群体动力的理论。

心理学是一个比较复杂的学科，是由人的心理与行为本身的复杂性决定的，心理学的流派很多，体系复杂，还没有统一的学科"范式"。目前中外心理学的重要研究领域包括：

1. 认知心理学

是在实验心理学的基础上形成的，致力于在实验的条件下研究人的高级心理过程，如记忆、推理、语言、决策和创造等心理活动。现代认知心理学更关注运用现代科学技术如计算机技术等研究人们的心理活动，认知心理学的一个基本观点是可以用计算机来类比人的内部心理过程。

2. 人格心理学与社会心理学

人格心理学研究个人独特的心理特征和个体行为的稳定性特征，同时也探讨人格形成的影响因素和对人格特征进行测量、评估和培养。社会心理学主要研究群体环境中人际间的行为和社会力量对行为的控制和影响。典型课题有：态度的形成和变化、偏见、顺从、攻击行为、交流、亲密关系和集体行为等，有助于在人际交往中取得成功。

3. 发展心理学

发展心理学研究的是人类成长、发育以及学习过程的心理发展规律，以人的整个生活历程为研究对象，探讨人在不同发展阶段上的不同心理特点，广义也包括动物心理学。发展心理学曾经一度集中于研究儿童期，现在对于青春期、成人期尤其是老年期的心理特点也都进行了广泛的研究。

4. 心理测量学

随着心理学广泛应用于社会研究的各个方面，对心理研究的定量化需求日益显著。心理测量即用一定方法对心理特性加以量化的研究，例如通过比纳量表对人的智力的测量；对人的能力的测量现在已经有多种方法，包括特殊职业能力测试、文字测量、非文字测量等。中国空军为了选拔飞行员曾经制定了《学习飞行能力预测方法》，现在许多职业能力的测试都加入了心理测量的内容。

---

① 苏东水：《管理心理学》，26页，上海，复旦大学出版社，2002。

5. 临床心理学

是与医学研究和临床关系最为密切的学科，主要研究心理健康和心理疾病的相关问题。

6. 神经心理学

是研究和说明人的心理活动与大脑关系的心理学重要分支，也是心理学与神经学的交叉学科。神经科学主要通过大脑来研究人们心理活动的过程及行为方式，从理论上证明心理是大脑的功能，是心理学研究的重要基础。可以为神经科学的临床诊断和治疗提供方法和依据。

另外还有生理心理学、比较心理学、心理统计学、咨询心理学、教育与学校心理学、工业与组织心理学、广告心理学、犯罪心理学等。根据不同人群又有儿童心理学、青少年心理学、老年心理学等等。现代心理学研究涉及的领域越来越广泛，经济学的博弈理论也成为理解人们心理活动的重要研究方法，在心理学理论中哲学、社会学、文学、宗教学等都成为非常重要的理论来源。

著名心理学家高觉敷认为，20 世纪 30 年代以后，心理学各个流派之间开始不再激烈论战，而是趋向求同存异，相互借鉴，各家的合理思想被保留下来，使它们之间的区别缩小了。这种在心理学对象、方法问题上争论的减弱，表明心理学开始走向成熟。

20 世纪 60 年代以后，心理学表现出综合发展的趋势。人本主义心理学、认知心理学在反思自身的学科“范式”的同时，研究方法也在发生变化，量化研究与质化研究、定量研究与定性研究、横向研究与纵向研究日益结合，重视研究设计的整体性观念。① 另一个特点是它的跨学科和多学科性质。心理学和一些邻近学科的重叠已使它们的某些部分难于区别。心理学已经发展成为一门分支众多、边界模糊的科学。同时心理学是兼有自然科学和社会科学两种属性的科学，一方面，它与生物科学结合，探讨心理活动的生理基础；另一方面，它伸展到技术科学领域，与计算机科学相联系，促进了认知科学的发展。心理学还研究人类个体的发生发展，提供了关于人的认知能力和个性社会化的发展观。②

① 姜英杰、李广、张丹华：《从自卑到自省—西方心理学发展轨迹新解》，《东北师大学报》，2003（3）。

② http：//www. douban. com/group/topic/1747882/.

二、心理学对文化消费心理学的意义

心理学是文化消费心理学的理论基础，文化消费心理学是以心理学基本理论与方法为前提的，并在心理学的理论与原则的基础上展开的。文化消费心理学的基本构架也是以心理学的基本构架为基础的。如文化消费心理过程就是要从心理学的角度研究文化消费的心理过程的各个具体环节。

在心理学的发展史上，心理学与文化的关系问题一直是心理学研究中隐含的重要问题。冯特在创立科学心理学时，曾经构想了两部分心理学。一是个体心理学，通过对个体心理意识的考察，探讨人类心理行为共有的性质和特点；二是民族心理学，通过对民族文化历史产物（如语言、神话、风俗等）的分析，研究文化对心理的意义。[①] 心理学的基本原理和基本研究内容及其方法都是文化消费心理学研究的理论基础。如感觉和知觉与文化消费、需要与文化消费、态度与文化消费、性格与文化消费等等。

运用心理学的基本原理指导文化消费心理学的发展。文化消费心理学的发展有赖于心理学理论自身的发展，新的心理学理论必然会应用到文化消费心理学的理论中。现代心理学与传统心理学相比发生了很多的变化，受到系统科学方法论的影响，思维方式更加重视整合的思维与整体思维研究范式，从自然主义的心理科学观转向社会文化的心理科学观，关注社会环境、社会文化的影响。现代心理学正呈现出多学科融会、多元化发展的趋势。这些变化对文化消费心理学无疑具有参考和借鉴意义。

文化消费心理学有独特的研究领域。在文化产业快速发展、文化消费引领社会消费的今天，有许多新的文化消费心理的问题需要研究，文化消费心理学的发展同样会充实和丰富心理学理论。

第二节　消费心理学基础

一、消费心理学及其发展概述

消费心理学是研究消费者消费心理现象与规律的一门学科。主要研究

---

① 许波：《心理学与文化关系的深刻解析——评〈心理学与文化精神论纲〉》，《心理研究》，2012（5）。

消费者购买行为过程的心理状态和心理过程；消费者个性心理特征对购买行为的影响；企业营销行为与消费者心理的相互关系以及与消费者行为的互动；研究购买过程中消费者的心理活动和行为规律。消费心理学与文化消费心理学有着更加直接的关系，在学科体系划分上，应该是文化消费心理学的上位学科。

消费心理学和心理学都是从西方国家发展起来的一门学科。到目前大致经历了四个不同的发展的阶段。

第一阶段从19世纪末到20世纪二三十年代，这一阶段是消费心理学的萌芽阶段。西方重要资本主义国家经济得到快速发展，生产力提高导致生产超过需求增长，企业竞争加剧。为了更好地销售产品，企业开始重视营销活动，加大广告的投入，必然要充分了解受众的心理。1901年美国心理学家斯科特提出广告学应该成为一门学科，心理学可以成为其基础，并提出了消费心理学的概念。1903年他主编的《广告理论》，成为消费心理学产生的标志性事件。

最早把心理学知识运用于工业企业的是德国心理学家斯恩特，1903年提出了心理技术学的概念。1912年另一位德国心理学家闵斯特伯格出版《心理学与工业效率》（工业心理学），提出要用心理测验等方法选拔工人，还涉及广告对消费心理的影响等内容。当时的管理学著作也开始关注消费心理问题。包括约翰·华生提出的刺激——反应理论等。但还缺乏社会心理学与人类学的理论支撑，重点在产品营销，而对消费者心理的研究没有构成主要内容，理论并不系统成熟。①

第二阶段从世界资本主义经济危机产生到20世纪60年代，是消费心理学的研究应用阶段。在20世纪20—30年代经济危机的背景下，生产严重过剩，产品大量积压，一面是人们生活水平急剧下降，买不起必要的生活用品，一面是大量积压商品被处理甚至倾倒，商品销售的难度加大，传统的卖方市场转变为买方市场。从心理学的角度研究如何刺激人们的消费成为重要课题。

第二次世界大战后，整个社会生产力发展迅速。消费环境开始出现明显的变化，包括政治、经济、文化等方面也都出现了新的局面。美国心理学家关注到了在环境变化下人们的消费心理也相应出现变化，随着相关学科如市场营销学、广告学、管理学的发展，消费心理学的研究有了扎实的

① 苏东水：《管理心理学》，21页，上海，复旦大学出版，2002。

WENHUA CHANYE

理论基础。20 世纪 60 年代之后，重视对消费期望和消费态度的研究，对消费的人格影响研究以及“知觉到的风险”的研究为消费心理学体系的构建奠定了科学基础。1960 年，美国成立了“消费者心理学会”，后来又成立了“顾客协会”，美国的部分高校开始拟定《消费心理学》大纲，消费心理学的体系已基本创立。

第三阶段从 20 世纪 70 年代以后开始，消费心理学进入了发展和变革阶段。研究论文、报告、专著等数量激增，而且质量越来越高，研究方法也越来越科学。新兴学科方法被广泛应用到消费心理学的研究中。消费心理的研究领域日益扩大，门类更加丰富，与市场营销的关系更加直接。①

第四阶段从 20 世纪 90 年代以后，消费心理学的研究进入了关注数字化对消费影响的时期，进入了数字化消费时代。

主要特征是在信息化、网络化背景下产业发展和产品营销模式的变化对消费者消费心理的影响强烈。尤其是网络消费成为人们消费的新趋势，传统企业不得不开始进入网络营销的领域，消费者消费心理的变化明显，导致消费行为的变化加快。对消费心理学的研究方法也提出了新的要求，研究角度立体化、多元化、定量化成为必然。

二、消费心理学的研究对象

消费心理学研究消费与消费心理，而消费包括生产消费和生活消费，消费心理学主要研究消费者生活消费过程的心理和行为。②

1. 研究消费者在消费过程中的心理状态

消费者在消费过程中，心理状态是变化的。首先会随着购买对象的价值和价格的不同而有所不同，购买价格昂贵的商品或服务时往往比较慎重，会反复思考，决策过程相对较长，且有所反复；而购买价格较低的商品和服务往往决策过程比较简单。不管是决策过程长短，一般都要经过认识过程、情绪过程和意志过程。

2. 研究个性心理特征对购买行为的影响

消费者的消费行为受到消费者个性心理特征的影响。消费者的个性心理特征包括人的能力、气质、兴趣等等。消费心理学要研究不同消费者的不同个性心理特征对消费行为的影响，个性心理中气质对消费行为的影响

① 刘军、王砥主编：《消费心理学》，5 页，北京机械工业出版社，2012。
② 刘军、王砥主编：《消费心理学》，7 页，北京机械工业出版社，2012。

一直受到关注。

3. 研究群体消费与个体消费之间的关系

人是社会化的动物，不能不受到社会环境、社会文化和所属群体的影响。在消费心理和行为上明显受到环境的制约，特别是受到群体因素的制约。如教师队伍是一个庞大的群体，人们很自然将其归属到有知识、有文化的群体，这个群体的消费心理通常会被定位到有品位的消费的层面，而不会定位到低俗的消费的层面。在旅游消费方面，教师一般会选择历史文化、自然之旅，注重消费项目的环境与文化及自然内涵，一般不会选择过于刺激或环境差的项目。他们还会特别重视一起活动的人群的文化知识水平和层次。在购房等重要消费中会更加重视文化因素的意义，如同一居住区域的群体之职业、文化构成等。

收入水平、职业、性别、年龄等方面的不同，也会因此形成不同的群体心理特征，同一群体成员也有明显的个性化心理特征。社会进入网络时代，追求个性化、体现独特品位、气质的心理特征更成为相当多的消费者的心理选择。特立独行、追新猎奇成为消费时尚的另一种表现。如苹果手机流行一段时间以后，一部分消费者开始接受不了苹果手机的大众化，开始有了新的选择。个人的气质、兴趣等也明显决定消费者的消费选择。

4. 研究企业营销与消费者消费心理的互动关系。

企业和消费者是一对“欢喜冤家”，各有各的需求，既存在各种矛盾，又有一致性。企业的营销策略和产品会影响消费者，消费者的心理和购买行为会决定企业的发展。在卖方市场的环境下，商品供不应求，当然不需要研究消费者心理，现代社会早已进入了买方市场，买方市场环境下企业不很好地研究消费者的心理就只有死路一条，但是还是有企业不重视这个问题。要充分研究企业与消费者心理之间的互动关系，企业决不能简单化甚至以各种方式欺骗消费者，一旦消费者感觉受到了欺骗，这个企业和它的产品就失去了存在的根基，而且几乎不可挽回。

文化消费是人们日常消费的重要组成部分，文化消费心理是一般消费心理的特殊体现，而且呈现不断变化的趋势。消费心理学的研究比较成熟，对文化消费心理学的意义不仅在于文化消费心理的研究要基于一般消费心理的原理和方法，还在于文化消费心理理论的发展也要充分吸收借鉴消费心理学理论的发展成果。

第三节　社会心理学基础

一、社会心理学及其发展概述

（一）社会心理学的概念

在主要的社会心理学著作中对社会心理学的概念表述有所不同。如社会心理学是“研究社会行为的科学。研究人与人之间相互作用的所有领域，包括与社会现象直接相关的各种行为”①。

社会心理学是研究个体和群体在社会相互作用中的社会心理和社会行为的发生和变化规律的学科。社会心理学在两个水平上对人际关系进行分析，即个体和社会群体的水平。社会心理学的核心内容是研究“环境、人、行为”的相互作用，是一门涉及多学科知识的综合性学科。

社会心理学的发展越来越重视现场研究和应用研究，从现场研究到实验室研究，或从实验室研究到现场研究，往复循环、相互论证。同时，计算机技术在社会心理学中的广泛应用为研究资料的收集和整理提供了条件，推动了社会心理学的进步。

（二）社会心理学的发展

社会心理学是心理学的重要分支学科，以心理学理论为基础，研究在社会环境中人们的心理与行为。现代社会心理学形成于20世纪初的美国，经过一个多世纪的发展，社会心理学的研究已逐步形成比较完整的学科体系。心理学研究往往涉及社会文化、社会环境与人的心理的关系。如冯特既是心理学的创始人，同时也开创了社会心理学的研究领域。他在研究实验心理学的同时还用历史分析法研究民族心理学问题。

阿德勒的心理学关注外部因素对人格的成长的影响，被称为个体心理学。荣格也强调社会因素对人格发展的作用。他的重要的贡献是对无意识理论的发展，他提出了“个体无意识”和“集体无意识”的理论，其中个体无意识指的是个体与生俱来的本能和生命早期被压抑的欲望，集体无意识则是指在种族发展过程中积累起来的一些特性，它从最核心的层次上决定人类的行为与心理特征。可以看出，荣格的集体无意识实际上是强调社会文化积淀对个体的作用，荣格的心理学被称为分析心理学。

---

① ［美］弗里德曼等：《社会心理学》，5页，哈尔滨，黑龙江人民出版社，1985。

弗洛伊德的女儿安娜·弗洛伊德“女承父业”，也是一位知名心理学家。在她的著作《自我防御机制》中，她用自我发展的观点替代了其父的性因素说。她的学生哈特曼和艾里克森则进一步提出了各自的自我心理学，强调自我发展对人的意义。在新精神分析学派中，社会文化学派的观点更是明确地指出社会文化对人格发展的影响。

行为主义实际上是最强调外部环境对人类行为影响的学派，创始人华生的名言：“给我一打健康的婴儿，让他们在我设定的环境中成长……那么，我保证不论他们的潜能、能力、爱好或者祖先的种族如何，我能够把他们培养成为我所任意选定的人——医生、律师、艺术家、工头，甚至乞丐或者小偷。”行为主义反映了美国人对社会控制的追求。

人本主义心理学是马斯洛和罗杰斯在批评精神分析和行为主义的基础上，借鉴了现象学和存在哲学而创立的一个心理学流派。与精神分析强调内部因素和行为主义注重外部因素相比，人本主义更强调人的整体性，认为人的价值、尊严以及自我实现才是心理学研究的终极目的。①

以上学者的理论研究并不直接构成社会心理学的完整体系，而是社会心理学的思想基础。社会心理学也经历了不同的发展阶段，每一个阶段都有代表性的人物与思想，这些思想至今影响着社会管理。

1. 社会心理学的产生阶段

1895年美国印第安纳大学的崔普利特教授就做了第一个社会心理学实验，实验回答了“当有他人在场的时候个体的作业绩效会有什么样的变化”这一问题。崔普利特发现，当有他人在场的时候，个体骑自行车的速度要比自己单独时快，并且也不费力。后来他又让参加实验的孩子做在钓竿上绕线的工作，也发现一起做的时候要比单独做的时候快。1908年美国出版了麦独孤的《社会心理学绪论》和罗斯的《社会心理学》，标志着社会心理学的形成。

1924年，美国心理学家奥尔波特出版了第三本社会心理学教科书，提出用实验方法分析和理解人类的社会行为，建立了实验社会心理学。

2. 初步发展阶段

从20世纪30年代到二战结束为社会心理学的初步发展阶段。1929年的世界经济危机，使心理学家开始关注失业问题，开始研究社会问题对人类心理的重要性。纳粹主义在德国的兴起引起心理学家对群体心理的研

① http：//baike. baidu. com/view/5441. htm.

究，群体动力理论受到关注。在第二次世界大战中，大批心理学家从欧洲到北美，他们重视认知过程在人们解释社会行为的作用之外，也开始关注文化等因素对人的影响。60年代以后受到心理学变化趋势的影响，社会心理学研究关注社会比较理论和社会平衡理论，同时重视文化人类学的影响。

二战以后的西方社会，特别是美国社会问题依然很多，偏见、侵犯和贫穷、暴力等问题困扰着那个时代的人们，社会心理学对很多问题的解释并不能挽救心理危机。而在20世纪70年代以后，人们发现以社会心理学的理论来解释人类行为，如女性问题、种族问题以及失业问题、自信问题等也并不令人满意。

3. 社会心理学的发展变化阶段

从20世纪60年代开始，心理学家开始从更广泛的思路去分析人类的文化和社会环境等对行为的影响，开始对实验社会心理学进行反省。20世纪70年代后，人们开始关注归因问题，还关注诸如环境、性别问题、偏见与政治生活、健康等人们心理重视的领域。同时司法心理学和犯罪心理学以及市场、消费、营销等所有与人类生活密切相关的心理学分支学科不断建立。

国内社会心理学的发展主要是学习和借鉴西方社会心理学特别是美国社会心理学的理论和方法。关注社会认知、社会行为、社会态度、人际关系、团体心理和组织心理等问题的研究。同时呈现出“心理学的社会心理学”，主要用心理学的方法，研究个性心理；“社会学的社会心理学”主要用社会学的方法，更多地关注群体心理和组织心理等问题。随着学科的发展和社会的需要，目前已经呈现出两者融合的趋势。

二、社会心理学对文化消费心理学的意义

文化消费是社会消费群体的一种行为。文化消费心理受社会心理环境的影响，社会心理学把人的心理变化放到社会的环境中考察，研究社会文化和环境变化对人的行为的影响，对文化消费群体研究、文化消费的社会心理研究等等都有直接意义。例如社会心理学中的归因理论研究，也可以用来研究文化消费活动中人际交往环境下人们会怎样选择消费活动和消费行为，会以什么样的理由解释相关消费选择。选择国外旅游的原因可以归结为不同的动机，跨文化的因素可能成为其主要原因，西方文化中存在的对中国人的误解和偏见对中国公民的文化消费心理也会产生直接的影响。

另外有些中国公民在国外消费时炫富、行为举止不文明也可能导致西方民众的误解。

人的本质是社会关系的总和，人是社会的产物。社会心理学把人定位为社会角色，人们通过社会知觉去理解和建立人与人之间的关系，去选择消费，尤其是选择文化消费会更多地关注社会的评价，在社会活动中逐步会形成自己的社会态度，社会心理学的理论对文化消费心理的研究在很大程度上是研究方法的引导。

社会心理学重视理论和经验的研究，社会心理学还重视实验研究、现场研究与实验室研究、档案研究与跨文化研究。在不同文化研究中可以发现不同的文化背景对人的行为的影响。在旅游过程中什么地方的人更顺从导游的指挥，什么地方的人更喜欢购物？群体活动中的表现与个体表现是否一致？合群倾向变化的原因是什么？[①] 富裕、贫穷与社会阶层、社会文化对归因的影响导致文化消费的行为变化等问题的研究都值得重视。

第四节　文化消费心理学的实践基础

文化消费心理学的实践基础是文化消费的快速发展以及文化消费实践发展过程中还存在大量需要解决的包括文化消费心理的问题。由于中国文化产业的发展时间较短，文化消费商品数量不够丰富、质量不高，民众的文化消费心理还不成熟，这些问题也对文化消费心理学研究提出了迫切的要求。

一、文化消费的类型

文化消费的类型是指文化消费的存在形式。当前我国文化消费大致呈现出三种态势：一是文化消费的规模快速扩张。二是文化消费内容与形式呈现出多元化特征。三是对文化消费的社会感知度和认同度明显提升。[②]

文化消费，顾名思义，即是对文化的消费，表明了消费的客体是文化。对文化消费这一概念的理解，虽侧重点不同，但可归纳为：文化消费主要是指人们为了满足自己的精神文化生活而消费精神文化类产品和精神文化性服务的行为，换句话说，文化消费就是指对精神文化类产品及精神

① 弗里德曼等：《社会心理学》，51页，哈尔滨，黑龙江人民出版社，1985。

② 吴玉红：《论消费社会的文化消费与文化审美》，《学术界》，2012（11）。

文化性劳务的占有、欣赏、享受和使用等。其实质是对社会及他人提供的精神财富（物质形态和非物质形态）的消耗。①

文化资源是文化消费的基础。文化资源是指凝结人类无差别劳动成果的精华和丰富思维活动的物质和精神的产品或者活动。文化资源包括的范围广泛，主要包括历史人物、文物古迹、民俗、建筑、工艺、宗教信仰、语言文字、戏曲等。文化价值的要素涉及文化价值、时间价值、消费价值、保护等级等。② 加强相关资源的评价是提升文化消费水平的重要途径之一。

文化消费主要是满足人们的精神文化需求的消费行为，但文化消费离不开一定的有形产品或物质载体，文化消费有其特殊性。文化产品实际上是一种符号产品，人们在作为使用价值的物品面前，是人人平等的；但在符号面前，就不一定有平等可言。不同的文化消费选择，体现了人们的心理认同与价值观。文化消费某种程度上体现出社会分层的意义。③ 身份确认对于任何人来说，都是一个内在的、无意识的行为要求。个人努力设法确认身份以获得心理安全感，也努力设法维持、保护和巩固身份以加强这种心理安全感，后者对于个性稳定与心灵健康来说起着至关重要的作用。④

文化消费的类型按照不同的划分标准，还可以划分为高雅文化消费、大众文化消费、奢侈消费和平民消费、群体文化消费、个体文化消费等。每一种文化消费类型的心理特点与问题都是文化消费心理学研究应该关注的。

二、文化消费的快速增长

（一）文化消费的整体状况

中国的文化消费在进入 21 世纪后快速增长，在文化消费的各个领域呈现出不同的态势。中国在 2006 年后成为世界第三大经济体，2012 年又成为世界第二大经济体，自 2004 年以来，我国文化产业年均增速始终保

---

① 秦开凤：《文化消费内涵辨析》，《经济研究导刊》，2011（26）。

② 申维辰主编：《评价文化：文化资源评估与文化产业评价研究》，17－18 页，太原，山西教育出版社，2004。

③ 王壮：《关于当前文化消费问题的浅见》，《科技创新导报》，2010（12）。

④ 参见乐黛云：《文化传承与文化形象》，332 页，北京，北京大学出版社，1999。

持在20%以上，日益成为我国经济发展的新的增长点。[①]

2010年我国文化产业增加值为11052亿元，占国内生产总值的2.75%，文化消费的总量达1万亿元左右。以电影业为例，2010年全国电影票房突破百亿元大关，2011年全国电影票房为131.15亿元，实现了连续九年的大幅增长。其他各类文化消费也呈现出快速增长的态势。

随着国民文化程度的提高，学习消费逐渐成为城市居民青睐的主要文化消费方式。科学技术的迅速发展，知识更新的周期缩短，创新的频率加快，对人的素质的要求提高，人力资源的重要性增加，学习就成为个人、组织适应社会发展的迫切需要。广义的与学习相关的产业具有明显的发展空间。

作为审美观照和鉴赏活动的一种商业化精神享受的行为和方式，文化消费在我国空前繁荣，它重塑了人们的日常生活，拓展了审美领域的界限和空间，极大地影响了人们的审美趣味和价值取向，使消费主体审美发生了巨大转向，呈现出文化娱乐消费逐渐强势、消费主体向往“虚拟”、文化审美极度泛化、影视媒介引导快感、媒介遮蔽真实、大众渐失感悟能力等特征。[②] 文化消费的整体状况是向上的，但其中的问题也值得重视。

（二）文化消费增长的主要特征

1. 文化消费的多元化

文化消费的多元化是文化产业发展的结果。文化消费的变化加快，越来越多的文化产品和服务走向国际市场，既传播了中华文化，又扩大了国际影响，取得了良好的社会效益和经济效益。

可供消费的文化领域和文化产品越来越多。在一些文化用品的消费领域，普通电视、电脑、手机等数字娱乐消费品普及率较高，而使用MP3、MP4、影碟机、数码相机和摄像机的居民分布也相对比较平衡。数字娱乐消费时代的到来，丰富了城市居民的消费形态。而数字化音乐、数字化影像则更新了消费者的消费观念。根据调研资料，城市居民中使用普通电视的比例为76.2%，而电脑的使用率在城市居民中也达到了72.0%，手机的使用率更是达到了89.8%。同时，调查显示，有63.4%的城市居民使用MP3，有54.8%的城市居民使用影碟机，音响设备、数码设备和收音机的

---

① 范周等著：《中国城市文化消费报告·总卷》，4页，北京，社会科学文献出版社，2010。

② 吴玉红：《论消费社会的文化消费与文化审美》《学术界》，2012（11）。

使用率分别为49.8%、46.6%和46.5%。随着传媒市场的繁荣，人们对电视栏目的消费也呈现出较为合理的选择。不同类型节目的消费情况如下：新闻13.48%、电视剧13.22%、电影12.67%、综艺9.33%、时尚和纪实6.23%、体育6.42%、音乐和访谈5.81%、生活健康4.41%、科学教育3.07%、法制6.56%、军事3.78%、动漫4.45%。民众上网的前四位分别是查资料、聊天、玩游戏，呈现出多元化的平衡趋势。①

2. 新媒体消费增长明显

新媒体是相对于传统媒体而言的，它的特点是具有不可比拟的交互性和跨时空性。它消融了传统媒体（报纸、广播、电视）之间的界限，使它们融合为一个整体。无论承认与否，新媒体跻身主流媒体的行业已是大势所趋，有两个重要的指标可以佐证：广告收入和影响力，新媒体蒸蒸日上的发展态势，令人刮目相看。如何应对新媒体的冲击，这是传统媒体不得不思考的重大命题。摩根斯坦利2008年发布的《中国传媒行业研究报告》称，近年来，互联网等新媒体的广告收入增长速度远远超过传统媒体，并且呈现出“赢家通吃”的局面。该报告指出，2002～2006年，中国互联网广告的收入以平均每年60%的速度增长，而报纸、电视等传统媒体的广告收入增速只有百分之十几。2007年，新浪、搜狐两家门户网站的广告总收入约为中央电视台广告收入的20%，5年前这个比例仅为5%。②

3. 文化消费的水平不断提高

健康、休闲、提升文化素质等成为多样性选择。在各种文化消费选择中，与学习相关的选择成为最重要的选择。据统计，文化教育消费的支出占重要位置。其中购买书籍读书看报是人们主要的文化活动，参与度达到80%，娱乐休闲活动参与度达到54.8%、运动健身40.2%、上网78%、看电影44.7%、观看文艺表演33.2%。教育培训的费用在月支出500元以上的文化消费中占的比例最高，达到29.4%。在城市居民参与文化消费和文化活动的诸多因素中，以学习为目的占的比例最高，达到34.1%。所以整合资源，提供更多元化的选择，延伸相关产业链是非常重要的。

4. 质量、实用性、价格、品牌等成为影响文化消费的主要因素

随着社会经济的发展，人们的收入水平不断提高，越来越多的人选择

---

① 范周等著：《中国城市文化消费报告·总卷》，7页，北京，社会科学文献出版社，2010。

② 范周等著：《中国城市文化消费报告·总卷》，6页，北京，社会科学文献出版社，2010。

文化消费，促进了文化消费的快速增长。人们的文化消费受到商品“质量”（29.4%）、“实用性”（27.8%）、“价格”（21.1%）、“品牌”（15.3%）、“包装”（5.4%）等等因素的影响。①

二、文化消费发展过程中的问题与文化消费心理学的发展

（一）文化消费发展过程中存在的主要问题

我国文化产业发展的时间较短，是一个文化产业大国而非强国。目前文化体制改革尚未完成，文化产业的发展受到诸多因素的影响，整体水平不高，与西方发达国家相比还存在许多问题。

首先，我国的文化产业虽然呈现了较快的发展态势，但文化消费产品的数量少、质量差、整体层次不高。人们文化消费的选择在增加，但文化消费商品或服务的形态较单一、产业链较短、衍生品较少，文化商品的盈利空间受到限制。文化消费活动主要还是看电视、看报纸、上网、打牌、健身休闲、旅游，音乐、舞蹈、戏剧等活动，参加人数相对较少，摄影、书法、乐器等等传统文化产品需求不旺盛，对动漫、软件、艺术品等关注度不够，消费支出较低。90%以上的居民每天看电视，还停留在改善生活状态和休闲的初级阶段，文化消费结构有待优化。

其次，价格高、消费成本高。文化消费产品不仅数量少而且价格高。仅以电影消费为例，电影票房收入近几年增长很快，但是其中相当程度上是以高票价为基础的。“2006 年美国电影平均票价 6.55 美元，2007 年 6.88 美元，工作一小时可以看一场电影，大致相当于 50 元人民币，广州的贺岁片经常高达 100 元，其他影片最低 60 元一张票，中国人均 GDP 相当于美国的 1/20，是美国票价的 20 倍。”② 其他文化产品的价格如旅游景区的价格不仅居高不下，而且经常性上涨，动辄过百元。

第三，消费发展不平衡，包括消费水平和项目以及区域的不平衡，国际化水平低，整体文化消费的投入不高。我国丰富的文化资源和广阔的文化市场未得到科学的开发利用，文化产品和服务的国际化水平不高，市场竞争力相对较弱，文化在对外交往中的作用亟待加强。

第四，文化产业的生态环境存在问题。如版权和知识产权、盗版等问

① 范周等著：《中国城市文化消费报告·总卷》，6 页，北京，社会科学文献出版社，2010。

② 范周等著：《中国城市文化消费报告·总卷》，7 页，北京，社会科学文献出版社，2010。

题一直困扰着文化产业发展。文化产品缺少中华文化的特色，缺少原创性。以娱乐节目为例，基本上是购买西方原创的节目，适当加以改变。尤其是电视娱乐节目像“中国好声音”，首先是“荷兰好声音”然后又有“英国好声音”“美国好声音”，再到“中国好声音”。虽然火暴，但毕竟是缺少中国原创的因素，能否长期保持高的收视率值得研究。其他如图书版权也是引进为主，出口很少，近年虽有所改观，但整体文化传播能力不强。

（二）提升和推动文化消费水平的方式方法

文化、技术与商业模式的结合是文化产业发展的基本路径，也是满足文化消费心理的关键因素。

1. 以核心价值观引导文化消费

文化消费是满足人们精神文化需求的消费，文化产品、项目和服务都能够反映社会的文化价值观念和价值取向，以高品位的文化商品提升人们的文化审美能力是必须关注的问题。以美国大片为代表的西方文化产品本身充满了西方价值观的内涵。而国内文化产品与服务的价值内涵体现与国外有明显差距，低俗化或者生硬僵化等问题亟待解决，将优秀的价值文化有机地融入相关产品的能力、水平有待提高。

2. 加强文化产业创新能力，保护知识产权

中国文化产业的核心竞争力是什么？怎样提升文化产业的核心竞争力？让中国的文化产业驶向广阔的“蓝海”，是目前文化产业发展中最重要的问题。必须加强科技创新能力的培养和自主知识产权的形成和保护，国内本身具有自主知识产权的文化产品数量很少，且保护意识不强。在目前情况下，版权、文化资源、原创性文化产品的保护需要加强，努力激发文化创造的心理，形成有利于文化产业发展的产业生态环境。

3. 整合资源、统筹协调、推动产业升级

推动文化产业一、二、三产业的整合与升级，实现融资、管理与生产的有机发展，实现文化产业集群化与集约化发展。特别是要重视新媒体产业的整体发展。

以数字化产业为代表的新媒体发展迅速，但是新媒体并不能够完全代替传统媒体。新媒体的信息虽然更新快、容量大，但传统媒体却更加符合人的逻辑思维能力，从人们对互联网论文的应用远远低于对书、报刊论文的应用，就可以看出各自的优势。因此，我们要分析利弊，看清新媒体发展的必然趋势，增强运用现代技术改造传统媒体的紧迫感，加快发展新媒

体，以大众喜闻乐见的方式提供给消费者更多的科技先进、文化内涵丰厚的产品和服务。

信息时代某种程度上也进入了“读图”时代。创意工作和新闻工作对图片的需求量很大，独家图片更是非常重要，而很多摄影者手中的图片并不能找到合适的渠道销售出去，1995年马克·盖蒂公司成立了盖蒂影像公司，通过互联网向消费者提供静态视觉影像，目前已经是全球最大的网络图片公司，它采用第三方支付的办法，2006年收入超过2亿美元，是在美国上市的唯一以静态图片为主业的公司。[①] 其思路和方法都值得重视。

4. 必须充分重视新技术特别是数字化技术的应用

文化产业和文化消费都受到新技术发展的直接影响。新媒体对传统媒体的冲击日益强烈。比尔·盖茨曾经断言：数字化会改变电视。现在酷6等视频网站已经在用自己的媒体平台拍摄自己的偶像剧，可以24小时连续播放，迎合了年轻网民的消费心理和习惯，又创造了新的盈利模式，是非常有效的文化增值服务路径，对电视台而言既是一种挑战，也是一种机遇。20世纪90年代互联网刚刚兴起，现在已经完全改变了人们的生活方式，也改变了企业的生存方式。今天，大数据、云计算、移动平台等已经成为新的技术手段，它们必将对文化产业发展和文化消费带来直接的影响。

5. 优化环境、完善文化产业相关制度措施、推动文化消费产品的国际化

我国文化市场还不够成熟，文化产业业态环境不完善，文化消费产品和服务水平不高，制度不配套。尤其是文化产品的对外输出与发达国家相比特别是与美国相比，还存在着巨大差距，而且结构不合理，重要文化产业领域如电影、演艺、版权、文化服务等内容产品与服务非常薄弱，需要政府采取积极的政策措施，扶持国产文化产品对外出口，特别是高附加值的产品出口，致力于培育文化产业新的增长点和新业态。

（三）加强文化消费心理学研究

文化消费心理学的内在结构是以文化消费心理与行为为研究对象，以提升文化产业产品与服务水平为主要目标，以心理学等多学科理论为理论基础，以文化消费发展为实践基础，运用综合研究的方法，构建系统的文化消费心理学理论体系，最终促进文化产品和服务发展与满足消费者文化

---

① 林伟贤：《系统的力量》，94页，北京，联合出版公司，2011。

消费心理的和谐与一致。

文化消费心理学的主要研究内容包括：消费心理与文化消费心理；文化消费心理学的理论基础与实践基础；文化消费心理的基本过程；群体文化消费心理；社会环境、文化与文化消费心理；影视文化消费心理；纸质媒体消费心理；网络媒体消费心理；旅游餐饮消费心理；体育文化消费心理；演艺文化消费心理；广告会展消费心理等。

当前文化产业发展和文化消费研究需要大批的专业人才。目前全国至少有100余所院校有文化产业管理相关专业，但是高水平的学校不多，人才整体培养水平不适应社会需要。从学科分类和学术研究的角度分析，目前文化产业管理学科虽然归属于管理学科，但是究竟放到哪一个学科门类下或哪一个一级学科下目前还不明确，能否成为一个独立的一级学科更是未知数。我国高校的文化产业管理本科专业是2004年才建立的，目前还没有博士点，硕士点也很少，直接影响了高层次人才的培养和学术研究的水平。

当前，文化产业研究包括文化消费和消费心理研究的刊物非常少，相关刊物虽然有一些，但是高水平的不多，还没有一个严格意义上的CSSCI来源期刊，这也影响了文化产业与文化消费问题的研究水平的提高。文化消费心理学的研究与文化产业管理其他学科相比，研究成果更少且水平不高。从中国知网、学术期刊网及相关学术数据库、图书馆等不同途径检索，国内并没有一部文化消费心理学的教材，期刊文章也凤毛麟角，这也是我们编写这本教材的主要原因，系统地进行文化消费心理学研究在某种程度上具有开创意义。所以在此基础上对文化消费心理学作进一步的系统研究，特别是加强调查研究和定量分析基础上的整体研究是今后关注的方向。

第三章　文化消费心理的基本过程

文化消费心理是消费者在购买、应用和消费文化商品或文化服务过程中伴随的一系列的心理活动。相比于一般商品消费活动，文化消费者在文化消费过程中的喜好与选择动机更为复杂，个人的主观心理活动尤为活跃。消费者的文化消费行为中的心理过程和心理状态是一个发生、发展和完成的过程：激活消费主体的情感，产生消费需求，确定消费目标导向，选择以不同的方式和手段实施文化消费，评估本次文化消费的体验和感受，进而形成新的消费倾向或者从此排斥回避。

消费心理在消费行为中的重要作用无论是在学术界的研究中还是市场营销的实战中，其重要地位和作用都是公认的。伴随着文化产业如火如荼的发展，文化消费心理学成为新兴的研究热点，其重要价值不言而喻。文化产业中的几大主要行业，像影视、出版、广告、会展、旅游业等，从选题策划到宣传推广，从会场布置到卖场布局都是一场场攻心战，都需要精准把握消费者的心理需要，要熟知能够影响文化消费者心理的各项社会因素，甚至需要跨界合作，全方位与消费者心理契合。以文化产业的“火车头”电影文化为例，电影文化具有历史和社会的背景，承载着民族意识形态和大众生活哲学，当代电影产业中好莱坞一枝独秀，其成功的秘诀之一就是最大限度地迎合电影观众的消费心理，适应历史发展和社会需求，琢磨大众心理和偏好，并且引导和推动大众文化的消费行为，取得了巨大的商业成功。

第一节　感觉、知觉与文化消费心理

文化消费心理不仅受到个人主观因素的影响，还要受到社会诸要素的影响，如文化观念、消费观念、价值取向支配等等。文化消费如今已成为人们生活中很重要的部分，某种程度上，文化消费已是一种存在方式，一种获取认同的方式。很多时候，我们的认同部分建构自我们的消费：我们所听的、所看的、所读的、所穿的，我们消费的内容与方式，说明了我们是谁，我们要成为怎样的人。① 我们对外部世界的印象，主要是从我们的感觉而来，并通过知觉的辅佐判断，从而实现自我对外界的认知。感知觉是文化消费心理的第一个过程。

一、感觉与文化消费

所谓感觉，是一种最简单的心理现象，消费者通过感觉获得对商品属性的第一认识。在文化消费活动中，当消费者与文化商品或者文化服务发生接触时，会借助眼睛、耳朵、鼻子、舌、皮肤等感觉器官得到一定的刺激，并通过神经系统传递至大脑，从而引发对消费对象的各种感觉。除了对文化商品的本身的感觉，文化消费者还特别重视营销活动中的其他刺激，注重各种感觉的相互作用，如宣传文字、图片、观赏环境等个人体验。不能想象一场高雅的钢琴演奏会正在进行中，却时时飘来隔壁化工厂的污染气体，试想下次还会有观众选择这个音乐厅吗?

文化创意设计是文化消费中的重要板块，在文化创意设计中，颜色是非常重要的，不同的颜色或给消费者带来不同的感受喜好，甚至能决定一个产品的成败。绿色是一种非常美丽、优雅的颜色，它生机勃勃，象征着生命。绿色的用途极为广阔，无论是童年、青年、中年，还是老年，使用绿色决不失其活泼、大方。在各种绘画、装饰中都离不开绿色，绿色还可以作为一种休闲的颜色。在商业设计中，绿色所传达的清爽、理想、希望、生长的意象，符合了服务业、医疗业、保健业的诉求，在工厂中为了避免操作时眼睛疲劳，许多工作的机械也是表面涂上绿色，一般的医疗机构场所，也常采用绿色作为空间色彩规划。蓝色是博大的色彩，天空和大海辽阔的景色都呈蔚蓝色。由于蓝色沉稳的特性，具有理智、准确的意象，在商业设计中，强调科技、效率的商品或企业形象，大多选用蓝色当标准色、企业色，如电脑、汽车、影印机、摄影器材等等。如果在医疗休闲类的产品中用错色，使用大红或者刺眼的橙色，就会让人有燥热不安之感。不合时宜的颜色搭配更是时装界的灾难。另外，在全球化的大时代背景下，产品设计还要兼顾到世界各国以及不同种族、不同民族的颜色禁忌。如许多国家都喜欢绿色，特别是居住在沙漠地带的阿拉伯人视绿色为

① 杨晓光：《文化消费对中国文化发展的影响》，吉林大学博士学位论文，2006 年。

生命，把绿色当作生命的象征，用于国旗上。但日本人却忌讳绿色，认为绿色是不吉祥的。埃及人则视绿色为恶魔。英国人也厌恶绿色，因为他们的裹尸布是橄榄色的。因此，假如设计师很不幸地以禁忌色作为产品外观设计的主色调，出口到该国的产品极有可能大规模滞销。

二、知觉与文化消费

所谓知觉，是指直接作用于感觉器官的客观事物在人脑中的整体反映，是人对感觉信息的组织和解释的过程。知觉是人以感觉信息为基础，在感觉的同时进行整合、加工，从而得出更理性的认识。与感觉不同，知觉不是与生俱来的，而是在后天的社会实践活动中逐渐形成的。知觉是在知识经验的参与下，对感觉到的各种信息加以加工整合和解释，它反映的是事物的整体属性，是多个生理器官共同作用的结果。可以说，知觉的作用使得感觉有意义。知觉加工从连续变化、并且经常是没有秩序的感觉输入中，提取信息并把它们组织成稳定且有序的知觉。① 知觉是比感觉更为复杂的心理活动，是心理活动的更高阶段，在日常生活和工作中，知觉也是人们进行社会实践活动时分析识别各种信息的主要手段。

知觉有一定的选择性、理解性和恒常性、整体性的特点。其理解性的特点在文化消费中尤为重要。人在知觉事物的过程中，不是被动地把知觉对象记录下来，而是以过去的知识经验为依据，力求对知觉对象作出某种解释，使它有一定的意义，这就是知觉的理解性。② 这很好地解释了文化母题在文化营销中的强大作用。在文化消费市场，这种描写人类的共同的情感，共同的人性的作品可以在全世界的市场寻求到共鸣，泰国青春电影《初恋这件小事》、我国台湾电影《那些年，我们一起追的女孩》都以不大的投资获得了极好的票房效益。近期，大陆著名演员赵薇以导演的身份，拍摄了一部青春电影《致我们终将逝去的青春》，也一度引发了全民怀旧热潮。受其影响，不少人动念要见一下自己的初恋情人。赵薇在拍别人的青春，她所沉浸的何尝不是自己的青春；我们在看别人的青春，我们的心里缅怀的何尝不是自己的青春呢。

好莱坞的经典大片就特别善于挖掘所谓的“普世价值”，不说教、不

---

① 理查德·格里格、菲利普·津巴多著，王磊、王甦等译：《心理学与生活》，102页，北京，人民邮电出版社，2003。

② 齐常华等编著：《消费心理学》，27页，北京，清华大学出版社，2010。

煽情，往往就是小人物、小切口，借个体命运的波折起伏、情欲挣扎来折射大时代的风起云涌、石破天惊。因此，能够走出美国，在全球文化消费市场攻城略地。这一点还是值得文化产业从业者关注和学习的。

感觉并不一定都是不可靠的，知觉也并非一定都是可靠的，就像我们说第一感觉往往是对的，眼见不一定为实等等。知觉有可能是对的，也有可能是模糊的或者是错的。当你的大脑以不正确的方式来解释某种刺激，进而欺骗你的时候，你就会体验到错觉。① 一些现代艺术家巧妙运用视觉的模糊性和欺骗性，将感知错觉作为作品艺术主题，创作出了很有艺术价值和人生体验的作品。如网络上常见的巫婆和少女的组合画像、马头和青蛙的组合画像等等，打眼一看是女巫换个角度看是少女，既有趣又给人以启发，乃所谓“换个角度看待问题，一切皆有可能”。

从《那些年，我们一起追的女孩》走红看感知觉的在文化消费心理中的作用。

《那些年，我们一起追的女孩》在台湾、香港刚一上映就屡创奇迹。电影院大排长龙；参加东京影展；获金马奖四项提名；无论在台北、香港还是东京，每一场放映的最后十分钟，场内都会有掌声响起。

这部电影有个长长的名字，叫《那些年，我们一起追的女孩》。电影里，男主角叫柯景腾，女主角叫沈佳宜。电影外，柯景腾还有个更为人所熟悉的笔名，叫“九把刀”，台湾知名网络作家。

柯景腾，台湾彰化人。初一开始喜欢前座女生沈佳仪，八年无果。2005 年沈佳仪结婚，柯景腾参加婚礼后把自己的故事写成小说，2010 年又把小说拍成了电影。

在《那些年，我们一起追的女孩》的制作团队里，几乎没有人拍过电影：导演兼编剧是小说作家，摄影师没有拍过电影，制作公司没有拍过电影，男主角柯震东只拍过电影短片，女主角陈妍希也只是电视剧演员，整部电影没有任何所谓的票房号召力；但为什么却能有如此的票房收入呢？北京电影学院文学系教授苏牧认为关键是“接地气”。

苏牧：小说的作者也是他的导演，把他生活写到他的作品中，这小说居然卖了 30 万套，我们这个时代 30 万套是一个什么样的概念，

---

① 津巴多等著，王佳艺译：《津巴多普通心理学》，184 页，北京，中国人民大学出版社，2008。

电影拍完之后在台湾有很好的票房，甚至在香港卖了6000多万港元，创了华语电影在香港的票房之王，我觉得肯定不是它简单轻松的故事和事件值得这么多观众去看这个电影，更重要的应该是传达了那个强烈的生命感受，一个非常强烈的共鸣在里面。

与张艺谋导演的《山楂树之恋》一样，《那些年，我们一起追的女孩》同样是走清新路线的电影，但在观影体验上，又会带给我们怎样的不同呢？对此，苏牧教授认为，《那些年，我们一起追的女孩》带给观众的是一种贴近肌肤的共鸣。

苏牧：我个人认为《山楂树之恋》更多是来回忆和怀念那个纯真的时代里面人们那份纯真的情感，有很多是我们理想主义想象的一些因素，但是《那些年，我们一起追的女孩》应该是一个离我们非常近的电影，就是我们今天的生活，就是我们生活的时代，我觉得这个电影是更加接地气的电影，《山楂树之恋》更多是一种想象的电影，这样一个美好的感情，这样一个美好的时代，深情地去回忆它，《那些年，我们一起追的女孩》表现的人物就是你我他，我们身边的生活，会引起我们更多的这种共鸣。

（资料来源：《那些年，我们一起追的女孩》内地上映（图）①）

事实上，我们不可能完全认识自己，也不可能完全认识宇宙空间，无论对错，感知觉都是我们的各种生理器官以及各种后天的成长学习所得的综合作用，只能不断地丰富自己的实践经验和知识积累，修正偏差，最大可能的减少误判。

第二节　记忆、学习与文化消费

一、记忆与文化消费

认知心理学家把记忆看作是一个对信息进行编码、存储和读取的复杂过程，是一种信息加工。记忆是过去人们经历过的事情在人脑中的反映，具体地说，是人脑对感知过的事物、思考过的问题或理论、体验过的情绪或做过的动作的反映。

---

① 中国广播网（http：//www.cnr.cn/）北京1月6日消息，来自《中国之声》栏目报道，内容略有删减。

记忆在消费者的心理和行为活动中具有重要作用。正因为有了记忆，消费者才能把过去的经验作为表象保存起来。经验的逐渐积累推动了消费者心理的发展和行为的复杂化，最终做出消费选择。反之，离开记忆则无法积累和形成经验，也不可能有消费心理活动的高度发展，甚至连最简单的消费行为也难以实现。

文化消费者一般都有比较高的学识素养，怀旧情怀愈发浓重，在文化消费中，大打回忆牌的营销战术向来屡试不爽。怀旧营销就是在营销活动中给予消费者一定的怀旧元素刺激，激发消费者的怀旧情怀，勾起他们记忆深处的共同记忆符号，以此来引发购买倾向。怀旧是寻找一种精神安慰，尤其是在危机之下或社会动荡的时代，怀旧能给人以舒适、亲切等情感，成为人们内心的庇护所。怀旧的消费者群体是一种拥有共同的情感记忆和记忆符号，而且会通过怀旧唤起共同兴趣社团成员间的亲密感并获得群体性认同的集合。在这种群体的集合中，共同的记忆可以带来大量的认同，从而形成集体回忆。集体回忆是在一个群体中，大家对曾经一起共享、构建以及传承的事物的共同回忆。在经历了一段时间后，在特定环境与行为的指引下，这段记忆被唤醒，当事人则会产生强烈的共鸣、认同与超乎想象的热情。如果把这种热情应用在市场中，则是一股强大的销售推动力。① 自中央电视台春节联欢晚会成功策划小虎队聚首之后，“怀旧”引发了连锁反应，引爆一种生活方式，并强烈刺激一条明晰且充满趣味的经济链条。② 怀旧元素也成为众多电视台综艺节目的收视杀手锏，老艺人纷纷现身，经典案例如，江苏卫视的蛇年春晚促成了《新白娘子传奇》三大主演20年再聚首，话题十足，收视率自然也是让电视台主管眉开眼笑。

怀旧营销首先必须有怀旧元素刺激消费者，南方黑芝麻糊广告就是一个非常成功的怀旧型广告，当小男孩的舔碗行为映入消费者眼帘时，勾起了消费者的童年回忆，使消费者很想回到童年，重温当年的感受和体验当年那种小小的幸福。即便我国北方地区没有吃黑芝麻糊记忆的观众，看到了那种温馨的场景同样会想起自己儿时所听到的胡同的叫卖声，想起家乡的爷爷奶奶。中国不少大中城市以复古或创意市集为卖点的街区，怀旧商品已经成为销售主力。北京南锣鼓巷、重庆磁器口、南京夫子庙等地，过去家庭常见的搪瓷缸、红双喜脸盆、画鲤鱼跳龙门的痰盂、牛皮纸封面的

① 刘惠亭、周志民：《动荡时代的怀旧营销》，《销售与市场》，2009（12），52页。

② 陈彦伟等撰：《消费记忆》，《南方人物周刊》电子报，2010-5-10。

练习簿、国民床单等，都开始一一亮相，且售价颇高。

近几年来，怀旧风在中国的产品包装中也逐渐流行起来。出色的商品包装，既基于成功的艺术设计，又有赖于对于消费者心理策略的运用。面对当今市场的激烈竞争，为使产品更有吸引力，企业必须讲究产品包装的设计，并结合消费者的心理特征进行设计修改。在怀旧包装设计中，最主要的是抓住消费者的共同记忆符号进行设计，把这种记忆符号通过包装有形地展示在消费者面前，以达到刺激其购买的目的。①

我们大脑中除了对自己具有重大意义的事件以及自己特别感兴趣的事情能够形成相对完整、相对准确的记忆以外，大多数记忆都流于轮廓，在我们的头脑中形成的是一些能够满足我们日常生活需要但是缺乏细节的粗浅记忆。有个笑话，有个人一直蓄须，他以自己的胡子为傲，某天心血来潮剃了胡须，但是感觉浑身不得劲，他想上班时同事们见了肯定会很惊讶。结果，第二天他在办公室走来走去，却没有一个人有所表示。按捺不住，这个人拽住一个老同事问自己剪掉胡子感觉怎么样。不料对方很惊讶地问，什么？你原来留过胡子？

相反，我们对自己在意的，对自己关注的事情会有超人的记忆。众多的商品广告一闪而过，假如没能够抓住消费者关心的要素，很难给消费者留下很深的印象。因此，商品广告必须有自己独特的个性，并且达到一定的频率强化消费者记忆以免被遗忘。有的广告通过反复强化刺激，强行留下印象，如恒源祥的“恒源祥，羊羊羊”、脑白金的“过年不收礼，收礼就收脑白金”等等；有的选择消费者特别关注的明星面孔，在一闪而过的瞬间，借助明星效应抓住消费者的注意力，如当年美的空调选择巩俐，寓意“美的空调”是“美的”，收到了很好的销量回报；或者制造轰动效应，在重大事件中脱颖而出，如当年加多宝集团在汶川地震时捐款一个亿，一举成名等等。

完整的记忆，与学习相辅相成，包括识记、保持、再认、回忆四个基本环节。四个环节彼此联系，相互制约，共同构成消费者完整统一的记忆过程。没有识记就谈不上对消费对象内容的保持；没有识记和保持，就不可能对接触过的消费对象回忆或再认。因此，识记和保持是再认和回忆的前提，而回忆和再认则是识记与保持的结果及表现。同时，通过再认和回忆还能进一步加强对消费对象的识记和保持。消费者在进行商品选择和采

① 刘惠亭、周志民：《动荡时代的怀旧营销》，《销售与市场》，2009（12）。

取购买行动时，就是通过识记、保持、回忆和再认来反映过去的经历和经验。

人类的记忆就像是图书馆或仓库，可以海量存储曾经的事情，但是要注意的是，除了极其少数的人过目不忘，可以全景式记忆以外，大多数人都是一种片段似的回忆，往往非常模糊。在你回忆的时候，真实发生的情况是，你所读取的只是记忆的碎片，就像拼图的碎块一样。然后你会用这些碎片重建曾经经历过的事件（想法、情感或图像），在重建的过程中你会根据你认为合理的方式填补碎片之间的空白，而不是以事件真实发生的情况来填补。[①]

消费者记忆的信息来源主要有四个方面：一是人际交往的信息来源，比如从家庭、亲友、邻居、同事等交往中获得信息；二是商业性信息来源，比如从广告、推销人员的介绍、商品包装、产品说明会渠道得到的信息；三是公共信息来源，比如消费者从电视、广播、报纸杂志等大众传播媒体所获得的信息；四是消费者个人消费经验的来源，消费者从自己亲自接触、使用商品的过程中得到商品及有关的信息。

我们巩固记忆、重建记忆的过程也是学习的过程，是我们新的人生体会与自己思想融合的过程。同时消费者的消费理念也不是一成不变的，而是随着社会的发展、年龄的增长等不断地发生新的变化，也就是说没有一成不变的消费者。

二、学习与文化消费

消费者的学习是一种特殊的学习，并非我们读书学习的狭义学习，而是心理学意义上的学习，是广义的，即行为或心理过程被经历持久改变的过程。消费者在购买和使用商品的过程中，不断获取相关产品的知识、经验与技能，不断提高自身能力，完善自身的购买行为。通过正式与非正式的途径，消费者在消费活动中不断积累经验，获得商品知识与消费技能，形成消费观念，这就是消费者的学习。[②] 消费者的学习有被动与主动之分，方式多种多样，自我学习是一种方式，观察学习也是一种方式，消费者之间通过彼此观察与模仿获取商品知识。此外，近些年各种行业的生产商和

---

① 津巴多等著，王佳艺译：《津巴多普通心理学》，239页，北京，中国人民大学出版社，2008。

② 齐常华等编著：《消费心理学》，40页，北京，清华大学出版社，2010。

消费商都注意到了消费者学习在消费行为中的重要作用，主动开展多种多样的活动，帮助消费者学习，在学习过程中拉近与消费者距离，赢得先机。

体验式营销是一种企业主动帮助消费者学习的营销新模式。考虑顾客在消费过程中的体验感受。顾客的体验来自于某种经历对感觉、心灵和思想的触动，它把企业、品牌与顾客的生活方式联系起来，赋予顾客个体行动和购买时机更广泛的心理感受和社会意义。体验营销者不仅仅考虑产品的功能和特点，更主要的是考虑顾客的需求，考虑顾客从消费产品和服务的经历中所获得的切身体验，考虑顾客对与产品相关的整个生活方式的感受，是体验营销者所真正关心的事情。文化消费中，帮助消费者学习，培养一定的消费群体，是非常重要的。像字画、交响乐、古玩以及一些非全民体育项目等，都需要有一批懂得基本规则、懂得如何欣赏的潜在顾客。没有一定的普及推广，就不能吸引到足够的消费者走到画廊、音乐厅以及体育场去实施消费。

第三节　能力、态度与文化消费

一、能力与文化消费

能力是人们顺利完成某种活动所必备的个性心理特征。任何一种活动都要求参与者具备一定的能力，而且能力直接影响着活动的效率。能力按不同的分类方式，可以分为基本能力和综合能力。基本能力是指某些单因素能力，即主要通过大脑某一种功能完成的心理活动中表现出来的能力，例如，感知、记忆、思维、肌肉运动等能力；综合能力是由许多基本能力分工合作下完成的活动中表现出来的能力，例如，数学能力、音乐能力、管理能力等等，这些都是由某些基本能力结合而成的综合能力。基本能力也可以分为一般能力和特殊能力，一般能力是在很多基本活动中表现出来的能力，它适用于广泛的活动范围，例如，观察力、记忆力、注意力、想象力、抽象思维能力等等；特殊能力是表现在某些专业活动中的能力，它只适用于某种狭窄的活动范围。例如，节奏感受能力、色彩鉴别能力、计算能力、飞行能力等等。

消费者能力，不是简单地指消费者的购买和支付能力，而是多种能力要素构成的有机结构体。而是指消费者在选择和购买商品过程中所表现出来的感知能力、识别能力、评价能力、鉴赏能力、挑选能力、计算能力和决策能力等的综合。消费者能力的形成和发展，通常受到两方面因素的制约，一方面是个人素质，另一方面是环境、教育和实践活动。消费者购买行为的差异，往往是由消费者能力的差异所导致的。商品知识丰富、识别能力强和善于运用多种能力的消费者，购买果断，成交迅速，成交效率较高，购买后退货现象较少，不需要导购人员对商品作过多介绍。而另一方面，商品知识较少、识别能力较低的消费者，挑选时犹豫不决，常常需要导购人员充当购物参谋。另外，消费者对某商家提供的商品及服务了解越多，越有可能在同类竞争中选择自己了解多的商家。

实施一些特殊的消费，尤其是文化消费，往往需要专业知识为基础的特殊消费能力，例如购买钢琴者，除了个别富有家庭作为装饰品购买外，绝大多数都是专业从业者，以及有一定的音乐素养的钢琴爱好者或者因家庭教育幼儿学琴需要的购买者。另外，消费者保护自身权益的能力，业余文化消费有着越来越密切的关系，当消费者有能力维护自我权益，并有信心会得到产品提供者和消费者的回应承诺，消费的倾向会大大增加。一般消费商品，很早就开始在包装上明确表示“本商品由××保险公司独家承保”等，让消费者安心购买。目前，很多大型的会展、晚会的承办和策划机构都开始关注权益保护，不仅有会展品的保险、还有航拍技术保险等，其中也包括对参会的文化消费者的保护，即公众责任险。

文化消费很多都是人群聚集的大型项目，像影院看电影、KTV包间唱歌、参观美术馆、听演唱会、看体育比赛等，随着公众安全意识的提升，必然会高度关注自身安全以及后续的权益保护，所以商家和服务机构都要关注到新的消费者需求及消费心理的变化，及时跟进，一方面加强安全管理做好保障措施，另一方面也要借助保险等措施，显示自己的安保实力，给文化消费者以信心，赢得更多的客户。投保公众责任险有着一举三得的好处：对主办方而言，既是对艺人和观众负责的态度，同时也使演出风险分流到了保险公司；而保险公司虽然分担了风险，但得到了保金；对于歌手来说，可以专注于演出不用分心考虑安全问题。在这种“保险”的演出氛围中，观众是最大的受益者，因为掏了钱不仅仅欣赏了演出，还获得了安全保障。投保公众责任险花钱未必很多，却充分展示了对公众的关怀意识。

在一些国家，演出业已经有成熟的保险机制，据保险公司透露，在国外的大型演唱会中，为演唱会投公众责任险已成了必不可少的一道“菜”，而且“腕儿”越大，人们的重视程度也就越高。根据国际惯例，如果主办方不买保险，明星有权不参加演出。港台的演出商和经纪机构对投公众责任险比较重视，早在1998年5月在汕头举办的张学友个人演唱会就投过公众责任险。当时主办方为2000名现场观众购买了这个险种——每位观众投保1元，发生意外后将获赔6万元。2001年8月，中国人民保险公司沈阳分公司作为田震巡演沈阳站的唯一指定保险单位，为公众提供了100万元的责任保险。它首开主办单位为内地歌手投公众责任险的先河。[①]2002年张学友武汉演唱会发生垮台事件造成歌迷受伤后，为观众投保在国内演唱会中逐渐开始兴起。越来越多的大型演唱会开始给观众投保，保险金额也越来越高。2002年，合唱组合F4在广州开办演唱会，主办单位特意为每一位进场的观众免费投保5000元的意外保险，观众总投保额接近3.1亿元。2007年9月30日，张学友在北京丰体中心的个唱中，保险公司为演唱会的所有观众提供了每人价值10万元的人身意外保险。2012年2月，王菲重庆演唱会发生观众席塌陷意外事件，不少观众受伤，3月31日、4月1日的昆明演唱会是重庆演唱会意外后的首演，演出商承认售票初期受到影响，演出商为保证观众席百分百安全，为每位入场观众投保30万元人民币，最终活动效果理想。

二、态度与文化消费

态度可以界定为个体对事情的反应方式，它通常体现在个体的信念、感觉或者行为倾向中。当我们必须对一些事情做出快速反应时，我们对它的感知方式可以指导我们的反应方式。[②] 消费者的态度是指消费者对客体、属性和利益的情感反应，即消费者对某一商品或服务的喜好的反应倾向。消费者的态度对消费者行为具有重要的影响作用。

态度这个术语在大众文化中被广泛地应用。态度是持久的，因为它趋向于持续一段时间。态度是一般性的，因为它不仅仅作用于诸如听到一声吵闹这样瞬间的事情，随着时间的推移，你会对所有大声吵闹产生负面的态度。消费者产生态度的目标客体很广泛，从非常具体的产品行为（如使用佳洁士而不是高露洁牙膏）到更为广泛的与消费相关的行为（每隔多长

---

① 肖执缨等：《田震为观众投保百万》，《羊城晚报》2001-8-11。

② 戴维·迈尔斯著，侯玉波等译：《社会心理学》第8版，98页，北京，人民邮电出版社，2006。

时间刷一次牙)。[①] 对我们来说，在文化消费中，态度是消费者对人（作者、导演、明星等等，包括我们自己）、客体、广告或出版物、体育赛事、影视作品等的一种持久的概括性评价。这种评价决定着消费者是否愿意行动并实施文化消费。凡是对某文化商品服务的品牌、质量、口碑有好感的态度积极的消费者，在有能力和机会进行文化消费时，首先会关注心仪的消费客体，进而实施消费。

可以说，态度在文化消费者的购买行为中，起到了导向和识别的功能，同时也一定程度反映出了消费者本人的性格特点、审美趣味、文化修养、价值观念、生活背景等。

“粉丝经济”是近些年出现的一种新的消费及营销现象，在大众传媒高度发达、流行文化盛行的后工业社会，一些时尚消费品品牌、奢侈品品牌、文化产品、体育俱乐部和影视名人等拥有了忠实的粉丝。追星族们对明星的狂热态度是支持其消费的决定性力量，他们不是被动地消费，而是积极、主动、创造性地消费，有的甚至是狂热地反复消费。“以前电影的高票房收入基本上都是靠庞大的观影人群累积的，而现在电影越来越靠‘粉丝’群体的票房贡献。”在银川一家影城负责营销的倪慧告诉记者，“比如五月天的这部电影(《五月天追梦 3DNA》)，在我们影城观看的多数是年轻的五月天‘粉丝’，而且大多数人都不止观看过一次，他们的票房贡献能达到 70%以上。”[②]

“粉丝”并非孤立地存在，他们往往自发结成社会关系网络，形成不同的社群组织，并由此派生出独特的“粉丝文化”。可以依据“粉丝理论”来探索流行文化背景下针对“粉丝”的营销策略，从而开展“粉丝营销”。比如，通过非主流品牌价值定位来激发一小部分目标消费群体的高度认同；通过支持和鼓励“粉丝”的深度参与来提高产品和品牌对他们的影响力；利用“粉丝”的社交渠道进行快速的推广和传播；依托“粉丝”的崇拜文化开发后续衍生品。[③] 当前许多企业已经开始利用 Facebook、Twitter、新浪微博、腾讯 QQ 等社交网站来发布信息，利用粉丝俱乐部等平台与粉丝们进行互动以扩大品牌影响力。

---

① 迈克尔·R·所罗门著，卢泰宏等译：《消费者行为学》（第 8 版·中国版），211 页，北京，中国人民大学出版社，2009。

② 张亮：《“粉丝经济”助力银川国庆文化消费市场》，新华网宁夏频道 10 月 3 日电。

③ 刘伟、王新欣：《粉丝作为超常消费者的消费行为、社群文化与心理特征研究前沿探析》，《外国经济与管理》，2011 年第 7 期。

ABC态度模型是消费者行为学当中一个关于态度的理论模型。该模型认为，态度是由感情（affect）、行为（beha vior）和认知（cognition）三种成分组成。感情是指消费者对态度对象的感觉。行为包括人们想要对某一态度采取的行动的意向，但意向不一定会发生实际行动。认知是指消费者对一个态度对象所持有的信念。

这个模型强调了认知、感情和行为之间的相互关系。消费者对一个产品的态度不能简单地由他们对该产品信念的识别来决定。态度的三个元素都很重要，但是由于消费者对态度对象的动机水平不同，态度的三个元素的相对重要性也不同。总之，ABC态度模型是消费者行为学中一个很好用的态度模型，对公司进行消费者市场细分是非常具有参考价值的。

消费者态度的形成并非是天生的，而是在后天生活和学习中，不断地感受、不断地尝试，受各种主客观因素影响的综合结果。每个消费个体都有自己的既有消费心理，不同的人对这同一个对象产生的态度也未必一样，即使都产生了同样倾向的态度，态度的强度也不可能完全一样，实施消费的可能性更是不一样。这就要求我们的文化产品营销者，要因人而异，不断尝试新的方式，委婉地引导消费者放弃抗拒，转化态度。消费者态度转变的过程实质上也就是说服与被说服的过程，方式可以分为直接说服与间接说服两种。直接说服就是以语言、文字、画面为载体，利用各种宣传媒介直接向消费者传递有关信息，以达到改变其固有态度的目的。间接说服则是通过潜移默化引导消费者自行改变态度。

当今社会，什么人赚钱最多？除了那些走偏门的，要数歌星、影星赚钱最多。那些“天王”“天后”级大腕出场，动辄百万千万，而广告收入更是惊人。

不过，有意思的是，在这些大腕后面，是什么人成全了他们？除了少数推手外，是“粉丝”这个最大的群体成全了许多人的大名大利。

现在，你到公共场合如果提到“粉丝”二字，恐怕很少有人会把它和食品联系在一起。除非你是个“吃货”，人们讲到“粉丝”都是指追星族，或大腕的拥趸。

“粉丝”的本意被人淡忘了，而它的另类意义却成了人们的共识，这是一个有趣的问题。细想起来，大概与当年的“超级女生”有关。正是在这档节目中，出现了一种非常奇特的“粉丝”现象。

比如，有一个叫李宇春的女孩在“超级女生”中受到追捧，她的歌迷被称为“玉米”。这些“玉米”能量大到什么程度？你或许难以想象，他们成立了中国第一个以偶像名字命名的基金，引起了国际社会的关注。

而这里的“粉丝”自然是指那些追星族了。尽管“粉丝”一词是从Fans借用过来的，而Fans的意思就是指追星族或者狂热的仰慕者。但是到了中国，Fans的另一层意思，也就是激起、煽动，被发挥得淋漓尽致。

比如，现在的“粉丝”早就不是什么单纯的仰慕者了，很多时候、很多地方都有商业策划在里面。而“粉丝”早已不限于影视歌舞界，在很多领域很多地方都搞出了“粉丝”。

最典型的要数新媒体领域，“粉丝”已经成了企业的摇钱树，甚至超越经济，成了社会舆情的观察点。比如，有家网络微博就是靠千万粉丝撑着，每天供应无数免费信息，吸引不少广告。

追根寻源，粉丝文化、粉丝经济，基本还是个舶来品，是欧美波普文化的东移。只是让西方人万万没想到的是，粉丝文化在中国居然那么风行，那么有冲击力。

（资料来源：《“粉丝”经济》①）

成功的说服需要具备一些必要技巧。首先，就是要有专业素养，成功的销售员都是他所在领域的专家，做好销售就一定要具备专业的知识。要以权威的腔调讲话。为了达到这个目的，营销人员必须熟悉自己讲话的内容，对题目了解得越多越深刻，就会讲得越生动越透彻，越有可信度和说服力。其二，态度要客观诚恳，要尊重客户，说话要直截了当而且中肯，永远不要夸口或者言过其实，而且在陈述自己的情况时还要动脑筋为自己留有余地。其三，要学会换位思考，要为自己的客户提出最好的建议，不要总是为自己提出最好的建议。当然，还可以巧妙借助于人的从众心理，暗示客户的朋友或者同事已经有类似的选择等等，总之，运用各种可能的技巧去让受众感知所推荐产品、服务的优势，从而产生积极乐观的态度和消费欲望。另外，在交流沟通过程中还要特别注意不要夸夸其谈，使客户产生逆反心理和厌倦心理。

---

① 亚夫：《“粉丝”经济》，《上海证券报》，2012-6-14，略有删减。

第四节　气质、性格与文化消费

在传统社会里，阶级、社会等级、社区或者家庭在很大程度上决定了一个人的消费选择，而在现代消费者社会，人们可以更自由地选择产品、服务和活动来界定自我，并反过来创造一个与他人沟通的社会身份。[①] 即使同一类别的人，在选择产品时，也呈现出各种不同的选择，每个人都在选择能够阐明自己独特的生活方式的产品、服务和活动。一个人对于产品和服务的选择实际上是一个无言的通告，说明我们是谁，我们所认同的人的类型。每个人的选择都体现了自我的个性与生活方式。

一、个性与气质

个性是指一个人独特的心理结构，以及这种结构如何长期稳定影响这个人对环境做出的反应的方式。消费者的生活方式是指他所选择的使用时间与金钱的方式，及其消费选择反映的价值观与品味。[②] 相比于一般生活消费品，文化消费与个性和生活方式的联系更加密切，消费选择受消费者的年龄、性别、民族、学识、爱好、性格、气质、职业等的影响比重更大，其中尤以气质和性格影响最为显著。

气质是表现在心理活动的强度、速度、灵活性与指向性等方面的一种稳定的心理特征。平常人们所说的脾气、性情，就是心理学上说的气质。人的气质差异是先天形成的，受神经系统活动过程的特性所制约。孩子刚一出生时，最先表现出来的差异就是气质差异，有的孩子爱哭好动，有的孩子平稳安静。不同个体之间在气质类型上存在着多种个别差异。这种差异会直接影响个体的心理和行为，从而使每个人的行为表现出独特的风格和特点。有的人不善言辞，有的人善于交际；有的人行动迟缓，有的人敏捷矫健。总之，气质的各种特征是个体的神经系统和神经系统活动的特性和表现。

古希腊医生希波克拉底（公元前460—公元前377年）很早就观察到人有不同的气质，他认为人体内有四种体液：血液、黏液、黄胆汁和黑胆汁。希波利特根据人体内的这四种体液的不同配合比例，将人的气质划分

---

① 迈克尔·R·所罗门著，卢泰宏等译：《消费者行为学》（第8版·中国版），189页，北京，中国人民大学出版社，2009。

② 迈克尔·R·所罗门著，卢泰宏等译：《消费者行为学》（第8版·中国版），202页，北京，中国人民大学出版社，2009。

为四种不同类型：(1) 多血质：体液中血液占优势；(2) 黏液质：体液中黏液占优势；(3) 胆汁质：体液中黄胆汁占优势；(4) 抑郁质：体液中黑胆汁占优势。多血质，其特点是变通能力强、交际广泛、适应能力强。多血质的人能够处理复杂的人际关系，所以在职场中容易晋升、提拔，活泼是这类人普遍的特征。黏液质，其特征为较为稳重、思维较慢，但是持久耐力强，性格波动小。这种气质也被称为安静型，能够承担责任、认真工作。缺乏灵活性是这种人群致命的弱点。胆汁型的人通常体内胆汁较多，所以做事冲动、有干劲、爆发力强。胆汁质的人适合从事体育和诸多演讲性项目。抑郁质的人极为敏感、内心容易受挫也经不起挫折的洗礼，且多愁善感、内心孤独。很多的天才都是抑郁质，抑郁质的人也总能表现出天才的素质，可惜容易怯懦、恐惧。所以此类人容易成为很优秀的诗人、艺术家。在现实生活中，纯粹属于某一种气质类型的人是极少见的，由于客观环境及发育的影响，大多数人是以某一类型的气质为主，而兼有其他类型的一些特点的混合型，或介于各种类型间的某种过渡型。

二、个性、气质与文化消费

气质的差别似乎给每个消费者的全部心理活动涂上了个人特有的颜色，并在不同的情境、不同的活动中都表现出来。消费者不同的气质类型会直接影响和反映到他们的消费行为中，使之显现出不同甚至截然相反的行为方式、风格和特点。

多血质的人有以下的消费行为：善于交际，有较强的灵活性，能从较多的渠道获得商品的信息。对购物环境有较强的适应能力，并且在购物时视野开阔，反应敏捷。但是时常因兴趣与目标的商品过多而无法选择，很容易转移或一时不能舍取。在购置过程中，愿意与营业员交流意见或者与其他消费者攀谈；有的会主动通知他人本人购置某种商品的缘由和用处；喜欢向他人讲述本人的运用感受和经历；本人不晓得，也希望从他人那里理解到。另外，选购过程中，易受四周环境的感染、购置现场的刺激和社会时兴的影响。接待这类消费者，一是营销导购人员应主动引介、与之交谈，留意与他们联络感情，以促使其购置；二是与他们的“聊天”，应给以指点，使他们专注于商品，缩短购置过程。

胆汁质的人有以下消费行为：在购物时喜欢标新立异，追求新潮，喜欢具有刺激性的流行的商品。他们一旦感到需要，就迅速产生购买动机并很快完成购买行为。但是，如果购物环境不如意或受到营业员的怠慢，会激起他们烦躁的情绪和强烈的反感，有时出现不理智的行为。接待这类消费者要求营销人员动作要快捷，应对要及时。可恰当向他们引介商品的有关性能，以引起他们的留意和兴味。另外，还要留意言语友好，不要刺激对方。

黏液质的人有以下消费行为：在购物时比较冷静、细致，不易受广告宣传、商标或营业员劝说的干扰。对自己熟悉的商品会积极购买，并持续一段时间，而对新商品往往持审慎态度。这类消费者选择商品比较认真、冷静、谨慎，信任文静、稳健的停业员。他们对各类商品，喜欢本人加以仔细地对比、选择后才决定购置，给人慢吞吞的感觉，有时会引起服务人员和别的顾客的不满。接待这类消费者要防止过多的提示和热情，否则容易引起他们的厌恶感；要允许他们有认真考虑和选择商品的时间，接待时更要有耐心。

抑郁质的人有以下消费行为：在购物时往往考虑比较周到，对周围的事物很敏感，能够观察到别人不易察觉的细枝末节。他们一方面表现出缺乏对商品应有的知识和对购物的主动性，另一方面又对别人的宣传或介绍不感兴趣或不信任。这类消费者对营业员或其他人的推荐半信半疑、选择商品过于慎重，还经常因优柔寡断而放弃购置。接待这类消费者要态度和蔼、不能不耐烦；对他们可作些有关商品的引介，以消弭其疑虑，促成买卖，对他们的反复，应予以了解。

品牌气质也叫品牌性格、品牌牌格。是指消费者听到品牌后产生的一种心理感觉与审美体验，与我们对一个人的评价相类似，有时也称品牌的拟人化，品牌的气质，是消费者对品牌的联想。但绝大部分的品牌论著把消费者对品牌的这种心理体验定义为品牌个性。就是这种看不见摸不着甚至难以言传的品牌气质往往会对品牌的促销力与品牌价值产生决定性的影响，乃至左右一个品牌的生死。品牌气质对品牌生命力的影响在不同行业是完全不一样的，一般来说，情感性利益的重要性高于物质性利益的行业，品牌气质非常重要。文化消费品牌应该特别重视自己的品牌气质与消费者品牌气质的契合。广告业的价值，恰恰在于能够赋予品牌气质，形成品牌优势。

品牌没有稳定的内在特性和行为特征，消费者无法认识和认定品牌的个性，自然也无法与消费者的个性形成共鸣。消费者在进行消费时总是有意无意地在按照自己的个性选择自己喜欢的产品，而没有品牌个性的商品是很难与消费者进行情感的对接，自然也就难以建立消费者对品牌的忠诚度。一个成功的品牌，应要有内在稳定性，要有鲜明的区隔性，具有一定独占性，品牌的个性不宜太复杂，要简约易识别。品牌的个性不是人为地强加于它，而是品牌内在的内容的一种外在表现，建立品牌个性的重要的一环，就是塑造积极正面的品牌象征，使它能够代表购买产品和服务的消费者的想法、追求和精神等，让消费者更容易产生共鸣及认同。

该如何培植目标消费群心动的品牌气质呢?

品牌气质是消费者听到品牌后产生的一种心理感觉与审美体验。与我们对一个人的评价相类似，有时也称品牌的拟人化。比如雀巢牛奶给人一种温馨感；奔驰给人一种庄重、威严感；宝马给人一种潇洒、悠闲感；百事可乐给人以年轻、活泼与刺激的感觉；惠普则给人以称职、有教养的感觉。

首先，要研究透目标消费群的审美情趣与价值观，然后规划出吻合他们审美情趣与价值观的品牌气质。这是至关重要的。如果一个卖给市民阶层的中、低档白酒，过多地注入“奢华”的元素，反倒会使消费者敬而远之；而一个高雅的咖啡吧、手表，如果平面广告画面灰暗、没有美感，也一定会使目标消费群产生排斥心理。

其次，要了解形成品牌气质的主要传播载体。所有向消费者传递品牌信息的载体都会影响品牌气质，但影响最大的是：产品的工业设计、包装、Ⅵ系统、海报、DM、报纸杂志等平面广告的设计风格、模特的造型、影视广告的画面等。以模特造型为例，任达华英武、阳刚的造型让人觉得报喜鸟是英武的、阳刚的、高档的。同时，模特的表演也会对品牌气质产生重大影响。而影视广告的画面如果晦暗不精美，音乐、配音不动听，也会给人以品牌低档、粗劣的感觉。中国移动《让沟通无处不在——电梯篇、乡下篇》、中国网通《有我天地宽》、平安保险《中国平安、平安中国》就注重通过广告的赏心悦目来树立品牌形象，从而给人以舒适的美感与精神享受，让人们感受到品牌的大气、高雅与品位。

所以，在营销传播活动中要不断地测试产品包装、Ⅵ系统、系统终端展示、影视广告、平面广告等对品牌气质的影响，要定期调查消费者心目中的品牌气质究竟是什么样的，与企业自身的预期是否符合，若不符合乃至相背离，就要找出原因并调整相应的营销传播活动。

(资料来源：《品牌气质蕴含软实力》[①])

---

① 翁向东：《品牌气质蕴含软实力》，中国质量新闻网 2006-4-11，http://www.cqn.com.cn/news/zgzlb/zbnr/65710.html，内容略有删减。

三、性格与文化消费

在现代心理学中，性格指个人对现实的稳定态度和与之相适应的习惯化的行为方式。性格是个性心理特征中最重要的方面，它通过人对事物的倾向性态度、意志、活动、言语、外貌等方面表现出来，是人的主要个性特点（即心理风格）的集中体现。人们在现实生活中显现的某些一贯性的态度倾向和行为方式，如大公无私、勤劳、勇敢、自私、懒惰、沉默、懦弱等，即反映了自身的性格特点。

性格有时易与气质混为一谈。实际上二者既有联系，又有区别。气质主要指个体情绪反应方面的特征，是个性内部结构中不易受环境影响的比较稳定的心理特征；性格除了包括情绪反应的特征外，更主要地还包括意志反应的特征，是个性结构中较易受环境影响的可变的心理特征。① 另一方面，性格与气质又相互影响，互为作用。气质可以影响性格特征的形成和发展速度，以及性格的表现方式，从而使性格带有独特的色彩。性格则对气质具有重要的调控作用，它可以在一定程度上掩盖或改造气质，使气质的消极因素受到抑制，积极因素得到发挥。

人的性格是在生理素质的基础上，在社会实践活动中逐渐形成和发展起来的。由于先天生理素质如高级神经活动类型、神经系统的暂时神经联系、血清素和去甲肾上腺素的比例等各不相同，后天所处的社会环境及教育条件千差万别，因而人们的性格存在着明显差异。这种差异性是绝对的，也是性格最本质的属性之一。此外，由于性格的形成主要决定于后天的社会化过程，而社会环境是不断变化的，因此，性格虽然也是一种比较稳定的心理特征，但与气质相比更易于改变，即具有较强的可塑性。

消费者性格是指消费者在对待客观事物的态度和社会行为方式中所表现出的较为稳定的心理特征。消费者性格属于心理因素的范围。具有不同性格的人，购买行为差异是很大的。在销售活动中，消费者个体性格的差异是形成各种独特的购买行为的主要原因。消费者千差万别的性格特点，不仅表现在现实生活中，也往往表现在他们对商品购买活动中对各种事物的态度和习惯化的购买方式上，有的性格表露得非常明显，有的因周围环境的影响只表露出一部分。

营销人员可以根据消费者的动作姿态、眼神、面部表情和言谈举止等

① 徐萍主编：《消费心理学教程》，110页，上海，上海财经大学出版社，2012。

判断其性格特点，消费者性格类型在购买中的典型表现主要有以下几方面：

1. 外向型消费者

在购买过程中，热情活泼，喜欢与营业人员交换意见，主动询问有关商品的质量、品种、使用方法等方面的问题，易受商品广告的感染，言语、动作、表情外露，这类消费者的购买决定比较果断，买与不买比较爽快。

2. 内向型消费者

在购买活动中沉默寡言，动作反应缓慢，不明显，面部表情变化不大，内心活动丰富而不露声色，不善于与营业员交谈，挑选商品时不希望他人帮助，对商品广告冷淡，常凭自己的经验购买。

3. 理智型消费者

在购买中喜欢通过周密思考，用理智的尺度详细地权衡商品各种利弊因素，在未完全了解商品各方面情况之前，不轻易购买。购买花费的时间相对较长，挑选商品仔细。

4. 情绪型消费者

在购买商品中情绪反应比较强烈，容易受购物现场的各种因素的影响，对店堂布置、商品广告、商品陈列及营业员的服务态度和方式比较看重。买与不买的决定常会受到现场情绪支配，稍有不满意会在短时间内改变购买决定。

5. 意志型消费者

在购买活动中，目标明确，行为积极主动，按照自己的意图购买商品。购买决定很少受购物环境影响，即使遇到困难也会坚定购买决策，购买行为果断迅速。

6. 独立型消费者

在购买活动中，能独立地挑选商品，购买经验丰富，不易受商品广告和营业员的商品介绍影响。遇到满意的商品，会迅速购买。

7. 顺从型消费者

在购买活动中，常常注意其他消费者对商品的购买态度和购买方式，会主动听取营业员的商品分析和他人的购买意见，从众心理比较明显，人买亦买，人不买亦不买，缺少主见。

第四章 群体文化消费心理

第一节 文化消费群体的类型

群体是指通过一定的社会关系结合起来进行共同活动而产生相互作用的人群。[①] 他们是有共同价值观，或有共同地域关系或有共同的职业等一定的关联而有社会凝聚力的一群人，且一般而言会是一个比家还要大的社会单位。在英文中，“群体”称为“group”，日文中叫“集团”，而在我国，更多的说法是“群体”，也有的叫“团体”，有时还称之为“集体”。虽然名称不一，但从实质上来看，其所包含的内容大致是相同的。澳大利亚国立大学的心理学家特纳认为，群体成员把自己群体中的人看作是“我们”而不是“他们”。

消费者群体的概念是从社会群体的概念中引申而来的。消费者群体是指具有某些共同消费特征的消费者所组成的群体。消费者群体的共同特征，包括消费者收入、职业、年龄、性别、居住分布、消费习惯、消费爱好、购买选择、品牌忠诚等因素。同一消费者群体中的消费者在消费心理、消费行为、消费习惯等方面有明显的共同之处，而不同消费者群体成员之间在消费方面存在着多种差异。一般来说，消费者都具有一定的群体意识和归属感，遵守群体的规范和行为准则，承担角色责任，同时也会意识到群体内其他成员的存在，在心理上相互呼应，在行为上相互影响。

不同消费群体之间的消费与投资倾向差别很大，了解目前各消费阶层的构成、消费心理和行为以及投资去向，对于把握国内不同群体消费需求的变化，指导生产，引导消费，开拓市场将起到重要作用。

一般来说，社会学把社会群体按五种方式分类：

---

① 齐常华等编著：《消费心理学》，112页，北京，清华大学出版社，2010。

一、初级群体与次级群体

初级群体又称为直接群体、基本群体或首属群体，指它的成员相互熟悉、了解，是以感情为基础结成亲密关系的社会群体。典型的初级群体有家庭、邻里、朋友和亲属等等。次级群体又称间接群体或次属群体，指的是其成员为了某种特定的目标集合在一起，通过明确的规章制度结成正规关系的社会群体。典型的次级群体有学校、企业和政府部门等等。

二、正式群体与非正式群体

正式群体是指具有正规化制度，其成员间的互动采取制度化、规范化的方式，成员的权利、义务以及彼此间关系并没有明确的、成文的规定。非正式群体，则恰恰相反，群体成员之间通过经常性的自由交往，形成了一些不言而喻的规范和角色期望，大家自然地结合在一起。

三、内群体与外群体

内群体，指成员对其有团结、忠心、亲密及合作感觉的群体，成员在心理上自觉认同并归属于这个群体。一般而言，人们的日常生活大多是在内群体中进行。外群体，泛指内群体成员以外的其他任何别人的结合。内群体和外群体常常相互隔离，乃至处于对立的地位。当彼此有严重的利益冲突时，比较容易导致抵制、争斗，甚至是侵略等行为。

四、隶属群体与参照群体

隶属群体是成员身份所属的群体。它规定着成员的身份及其日常活动。参照群体是指某些人或群体被当成自己的参照对象，作为自己模仿、学习的榜样，参照群体一般是与隶属群体同类的群体。有时，根据成员的不同需要，参照群体也会形成不同的参照群体，同一参照群体在不同时期的意义也会有所不同。

五、血缘群体、地缘群体和业缘群体

群体中的成员是以血缘或生理联系而形成的群体叫做血缘群体，包括家庭、家族、氏族、部落、部族等等具体的形式。群体中的成员基于空间或地理位置关系而形成的群体叫做地缘群体，包括邻里、老乡、民族社区等等具体形式。这种群体的出现晚于血缘群体。群体中的成员是以劳动与职业间的联系而形成的群体叫做业缘群体。这类群体出现是生产力日益发展、社会分工越来越细、阶级社会逐步产生的结果。

具体到文化消费者群体来说，按照不同的标准，所分的类别也不同，不能一一罗列，大致常用的分类如下：

（一）按可支配收入来说，随着我国居民收入差距的不断拉大，形成了高、中、低不同阶层的消费群体。

（二）按照地域来分，可以分为城市消费群体和农村消费群体。

（三）按不同年龄段划分，可以分为婴幼儿消费群体、少年儿童消费群体、青年消费群体、中年消费群体、老年消费群体。

（四）按性别不同划分，传统可以分女性消费群体、男性消费群体，随着社会文明的高度发展，社会的宽容度不断增加，像变性人、无性人、同性恋等消费者的比例也在加大，开始受到商家的关注。

（五）按不同职业来划分，可以分为农民消费群体、工人消费群体、知识分子消费群体、行政单位工作人员消费群体……

（六）按消费风格来分，可以分为前卫消费型、追求温饱型、保守消费型。

（七）按消费平台来分，可以分为商超（商场及百货超市）消费群体和网络消费群体。

文化消费者群体的形成是内在因素与外在因素共同作用的结果。1. 内在因素主要有性别、年龄、性格、生活方式、兴趣爱好等生理、心理方面的特质。由于具有某种相同的心理特质，消费者之间容易建立彼此的社会角色认同感和群体归属感，容易形成共同的生活目标和消费意向，能够保持比较经常性的互动关系，并产生行为动机的一致性等，即所谓“物以类聚、人以群分”。2. 外在因素主要包括地理位置、气候条件等自然环境方面，以及生产力发展水平、生活环境、所属国家、民族、宗教信仰、文化传统、政治背景等社会文化方面，外在因素一般会通过内在因素对消费者施加影响。

现在大大小小的演唱会，观众中高中生、初中生所占的比例越来越大。据了解，在香港明星方大同的后援会里，80%的成员都是90后；在周笔畅、韩国组合SJ的歌友团中，大部分粉丝都是90后，台湾双胞胎组合BY2更是90后偶像的代表。

在广州白云区某中学上学的琪琪（化名）是香港明星F后援会的一员，她在初中时就开始追星，每逢明星F在广州有活动或演唱会，她都现身支持，"灯牌、装饰，还要集体送礼物，每次大概要花费200元左右"。当问到她追星的消费来源时，她说都是父母给的，"当然不敢让他们知道我是拿钱去追星了。"琪琪说，她追星的事，父母也只是略知皮毛。

琪琪身边的一群好友，都各自有着心仪的明星，每次明星来广州办宣传活动，她们都相约着如何向自己的偶像献上自己的"心意"。

曾有心理学家分析，对于90后而言，参加演唱会，去KTV唱歌甚至看电影是他们喜闻乐见的线下活动形式。其次，生于读图时代的90后人群更喜欢以相片或视频等形象生动的事物引人注意。

但是，有很多疯狂的粉丝为见偶像一面从一个城市追到另一个城市，这些缺乏理性的行为就叫人难以理解了。花费大量的时间、金钱盲目追逐这些事，失去的远比得到的要多很多。

（资料来源：《演唱会提升经济效益　90后为主要消费群体》①）

第二节　文化消费群体对行为的影响

随着社会发展，人们追求更加轻松自如的生活方式。人们希望自己能够富有个性，在平凡的生活中活出精彩，希望实现自己的梦想，希望自己不泯然众人。然而，群体的影响无处不在，就像空气环绕着我们，即使大家不愿意承认，我们依然深受群体的影响。通常情况下，我们是无意识地和群体保持一致的。

一、不同群体文化消费心理的特点

参照群体实际上是个体在形成其购买或消费决策时，用以作为参照、比较的群体，是个体消费者对自我的评价、追求或行为有重大关系性的真实或者虚构的群体。参照群体包括成员群体和非成员群体。

成员群体指个人是其成员的参照群体，非成员群体指个人不是其成员的参照群体。非成员群体又包括渴望群体（积极参照群体）、规避群体（消极参照群体）。

成员群体是隶属群体，也是对个体消费者潜移默化最重的群体。人是

① 赖颖君：《演唱会提升经济效益　90后为主要消费群体》，中新广东网5月30日电，http：//www.gd.chinanews.com/2010/2010－05－31/2/46429.shtml，略有删减。

社会动物。我们都从属于群体，试图取悦他人，并通过观察周围的人的行为来获取应如何行动的提示。事实上，对某些人来说，成为或融入自己所向往的个人或群体，正是他们进行购买或行动的主要动机。有人为了能够被自己向往的群体接受，竭尽所能去取悦这个群体的成员。① 对这种现象，心理学上称之为从众心理，经济学上称之为羊群效应。从众心理即指个人受到外界人群行为的影响，而在自己的知觉、判断、认识上表现出符合于公众舆论或多数人的行为方式，而实验表明只有很少的人保持了独立性，没有被从众，所以从众心理是大部分个体普遍所有的心理现象。经济学里经常用"羊群效应"来描述经济个体的从众跟风心理。羊群是一种很散乱的组织，平时在一起也是盲目地左冲右撞，但一旦有一只头羊动起来，其他的羊也会不假思索地一哄而上，全然不顾前面可能有狼或者不远处有更好的草。因此，"羊群效应"就是比喻人都有一种从众心理，从众心理很容易导致盲从，而盲从往往会陷入骗局或遭到失败。

渴望群体指消费者想要成为其成员的非成员群体，对文化消费者起着正面的影响，具有很大的市场号召力，比如学生消费者会对偶像使用或推荐代言的商品趋之若鹜，尽管价值不菲，也会非常向往，对他们来说，偶像所属的明星群体就是渴望群体。目前，耐克公司主要定位于 30 岁以下的都市年轻人的消费群体，有着明确的目标客户群，一直是聘请超级体育明星作为代言，这些明星往往非常有号召力，出身平常，依靠个人天赋外加辛苦努力，终于获得成功，是众多年轻人的奋斗目标。并根据这一理念创作了众多深入人心的广告片。"Just do it"这一运动用品界最成功的口号，影响了几代热爱运动的年轻人。安踏公司的总裁郑捷先生回忆起了安踏的发展，1999 年年底，安踏签下孔令辉，之后孔令辉获得了悉尼奥运会冠军，"这是安踏体育用品上的一个巨大推进。"郑捷坦言，孔令辉的成功，也让安踏获益不少，这正是明星效应起了作用，也是安踏第一次巨大成功案例。

> 从偏安一隅的晋江到北京，从一家家族企业到公众公司，似乎有一种力量支持着丁世忠（安踏体育用品有限公司董事长）进行赌博式的冒险。
>
> 之所以不惜天价赞助中国奥委会，是因为丁世忠比谁都清楚体育

① 迈克尔·R·所罗门著，卢泰宏等译：《消费者行为学》（第 8 版·中国版），353 页，北京，中国人民大学出版社，2009。

产业必须和重量级明星联手。通过赞助中国顶级体育联赛及优秀运动员，安踏逐渐占据高位，在中国运动鞋市场占有率连续 8 年位列第一。

1999 年，丁世忠曾力排众议请孔令辉做安踏的形象代言人。当时孔令辉刚刚获得男子乒乓球的世界冠军，很多人想不通，请孔令辉一年要花 80 万元，是不是有点儿不划算？丁世忠就问大家一个问题：现在是认识孔令辉的人多呢，还是认识安踏的多？你安踏还没有什么名气嘛。和孔令辉签了两年的合约，丁世忠决定当年就在中央台投放广告，公司领导层一致反对，理由是今年已经花了这么大一笔钱了，我们是不是可以明年再投？丁世忠有些哭笑不得：签约不宣传，别人不知道，今年不就白白投了 80 万吗？当时，反对者的迟疑也不难理解，安踏 1999 年上半年的利润才 400 多万元。

尽管现在已经签约众多的明星，但是安踏人总愿意说起孔令辉这件事，并用“精准时效”来概括丁世忠，令安踏人念念不忘的还有：当年的销售额提升了 35%。

十几年前，凡是能够从一大批晋江鞋厂中脱颖而出的企业，早期都经历过“赞助体育明星＋央视五套”的模式。

（资料来源：《安踏体育曾以 80 万的低价请孔令辉代言》①）

规避群体指消费者想与之完全划清界限的非成员群体，比如年轻人经常会排斥一些中老年人钟爱的产品，对他们来说中老年人就是其规避群体。规避群体不会对个体的态度和行为取向起示范作用，但在当前愈加细分消费市场的大环境下，一旦商家在营销广告中错分主要消费者对象群，把规避群体也列入在内，往往会流失一部分客户。

二、参照群体对消费者文化消费心理的影响

参照群体对消费者的影响，通常表现为 3 种形式，即行为规范上的影响、信息方面的影响、价值表现上的影响。但是相比一般的消费品，群体影响对消费者的影响一般是正向的，口碑好，销量往往就好，口碑差，销量就上不去；社会认同度高的，产品销量就大，认同度低的，产品就会滞销。但是鉴于文化产品的特殊性，甚至有些私密性，文化消费者对个性的

---

① 闫薇：《安踏体育曾以 80 万的低价请孔令辉代言》，《经济观察报》2009-12-25，内容有删减。

追求要较普通消费者更为强烈，甚至有时候带有一定的猎奇心理和逆反心理。所以群体影响往往是双面的，文化产品营销中，如何有效利用参照群体的影响，是非常值得研究的。

（一）规范性影响

规范性影响是指由于群体规范的作用而对消费者的行为产生影响。对于一般的消费者来说，规范是指在一定社会背景下，群体对其所属成员行为合适性的期待，它是群体为其成员确定的行为标准。无论何时，只要有群体存在，毋须经过任何语言沟通和直接思考，规范就会迅即发挥作用。规范性影响之所以发生和起作用，是由于奖励和惩罚的存在。为了获得赞赏和避免惩罚，个体会按群体的期待行事。

但是在文化产业领域，规范性的影响呈现出了复杂的反映。以电影产业为例，规范性影响的双面影响尤为显著。美国实行电影分级制度，评判以及管理非常严格，如果被确定为限制级的影片，票房会受到很大冲击，因此大多数电影公司都力图能够获得更多的观众群体，避免被评为限制级。迪士尼电影公司是迄今为止唯一一家没有被交易过的好莱坞大公司，其经营秘诀多多，首先值得一提的就是它坚持“合家欢”的电影路线。华特·迪士尼（创办人）的创业理念为建造一个成年人也可以尽情享受的儿童乐园，因为他相信“每个人内心都有个孩子，你所要做的只是要让他找到方法出现”。迪士尼游乐场一开始就以家庭的所有成员作为目标消费者，不仅定位了一个更广大的市场，同时延长了每位消费者在游乐场的消费时间。此外，由于电影大屏幕的强大视觉效应，带给人强烈的感官刺激，所以很多表现血腥、情色的片子能获得很好的票房。像日本的成人电影，已经成为日本经济的重要产业之一。韩国的伦理电影，情欲感浓重，反倒刺激票房飙升。我国实行电影审查制度，尚未实施分级制度，某些电影以“少儿不宜”为宣传噱头，获得了不错的票房收入等等。

（二）信息性影响

参照群体成员的行为、观念、意见被个体作为有用的信息予以参考，由此在其行为上产生影响。群体在这一方面对个体的影响，取决于被影响者与群体成员的相似性，以及施加影响的群体成员的专长性。对于一般的消费者来说，他们对所购产品缺乏了解，所以群体口碑影响巨大。这一点，在文化产业中也有着较为复杂的变化。文化产品又很难凭眼看手摸对产品品质做出判断时，别人的使用和推荐将被视为非常有用的证据。例如，现在电影作品水军现象很泛滥，就是由于电影作品在影院的一次性观赏价值，做广告时根本无法展示全部精彩卖点。于是出现了一种不正常的现象，有的电影一边被骂“烂片”，一边票房大卖；有的电影口碑很好，票房反倒惨淡。部分影视明星也是如此，作品了了，演技平平，居然被绯闻或者丑闻“炒红”了。作为文化消费者来说，对此要付一定的责任，假如无人关注，无人猎奇，这样的反常现象未必会出现。随着观众素养的进一步提高，这样的明星包装方式必将被抛弃。

（三）价值性影响

指个体自觉遵循或内化参照群体所具有的信念和价值观，从而在行为上与之保持一致。例如，某位消费者感到那些有艺术气质和素养的人，通常是留长发、蓄络腮胡、不修边幅，于是他也留起了长发，穿着打扮也不拘一格，以反映他所理解的那种艺术家的形象。此时，该消费者就是在价值表现上受到参照群体的影响。个体之所以在没有奖惩的情况下能自觉依群体的规范和信念行事，主要是基于两方面力量的驱动。一方面，个体可能利用参照群体来表现自我，提升自我形象。另一方面，个体可能特别喜欢该参照群体，或对该群体非常忠诚，并希望与之建立和保持长期的关系，从而视群体价值观为自身的价值观。

21 世纪，各国政府都将文化软实力的构建提升到国家战略高度，可以说文化产业已是各国文化软实力竞争以及价值理念展现的最佳舞台。文化产业区别于其他产业的最大特殊性在于其双面形态：物质的有形状态和观念的无形状态。文化产业提供的文化信息、文化产品和娱乐经济，以叙事和构造形象的方式，创新了核心价值诉求的通道，延展了核心价值体系的意义，推动核心价值体系融入社会生活之中。因此，在出口文化产品的过程中，出口国同时潜移默化地输出其特定的核心价值观和生活方式，这一点在美国的文化产品对外传播过程中尤为突出。

出口到世界各地，因此各国人在美国文化中总能找到一些似曾相识的共鸣点，比如：《功夫熊猫》《角斗士》《花木兰》这些作品都取材他国传统文化，经过美国式的加工改造，变身为好莱坞影视作品而畅销全球，充分凸显了美国文化产业对于多元文化的强大消化能力。

好莱坞电影将美国的创新精神、个体奋斗等价值观充分地展现在全球观众面前，并伴随着电影的传播进行了新一轮强势的文化渗透。比如在好莱坞类型电影所营造的“美国神话”中，蕴涵的价值观念隐藏于故事情节和人物对白之中，融化在爱情故事、科幻神话、婚姻冲究等人类共有的普遍情感镜像里。因此，“好莱坞精神”就是以娱乐开道、以文化占领精神市场，本质上看，好莱坞是“美国精神”的商品生产基地。

将价值观融合到文化产品中。

在文化产业的市场化运行轨道中，美国巧妙地将其所倡导的文化价值观融合到文化产品之中，同时充分利用当代科技的优势以及商业资本运作的成熟性，通过影视作品、新闻资讯、音乐、书籍等不同文化镜像，讨巧地为自己贴上了“自由、民主、平等”这些价值标签，在全世界范围内塑造了一个“美妙美国”的虚构幻象。

为此，美国文化学者托马斯·英奇曾不无得意地说：“美国大众文化传遍了全世界，它默默地起到了我国一位无声大使的作用。我们应该知道美国的大众文化是怎样向全世界宣传美国的。”

文化产业因其规模化、技术化的生产与复制，广泛传达了一种单一的群体认同，美国对他国特别是对第三世界国家大量倾销其文化产品，作为重要的渗透手段，这种强大的文化攻势是否会引起全球性的“道德恐慌”，是否会威胁接收国家固有的社会核心价值体系？这已成为发展中国家面临的一个非常严峻的问题。出于国家文化安全战略的考虑，美国“文化帝国主义”的渗透手段和内容，也是值得广大研究者深入探讨的重大课题。

（资料来源：《美国文化产业中的价值观传播》①）

目前我国正大力发展文化产业，重要原因之一就是因为文化产业承载着价值观，核心价值观转化为凝聚力和吸引力就是软实力。中共十七届六中全会指出，文化在综合国力竞争中的地位和作用更加凸显，维护国家文化安全的任务更加艰巨，增强国家文化软实力、中华文化国际影响力的要求更加紧迫。文化发展不仅被中央提升到国家战略高度上，而且再次强调社会核心价值对文化生产的引领作用。文化产业承载着一个民族的文化理念、文化价值和文化追求，显现出一个国家的文化软实力。对内，生产性文化的极大丰富才能满足国内市场的“战略性短缺”；对外，才能有效地传播中华文化，增强我国文化的软实力。社会核心价值观的摇摆——缺乏稳定性与一贯性，以及普遍性的说法与活法的脱节，导致对文化生产价值

① 周凯：《美国文化产业中的价值观传播》，《中国社会科学报》，2012-10-31，略有删改。

引导的不力，文化产品中价值诉求模糊、表达不清晰，使消费者不知所云，甚至还滋生一些伪文化、反文化的现象。一言以蔽之，内容缺失、价值迷失，是当前文化产业发展中面临的最大问题。因为没有稳定清晰的价值诉求，就难以获得消费者的文化认同，文化产业很难有市场或可持续的发展，文化产品、文化产业就没什么竞争力，失去市场支撑的文化产业就会萎缩。文化产品竞争力不强及文化市场的无序，都与缺失对社会核心价值的弘扬不无关联。一定意义上，社会核心价值的融入与引导的有力与否，决定着文化产品和服务的市场竞争力，文化产业核心竞争力的培育离不开社会主流价值观的依托。①

消费群体的形成对市场有重要的影响。几乎所有的消费行为都是在群体背景下发生的。消费群体的形成能够为市场提供明确的目标。通过对不同消费者群体的划分，可以准确地细分市场，从而减少经营的盲目性和降低经营风险。明确了为其服务的消费群体，就可以根据其消费心理，制定出正确的营销策略，提高企业的经济效益。此外，群体还是消费者社会化和学习的基本媒介。消费者经常以群体的方式对市场运行产生影响。可以调节、控制消费，使消费活动向健康的方向发展。消费由个人活动变为群体的同时，将使消费活动的社会化程度大大提高，而消费的社会化又将推动社会整体消费水平的提高。

研究消费者群体的心理与行为特征，对产品和服务的提供者、经营者都具有十分重大的意义。特别是文化产业中，像会展服务业、广告业以及创意策划业等，一端是生产商群体，一端是消费者群体，最主要的就是媒介作用。生存之道是要深谙自己的消费者群体（广告、会展客户）的心理，而要打动广告、会展客户的法宝就是精准把握客户的目标对象（产品消费者群体的心理），从这个意义来讲，上下游都是“消费者”，因此精通消费者群体心理是这类文化产业从业者不可或缺的一课。

第三节　主要文化消费群体一般心理分析

按照不同的分类标准，消费群体可以有若干种不同的分类结果。消费者成长的时代使他们与其他同时代的产生了共同的文化纽带，他们一起经

---

① 范玉刚：《社会主义核心价值观与文化产业竞争力》，《奋斗》，2011（11），引自《奋斗》杂志的新浪博客。http：//blog.sina.com.cn/s/blog_6328775e0100zdb5.html.

历了共同的重大历史事件，他们有很多共同的文化偶像。鉴于文化消费的多样性，覆盖品极其广泛，本节主要按年龄分段，涵盖文化消费的主要群体。

一、少年儿童文化消费心理

少年儿童本身并没有消费资本，但是他们有消费的主导性。由于我国实行计划生育政策，很多家庭都是独生子女，孩子成为家庭的中心，儿童消费市场很大，少年儿童主导的消费力成为商品销售市场的重要影响因素。

目前，家长对儿童用品的需求主要集中在儿童智力培养、艺术塑造、营养保健和品格培养等方面。目前，中国城市家庭的儿童消费已经经过了保障基本生活消费、追求享乐消费之后，已经发展为强调成长性消费阶段。[①] 农村也实施计划生育，因为大多数家庭是一个或者两个孩子，所以在儿童消费方面，城乡差别较小。

（一）攀比心理。小朋友在一起的时候，他们会相互炫耀自己的新衣服、新玩具，以拥有最好、最高级的衣服、玩具为荣。其实这种攀比心理在成人中也是存在的，只是没有表现得那么明显而已。

（二）从众心理。从众效应是社会心理学的概念，每一个人都或多或少存在从众心理。但是儿童心理机制尚未发展成熟，更容易受到心理暗示，比成年人更容易产生从众心理。大多数儿童消费时，往往倾向于选择别的小朋友都选择的东西，以此与别人达成一致，从而避免被同龄孩子孤立。

（三）盲目心理。儿童在购物时，一般来说并没有太多的目的性，都是非常随意与盲目的，看到喜欢的衣服或者玩具，就会着迷。这个阶段很容易受到外界因素的影响，如销售员的热情推荐、促销活动的小奖品等，都会诱使他们做出消费决定。

（四）喜新厌旧心理。儿童因为心智不够成熟，所以稳定性也不强，对某一事物的喜爱很容易转移，新奇的事物虽然容易引起他们的注意，但新奇感一旦消失后，他们的注意力很快就会发生转移。

（五）易受刺激心理。儿童具有很强的好奇心，对新奇的事物感觉敏锐，由此决定了他们对刺激物的反应也比成年人更加强烈。儿童消费时会

① 徐萍主编：《消费心理学教程》，168 页，上海，上海财经大学出版社，2012。

受到各种刺激的影响：如色彩鲜艳的包装（视觉刺激），食物浓郁的气味（嗅觉刺激），玩具柔软的手感（触觉刺激）而产生购买欲望。

“今天你喝了没有？”这是我们大家都非常熟悉的“乐百氏”奶的一句广告语，电视画面上一个天真、可爱的小女孩，手里拿着一瓶“乐百氏奶”，她问电视机前的小朋友和他们的父母，对他们说：“今天你喝了没有？”接下来是一大群孩子欢天喜地地唱道：“我们都喝乐百氏。”这个广告非常经典，以至于“今天你××××了”的模式后来被反复用，出现在各种产品的广告中。广告的经典之处就在于精准地把握少年儿童的消费心理，创意利用了普遍存在于我们社会中的攀比心理、从众心理，反复播放则利用了小孩的盲目心理和易受刺激的心理，全方位打开了小孩们的心扉，习惯成自然，“今天你喝了没有”，若没喝的话，结果就是“我们都喝，你为什么不喝呢？”后来有一大堆的广告都套用这个广告的模式，像哇哈哈的广告“妈妈我要喝”，以及三精葡萄糖酸锌《蓝瓶篇》中，铁蛋高举蓝瓶，喊道：“我喝蓝瓶的！”这一句广告语随着广告片在全国的投放形成了一阵蓝瓶风潮，小孩子纷纷模仿：“我喝蓝瓶的！”

动漫产业是文化产业的重要行业之一，动漫产品的主要消费者也是少年儿童，而由此开发出来的动漫衍生品有着非常巨大的市场容量。当年《变形金刚》以免费的形式赠送给中国电视台播放以后，其中的各种变形金刚玩具在中国掀起了销售狂潮，相比于当时的货币购买水平来讲，非常昂贵，但是大人们不惜重金，购买给孩子们。后来日本的动漫《四驱小子》同样在中国的少年儿童间刮起了一阵四驱电动车玩具旋风。近年，国产动漫《喜羊羊和灰太狼》的卡通形象以及衍生品也受到了孩子们的喜欢。

21世纪的世界，是一个广告的世界，在广告的包围下成长起来的儿童，对广告毫无免疫力，熟悉的品牌已成为儿童消费时考虑的一个重要因素。

二、青年文化消费心理

青年对消费品的需求相当广泛，从满足低层次的生理需要的产品，到满足较高层次的心理、精神和文化需要的产品，都是青年消费的对象。

青年，作为一个消费潜力巨大的群体，在整个文化消费市场中具有特殊的地位。青年消费是我国文化消费领域的最重要组成部分，对消费市场的发展、变化起着举足轻重的作用。青年人数众多，而且更由于青年的文化消费需求广泛，内容丰富。从青年的需要来看，青年早期，对生活有激情，听演唱会、看电影、唱卡拉OK、看体育赛事、读文学作品、学习各项艺术技能都是消费活动时的选择。

目前青春文学类图书在低迷的图书市场撑起了半壁江山。

辛夷坞被称为国内"暖伤青春"文学代言人，自2007年出道至今共出版5部小说，均进入各大书店、媒体年度畅销榜，且全部售出影视版权。

其成名作《致我们终将逝去的青春》被ETM Music改编为全明星阵容的音乐广播剧，由金海心、王栎鑫参演，曾刷新各大电台的收听纪录。

在全球经济低迷的前景下，悦读纪砸重金打造辛夷坞新作令人感到惊讶。对此，悦读纪高层相关人士表示，"尽管诞生的时间不长，但青春文学可以说一直走在出版商业化的最前端，而未来它势必会成为文学的主流。辛夷坞这一代带着青春文学标签的作家，已经越来越显现出了一个时代作家应有的实力，如果还用有色眼镜来看他们，那将极为可笑。口碑销量俱佳，这样的作者不捧还捧谁呢?"

2009年，受全球金融危机影响，国内出版行业也遭受严重冲击，但青春文学类图书却一枝独秀，韩寒、郭敬明、顾漫、辛夷坞等大批青春文学作家成为各大图书经销商的新宠。一直专注于女性阅读出版市场的悦读纪更是通过娱乐化包装的方式，连续打造多部青春文学畅销书。其中《微微一笑很倾城》上市两月销量即突破10万，稳居畅销书榜首，最终成为当当网年度青春文学销量冠军。辛夷坞的上一部作品《许我向你看》也基本垄断了2009年上半年青春文学的半壁江山，而其旧作《致我们终将逝去的青春》在2009年的畅销榜上依然表现强劲，有几个月甚至连续登顶。此外，《丹尼海格》《忽而今夏》"小情歌系列"等一批作品均取得不错的市场佳绩，以至于悦读纪在2009年遭遇多起盗版事件，最猖獗的时候连图书上悦读纪企业LOGO也被正规出版社模仿。

与此同时，悦读纪更在2009年年底重磅推出同名杂志《悦读纪》，高调进军青春文学期刊领域。自2004年郭敬明成立"岛工作室"出版"岛"系列开始，青春文学杂志的发展便如火如荼。《最小说》《鲤》《仙度瑞拉》《漫女生》《公主志》等都在竭力瓜分市场，可谓强手如林竞争激烈。与其他同类产品"一人独大"的格局不同，《悦读纪》由其旗下多位畅销书女作家辛夷坞、顾漫、姬流觞、桩桩、缪娟、连谏、榛生、苏瓷瓷、明前雨后、柏邦妮等集体主笔，从而保证了每期内容的精彩度。目前，该杂志书已经出版四期，销量已轻松突破10万。

（资料来源：《辛夷坞成就“神话”新作畅销》①）

一种新颖、时髦的产品面世，青年往往是“尝鲜”的消费者。由青年人的消费开始，然后渐次影响其他消费群体对新产品的肯定和接受。互联网是青年消费群体力量的最好见证者。社交网络在中国的飞速发展、团购网络的一夜壮大、淘宝等网络商城攻城拔寨，青年文化消费群体是最大的推动者和从业者。甚至，连谈婚论嫁这样的人生大事都能借互联网的力量形成商业模式。通讯器材设施的变迁，也得益于年轻人的追求时尚、崇尚高科技的消费心理特点。如今，各种型号、各种品牌的手机，看得人眼花缭乱，更新换代极其迅速，实质上其通信功能、短信功能五六年都没有应用障碍，但各种新功能的增加总能引得青年消费者竞相追逐。

到结婚前夕，青年为购买结婚用品而形成消费高峰，还有蜜月旅游、婚纱摄影、婚庆典礼等系列消费活动，此时的文化消费支出远远超过以往的任何时期，也远远超过其他的消费群体。进入青年中、后期，青年人的社交活动日趋频繁，对能够满足社交需要的消费品有旺盛的需求，如时装、化妆品、音响、录像带、电影、体育比赛、文艺小说、旅游及各种休闲物品等。

在美国，每年有700亿美元花在婚礼上，而The Knot就是新人们所青睐的婚礼平台服务商之一，克林顿的女儿切尔西、美国地产商特朗普的女儿伊万卡的婚礼就是由The Knot的紧密合作伙伴策划的。而威廉王子结婚的喜讯一公布，美国一家电视台的主持人就在节目中问道：Carley在哪儿？

Carley Roney是The Knot的创始人之一，她在1996年策划自己的婚礼时感到焦头烂额，于是便和丈夫David Liu以及另外一位友人创办了The Knot网站，并出任主编。她希望借助新兴的互联网技术改进婚礼的策划流程，她给The Knot的定位是“能满足与婚礼相关的一切需求”。The Knot的页面上既有潮流婚礼资讯和顶尖婚礼创意，也有服务最好的婚礼服务商，更有新娘们交流互动的平台，它还

① 草心：《辛夷坞成就“神话”新作畅销》，中国经济网2010－3－2，http://book.ce.cn/zzdt/201003/02/t20100302_21042499.shtml，有删减。

提供计算婚纱预算、管理请柬回函、设计座位图，甚至排卵周期表等各种线上工具。10多年后，The Knot已发展成为一个拥有网站、杂志、书籍、电视节目等资源的婚礼资讯平台，超过80%的美国新人通过其网站上的资讯举办婚礼，而它的婚礼指南、杂志或书籍，美国新娘几乎是人手一本。《华尔街日报》认为The Knot是“最广为人知的婚礼网站”，而美国《商业周刊》则夸张地说“没有The Knot，请别结婚”。

在中国，随着80后成为结婚的主流人群，个性化的、具有独特风格的创意婚礼正逐步取代传统的程式化婚礼，其中蕴藏着数千亿元的市场机会。为了抢占中国市场，The Knot已于去年进入中国。而在前年，韩国最大的婚礼服务网站iWedding Network也开通了中文网站。定制化的婚礼资讯和一站式的婚礼服务，正是当今中国新人们所需要的，这恰恰是The Knot们的机会所在。

从商业角度看，相亲就是在短短的数分钟内快速建立自己的品牌，赢得陌生人的好感，获得对方的信赖，最终达成“交易”，整个过程充满了各种策略与技巧。节目策划人为了提高收视率而绞尽脑汁，嘉宾们为了将自己营销出去而不时抛出劲爆话题，是因为这些，相亲节目才火起来的吗？不是，是因为它们触及了人性和价值观，触及人性的营销才能真正打动人。

婚恋交友类节目创意其实在很多年前就出现了，如湖南卫视的《玫瑰之约》等，随后沉寂了一段时间，2010年婚恋交友类节目集体发力的原因在于新一代年轻人婚恋观的变化，正如《非诚勿扰》制片人王刚所说：“我们不会刻意鼓吹什么，但年轻人的价值选择自然而然地就在里面了。”富二代、试婚、同居、姐弟恋、房子、车子、票子，这些关键词已成为80后婚恋观的重要指标。《非诚勿扰》节目虽是交友相亲节目，但其实也是一个社会的缩影，也是人们内心的真实写照。这暗合了营销的一个基本规律：谁及时触及、把握消费者的内心，谁就能找到打开市场阿里巴巴之门的钥匙。消费者的内心是一个无穷尽的市场，是开发不尽的。

（资料来源：《浪费邂逅营销的故事》[①]）

① 谢文心、蔡冬娥：《浪漫邂逅营销的故事》，《新营销》，2011（4），63－65页，略有删减。

不仅如此，随着青年在家庭中影响力的扩大，青年逐步成为家庭消费的“第二代主人”。同时，伴随着青年人结婚生子建立起自己的小家庭，担当父母的角色，他们又成为家庭消费的“第三代媒介人”，其消费观念、购买行为则直接影响到下一代。争取一个青年消费者，不仅赢得一个终生顾客，而且其影响可延续到下一代。整个家庭的大宗消费基本是这个消费群体掌管的。

概括起来看，青年文化消费群体心理有如下特点：

（一）追求新颖、乐于尝试新事物。

（二）保持个性、追求自由新生活。

（三）情感浓烈、为爱情一掷千金。

（四）虚荣心强、求体面超前消费。

青年的人情消费也在不断发展。人情消费是指青年在礼尚往来方面的花费。目前青年的人情消费范围广，名目多，价码看涨，对低收入的青年是有一定压力的。

青年消费者也是有区别的，主要影响的因素有每个青年人的经济收入、个性心理因素、性别、家庭的支持力度、个人文化程度和职业等等，这些因素都决定着青年中每个青年消费者的消费态度，他们的消费行为。对不同类型青年的消费情况的认识将更有助于完整地把握当前青年消费者的状况。

三、中年文化消费心理

中年消费群体是一个消费能力极强但又具有自我压抑特征的群体。在我国，中年消费者的子女尚未完全独立，而父母又步入老年行列，所以中年消费者一般是家庭商品的购买者和决策者。同时，中年人上有老下有小，经济负担较重，虽然经济收入较高，但大多用于抚养孩子、供孩子上学、孝敬老人、社会人情往来以及家庭大件物品消费等等，用于满足自身消费需要的比例较小，对个人主体表现出明显的自我压抑倾向，文化消费开支不小，但是主要并非为了自己。

中年人的文化消费心理特征：

（一）购物时，注重商品的实用性、价格及外观的统一。中年人购物时不像年轻人那样注重时尚和浪漫，而是更多地关注商品的实际效用、合理的价格和简洁大方的外观。比如在选择 KTV 聚会唱歌时，中年消费者往往会货比三家，选择性价比最合适的场所。

（二）理性消费远超过情绪性消费，计划消费远超过冲动性消费。家庭开支比较繁多，中年消费者希望钱能花在刀刃上，因此冲动型消费行为不足，希望有计划的安排。像家庭远足、旅游度假一般都会有预先的计划安排。

（三）尊重传统，较为保守，对网络游戏、动漫等缺乏足够的热情，甚至有轻微的排斥。

（四）注重商品使用的便利性。倾向于购买能减轻家务劳动时间或提高工作效率的产品。因此，中年消费者，大多宁愿在家里看电视，也不太愿意去影院，除非是带孩子去看。

（五）消费需求稳定而集中，自我消费呈压抑状态。很多中年人多年未曾去看现场音乐会等非必要休闲项目。

四、老年文化消费心理

随着年龄增加，中年人慢慢变成了老年人。他们的消费经验也不断地增加，哪些商品最能满足自己的需要他们心中有数，因此他们会货比三家，充分考虑各种因素，购买自己满意的商品。有20%的老年消费者属于习惯型的消费者。他们通过反复购买、使用某种商品，对这种商品有着较为深刻的印象，逐渐形成固定不变的消费习惯和购买习惯，且不会轻易改变这种习惯。老年人的习惯购买心理还表现在：对于不了解的商品不轻易采用，极少发生冲动性购买。

老年消费者对商品的普遍要求是物美价廉，对普通消费品价格的敏感度较高，但是对于能够保持健康和活力的保健用品则不惜一掷千金。报纸上屡屡有退休老人排队购买特价促销商品晕倒的新闻，也有退休老人购买保健品和保健器材被骗重金的新闻，相互验证，体现了老年人特殊的消费心理。再者，老年人往往对自己的需求可以压抑，但是为孙儿辈购买玩具、零食等则毫不吝啬。而且生怕自己老了眼光不好，自己购买的东西孩子看不上，所以他们往往不太注重产品的价格等因素，甚至出现倾向于购买高价格产品的趋势。

还有一点，那就是很多老年消费者有补偿性消费动机。而这个补偿性往往是文化消费所占比例较大。研究发现，老年消费者不喜欢企业将他们描述为“苍老、迟钝”的形象，而对于那些感知年龄较低的老年消费者更是如此。[①] 在子女成人独立、经济负担减轻之后，一些老年消费者试图随

① 应斌：《我国老年消费者心理年龄研究》，《管理世界》，2009（5）。

时寻找机会补偿过去因条件限制未能实现的消费欲望。他们在美容美发、穿着打扮、营养食品、健身娱乐、旅游观光等方面，同样有着强烈的消费兴趣。老年人补偿性消费的特征在现阶段表现得尤为明显。比如，在许多经济发展水平较高地区出现的“重补结婚照”的热潮，就是补偿性消费的典型案例。许多五六十年代结婚的老年人，重披婚纱，花几百、上千元感受现代生活的气息，以补偿当年由于经济状况差而留下的某些遗憾。又比如，很多地区出现了老年人自己组团去全国各地，甚至世界各地旅游的高潮，充分利用退休和子女成人后的闲暇时间，去领略大自然的美景和更好地享受生活的乐趣。[①]

人口的发展是由人口再生产因素和社会因素决定的。一般情况下，经济越发达的地区，老年人的比重就越大。据美国人口普查局和国际研究中心调查预测，老年人占人口总数的比重将会越来越大，老龄化问题将是个全球性的问题。我国也将进入人口老龄化时期，并有加大的趋势。研究老年人的消费心理，开拓老年商品市场是解决好社会问题的重要方面。同时老年人又是一个很大的特殊消费群体，是一个大市场。开发好这个“银色富矿”，既有十分重要的社会意义，又有现实的经济意义。老年人绝大多数处于退休状态，儿女各自成家立业，没事情可干，心里愈发空虚，格外需要精神支撑。一方面，老年人需要子女和社会各方面给予必要的关心和照顾。另一方面，如有适合老年人的文化消费活动，丰富老年人的业余文化生活，那将是一举多得的事情。因此应积极开拓老年文化商品市场，在深度上和广度上不断地满足老年人需要，抓住经济增长的机会。

> 随着我国逐渐进入老龄化国家的行列，“十二五”期间，中国老龄人口据估计将达2亿。在此过程中，一个被专家预计可达上万亿元规模的巨大“银发市场”正在加速形成。
>
> 老龄化社会呼唤“银发产业”。目前，中国“银发市场”的缺口非常大，不能“有效供给”。仅据全国老龄委调查数据显示，国内市场每年为老年人提供的产品与服务，还不到需求的10%。两年前的申城报章上，曾刊登过上海瑞金医院自行设计了一批装有遮阳伞的轮椅，给烈日下辗转医院内求医的病人带去一片清凉。但是，类似这样便利又实用的“带遮阳伞的轮椅”，在其他医院却未曾得见。而在一些发达国家，通过先进科技与创意设计的结合，可定时定向用语音提

---

① 应斌：《我国老年消费者消费行为的演进》，《商业时代》，2005（26）。

醒老人按准确剂量服药的药盒、能在老人摔跌倒地的“秒间”打开的“老人个人防摔跌气囊”、能准确检测老人睡眠状况的“个人睡眠质量分析仪”、可折叠的输液支架以及配备微型亲朋影像视频的“老年视频直拨电话”等一系列针对老年人多元、个性化需求的“银发用品”已经诞生。相关产品和服务嵌入医疗、医药、食品、保健、养生、服饰、日化、日用品、休闲品、电子、汽车、机械、玩具、旅游、文化、IT、房地产、金融保险等多个产业和行业领域，可谓一座有待深度挖掘的“大金矿”。

民生需求亟待创意设计对接。对此，上海市人民政府决策咨询专家、上海市咨询业行业协会副会长董锡健向记者表示，眼下上海大部分设计机构与设计师对生活“时尚面”关切较多，而对现实需求的关注较少，创意设计行业在民生紧迫需求领域的贡献，还相对乏力，客观上形成了今日上海创意产业的旺势与都市生活中的“缺门”对创意设计强烈“渴望”之间的高度反差。因而，市民们虽然置身于“设计之都”，却感到创意设计离具体生活还相对较远，一方面是拉动内需的不易，另一方面是有效供给的不足。

（资料来源：《银发市场挖“银子”——上海筹建“国际老年功能化用品示范区”》[①]）

① 陈怡：《银发市场挖“银子”——上海筹建“国际老年功能化用品示范区”》，《上海科技报》2013-2-22，略有删减。

WENHUA CHANYE

第五章　传统、环境与文化消费心理

文化是社会的个性。文化包括价值和道德等抽象的概念，还包括社会所生产和重视的物品和服务，如汽车、衣服、食物、艺术和运动等。[①]

文化背景指主体长期的文化积淀，即主体较稳定的价值取向、思维模式、心理结构的总和。文化的冲突是如此强烈，很多消费想象离开文化背景就很难理解。消费文化深深地影响着文化消费者对商品的喜好。文化的差异来自于不同的文化传统、不同的社会环境、不同的人生阅历等等。

第一节　文化传统与文化消费心理

传统就是传承和统一前人社会经验概念的共识。文化传统是指贯穿于民族和国家各个历史阶段的各类文化的核心精神。每一个民族、每一个国家的文化既因时因地而异，又有一定的稳固性和延续性，这就是文化传统所起到的作用。中华传统文化就是文明演化而汇集成的一种反映民族特质和风貌的民族文化，是民族历史上各种思想文化、观念形态的总体表征。中华传统文化以儒家为内核，还有道教、佛教等文化形态。

消费心理学上所说的中国人的传统，更多时候还是指民间习俗，就是把前人的生活习俗和社会活动等经验总结归纳，进行传承，让后来的人们尽量遵照传统生活和进行社会活动。

消费习俗具有群众性。一种消费习惯如果适合大多数人的心理和条件，那就会迅速普及，成为大多数人的消费习惯。消费习俗具有长期性，一经形成便具有历史继承性及相对稳定性，就不易消失。消费习俗具有一定的周期性。这里所指的是消费心理和消费行为的统一，如人们对某一消

---

① 迈克尔·R·所罗门著，卢泰宏等译：《消费者行为学》（第8版·中国版），494页，北京，中国人民大学出版社，2009。

费品产生兴趣，于是购买，通过消费，感到满意，逐步形成习惯性地购买和消费。所以，消费习俗就是基于习惯心理的经常性消费行为。在文化传统的长期影响下，我国人民早已经形成一定的文化消费习俗。

消费习俗以社会活动为中心，习俗一旦出现，就会在相当长的时期内不断重复出现。消费习俗不具有强制性，而是潜移默化地影响了每一个消费者。

一、不同民族文化传统中的文化消费习俗

一个社会文化中，不同民族可分为若干文化群。如中国有汉族、回族、藏族、蒙古族等等亚文化群；美国有爱尔兰人、波多黎各人、波兰人、华人等亚文化群。民族亚文化可以影响消费行为，如东、西方民族的生活习惯、价值观念等就大相径庭。如美国人的价值观是个人中心论，他们强调个人的价值、个人的需要、个人的权力，他们努力改变客体以满足主体的需要，因此，在消费行为上喜欢标新立异，不考虑别人的评价。

我国拥有56个民族，各个民族都有自己的社会政治和经济发展历史，有自己的民俗民风，由此形成了各民族独具特色的消费行为。如维吾尔族的四楞小花帽、藏族的哈达、海南黎族姑娘的短裙、蒙古族人的长袍，无一不表现出独特的习俗。各民族的节日丰富多彩，著名的有：蒙古族的那达慕、傣族的泼水节、傈僳族的刀杆节、彝族的火把节、白族的三月街、哈尼族的扎勒特、藏族的酥油花灯节、景颇族的目脑纵歌、拉祜族的月亮节、苗族的花山节等等。在这些传统节日中，人们聚集在一起，载歌载舞，热闹非凡，甚至吸引了世界各地的朋友前往参加。

二、不同宗教文化传统中的文化消费习俗

宗教是支配人们日常生活的外在力量在人们头脑中幻想的反映。随着人类历史的发展，宗教在不同民族里又经历了极为不同和极为复杂的人格化，它是一种有始有终的社会历史现象。有着不同的宗教信仰和宗教感情的人们，就有不同的文化倾向和戒律，存在着不同的信仰性消费习俗和禁忌性消费习俗。一些大型的宗教活动总是伴随着文化消费。

朝圣指教徒朝拜圣地的宗教活动，天主教、伊斯兰教、基督教、犹太教等都有朝圣传统。通常，朝圣是指一个人前往自己信仰的圣地或其他重要地点的旅程。每年，百万朝圣者都会前往那些富有独特精神文化的圣地，期待在那里获得精神洗礼和智慧启迪。一位宗教教师的出生地，一处发生了奇迹或神秘事件的地方，或是当地的自然景观拥有神圣意义的地

方，都可以成为宗教朝圣者瞻仰的圣地。耶路撒冷，由于基督徒认为是耶稣的诞生地，犹太人认为是大卫王的故乡、第一座犹太教圣殿所在地，穆斯林认为“安拉的使者”穆罕默德曾在此“登霄”升天，故成为基督教、犹太教和伊斯兰教的共同圣地，吸引了大批的海外朝圣者。印度的恒河每年也都会吸引大约2000万朝圣者。

在我国宗教场所往往居于好山好水之处，名山名寺相得益彰。很多旅游胜地闻名天下不仅由于其风光，更与其浓厚的人文情怀和宗教氛围有关。像五岳之一的嵩山，深受旅游者喜爱，恐怕已经很难分清旅游者是去看山还是参观少林寺。再比如孔子故里——山东曲阜吸引着全世界不同肤色、不同国度、不同信仰的各界人士，纷纷前来瞻仰孔子或来曲阜观光考察、修学旅游；世界各地的炎黄子孙，也纷纷前来寻根参拜，思古幽情。

近年来，庙会经济很红火，又称“庙市”或“节场”。这些名称，可以说正是庙会形成过程中所留下的历史烙印。作为一种社会风俗的形成，有其深刻的社会原因和历史原因，而庙会风俗则与佛教寺院以及道教庙观的宗教活动有着密切的关系，同时它又是伴随着民间信仰活动而发展、完善和普及起来的。

三、不同节日文化传统中的消费习俗

节日能给人强烈的社会心理气氛，使人们产生欢乐感，从而吸引人们纷纷购买节日用品，以此来满足物质需要与精神需要。节日期间，人们的消费欲望尤为强烈，本来平时不想买的商品也买了。节日激发人们的交往活动，为了表达心意，人们探访时往往互赠礼物，互祝喜庆，各得吉祥之意。儿童在节日里是最欢快、最幸福的，父母亲与亲朋好友为了使孩子高高兴兴地过节，就要买些孩子爱吃的食物、爱穿的衣物和喜爱的玩具。在欧美，节日多，人们最为重视的是圣诞节，虽然法定在每年12月25—26日两天放假，实际上从12月中旬到次年1月中旬人们一直沉浸在节日的氛围中。节日除购买食品以外，还要购买大量的生活用品。这个时期总是销售的旺季。专为圣诞节准备的特殊消费食品有核桃、花生仁和各种干果、甜食、圣诞老人型糖果等。装饰品有彩蛋、木蛋、草制品，各种人物、花、鸟、兽等小工艺品，加上彩灯、圣诞蜡烛等。节日的各种商品必须赶在节前摆上货柜，否则错过了销售时令，再好的东西也卖不出去了。

任何一个节日都有符号化的标志性内容和载体，而内容和载体往往是约定俗成的。比如春节的红色对联和灯笼、每年变化的十二生肖、吃饺子逛庙会闹元宵等，就是节庆活动内容和载体的统一。随着时代的发展，也产生了新的表现形式，如短信拜年等等。而有些传统的载体也在变化之中，比如舞龙灯、逛庙会、划龙舟等，改变了形式或者搬进了特定的场所。这些特定的场所往往成为人流聚集的地方，也成为消费集中的区域。

在全球范围内，还兴起了各种新型节庆，这些新型节庆都是促进文化消费的重要载体。有的以公益方式扶持新产品创作，如法国巴黎秋季艺术节、英国爱丁堡国际艺术节等，不仅资助新创剧目而且以低票价培养潜在的文化消费者；有的把节庆办成一年一度的文化嘉年华，以丰富的产品直接拉动文化消费。国内的节庆活动正越来越多，文化味也越来越浓，从文化搭台、经济唱戏发展到今天把节庆本身经营成为一个品牌，节庆活动在文化生活中扮演的角色日益重要。

四、不同地域文化传统中的文化消费

在特定地域消费习俗的长期影响下，消费者形成了对地方风俗的特殊偏好。这种偏好会直接影响消费者对文化商品的选择，并不断强化已有的消费习惯。

文化消费中的地方戏演出市场也是非常庞大的。地方戏作为传统文化的表现形式，是指凝结着某一地域的民风习俗、从而为那一地域的大众喜闻乐见的演剧形式。如黄梅戏、越剧、淮剧、秦腔、川剧等，是同流行全国的剧种（如京剧）相对的。

城乡差别也是地域文化差别的一个重要问题。我国农村普遍秉承着节俭的消费习惯。不论农民的经济条件好坏，在日常消费中大都量入为出，精打细算，用于购置生活必需品的支出较多，用于精神文化的消费较少。这种消费习惯某种程度上影响了农民对精神文化产品消费的积极性。

由于缺乏文化娱乐活动，春节期间很多农村群众以赌博来消磨时光，这一现象较为普遍，还有个别地区甚至播放不健康录像等。偶然有马戏团、艳舞团等野路子草台班子表演，因其热闹，即使格调不高也会引来大批无聊的观众，有的甚至带着孩子观看表演。总体来看，我国农村的传统文化消费观念依然相对滞后，经济发展了，但是文化消费的需求没有得到有效满足。

农民对文化消费比较节俭，但并不等于没有文化消费需求。农村居民文化消费力之所以低下，是因为农民的收入不高，而文化产品价格过高，再加上大多数农村地区的文化供给比较单一，文化经费不足、设施老化、机构运转困难、公共文化资源偏少，导致当前农村文化消费基本上停留在一种粗放式经营的初级阶段。近几年，全国各地组织开展的各种“文化下乡”活动就受到了农民群众的欢迎和喜爱。由此可见，农民群众对文化娱乐的需求还是比较强烈的，只是其文化消费观念还处于被动的消费阶段，需要正确的引导和推动。近些年来，我国政府推动公共文化建设，特别注重基层农村的公共文化设施建设，有望逐步解决农村文化消费活动匮乏的问题。

多种不同的消费习俗对消费者的心理与行为有着极大影响。消费习俗促成了消费者购买心理的稳定性和购买行为的习惯性，强化了消费者的消费偏好。消费习俗使消费者心理与行为的变化趋缓。但是，这种世代相传的精神传统，所表达的并非都是固定的观念和思想，有时候被前一个时代认为确凿无疑的观念，却会成为下一个时代的难题。例如我国消费者长期深受儒家文化的熏陶，奉行“中庸”的处事方式，即使是新中国建立以后，集体主义长时间占据主流意识，不习惯于成为社会中独特的一员，而习惯于调节自身以适应社会，消费行为上常常考虑社会习惯标准以及别人怎么看自己、评价自己。因此，一些文化消费模式刚刚诞生之时，往往被指责为文化异端。

另外，围绕着人伦关系，并且由于中国人的好面子思想，形成了巨大的人情消费市场。人情消费，即人与人之间正常交往中的感情投资。改革开放以来，随着城乡居民生活水平的不断提高，人情消费也不断升格。逢年过节、婚丧嫁娶、添丁增岁、评先选优、升学拜师、招工参军、看病求医、乔迁新居等各种由头引起的五花八门的人情礼难以胜数。人情消费已成为时下城乡居民的一大经济负担。不少人纷纷感慨，春节变“春劫”，请柬变“罚单”，这种消费方式非常畸形，人人喊累。现在部分孩子的生日宴都快赶上婚礼了，吃大餐、送礼物，还比拼创意策划活动，甚至小朋友们生日聚会的攀比也升级了。

破解传统文化与现代文明冲突的难题不能仅仅靠号召和呼吁，还要与时代的发展相结合，充分发挥创意，寻找新的文明消费方式。

第二节　社会环境与文化消费心理

社会环境是指人类生存及活动范围内的社会物质、精神条件的总和。广义包括整个社会经济文化体系，是社会政治环境、经济环境、法制环境、科技环境、文化环境等宏观因素的总和；狭义仅指人类生活的直接环境，如家庭、劳动组织、学习条件和其他集体性社团等。

文化消费者是具体的生活于现实生活中的人。人具有社会属性，这是人和其他动物的根本区别。这种区别主要在于人总是劳动、生活在一定的社会关系之中，不可避免地要与周围所有的人发生各种各样的关系。因此，文化消费者的消费行为不可避免地受到社会环境和各种群体关系的制约和影响。随着社会环境的改变，消费心理也必然的会发生变化。而且与其他环境（如自然环境等）相比，社会环境对消费者的影响更为直接，内容也更为广泛。

具有某种共同特征的群体，往往有着相似的消费习惯和消费特点，因此要研究文化消费者的心理和行为，都离不开对消费者所在的社会环境和社会阶层以及家庭的关注。

经济基础决定上层建筑。在现代商品社会，对于文化消费者来说，经济因素同样是前提。宏观经济环境，决定了我们的社会是否能够为消费者提供文化消费活动以及能够提供什么样的文化消费活动。而微观的、个人的经济状况，决定着我们是否有能力支付生存之外的文化消费活动以及能够支付何种层次的文化消费活动。

计划经济时代，我国经济发展水平落后，生产和生活资料匮乏，处于温饱阶段。这个阶段，国民经济集中力量发展重工业，第三产业落后，普通产品和消费服务短缺一直困扰着我们，文化消费被压缩。这个情况下，文化消费心理必定受到压抑。

只有开放的经济体制，才有开放的政治体制，才有开放的文化体系。文化产业是在经济发展到一定阶段的产物。人们的物质生活得到极大满足，才有能力考虑文化消费。以 1978 年党的十一届三中全会为标志，我国进入了改革开放的历史新时期。30 多年来，社会主义现代化建设取得了举世瞩目的巨大成就，实现了人民生活由温饱不足向总体小康的历史性跨越。伴随中国经济的持续快速发展，至 2006 年出现近 2.3 万亿元规模的强大文化消费需求，人均 GDP 超过 1490 美元、特大型城市人均 GDP 超过 4000 美元后，社会发展催生的精神文化需求的喷发期征兆显现，文化消费心理得到激发，并且由于对外开放，消费者的视野更加开阔，希望得到和西方发达国家同等水准的休闲文化娱乐。

以国产电影为例。近年来，随着中国城镇化进程的加速推进，二三线城市的电影市场规模迅速扩大，为国产电影产业未来发展提供了更为广阔的空间。

截至目前，全国县级城市拥有影院1300座左右，银幕数4500块左右，35%的县城实现了影院覆盖，其中大多数是现代化数字多厅影院。电影院在二三线城市的延伸，进一步拓展了中国电影市场的覆盖能力，新兴市场带来的观众格局调整，基层观众对国产影片的兴趣和信任，也影响了排片格局，为国产电影发展提供了保障。

2013年开年以来，国产电影市场不断创造新纪录。来自国家新闻出版和广电总局电影局的数据显示，截至5月12日，全国电影票房收入超过81亿元，同比增长39%。其中国产影片市场份额达63%，而去年同期这个数字仅为34%，国产电影市场份额实现了大逆转。与此同时，全国单日票房收入、放映场次、观影人次及国产影片首日票房收入等纪录均在今年以来被屡屡刷新。

在今年的电影市场上，不仅有《西游降魔篇》《十二生肖》等国产"大片"，也涌现出了《北京遇上西雅图》《致我们终将逝去的青春》等一系列"以小搏大"的中等成本影片。持续平稳产生的高票房收入不断让中国电影市场释放出巨大的吸引力。

（资料来源：《国产电影屡创新纪录二三线城市电影市场迅速升温》①）

由于经济发展不平衡，导致不同地区生活环境不同，不同的生活环境导致了消费者不同的消费心理。大城市文化消费心理更为开放，能够接受更加多元的文化消费模式。落后城市及农村地区的文化消费心理尚处于保守状态。全国文化消费需求增长与中国文化产业发展的内在差距一目了然：一方面，经济发展与基本民生增进、文化消费需求增长之间存在着明显的差距，居民文化消费需求增长大大落后于居民收入增多带来的积蓄增高；另一方面，城乡之间文化消费需求增长存在着严重不均衡的差距，20年来文化消费城乡比扩大了60.83%，特别是最近10余年持续加速扩大。②

这个现象也验证了另外一个我们要探讨的重要问题，自身经济状况直接影响消费者的文化消费心理。消费者的任何消费行为都会受到收入水平的直接影响。消费者的收入水平比较高且稳定时，消费信心增加，文化消费比例增多，愿意支付一些比较高投入的文化消费项目，比如海外旅游、

---

① 刘阳、任姗姗：《国产电影屡创新纪录二三线城市电影市场迅速升温》，《人民日报》2013-5-14。有删改。

② 王亚南：《内需不足困扰中国文化产业发展》，《中国社会科学报》，2013-1-23。

现场观看体育赛事等。如果消费者的收入水平较低或者收入情况不稳定时，消费心理会受到抑制，对商品的性价比要求比较高，文化消费欲望比较低，可能选择在家看电视取代去电影院看电影或者去现场观看体育赛事等。也就是说不同的社会阶层有着不同的文化消费心理。

社会阶层是由具有相同或者相似社会地位的社会成员组成的相对持久的群体，每一个体都会在社会中占据一定的位置，有的人占据比较显赫的位置，有的人则占有一般的或者较低的位置。[①] 这种社会地位的差别，使社会成员分成高低有序的层次或层级。这就造成了人们在文化认同上的差异。由于社会阶层不同导致文化认同的差异，因此不同社会阶层的文化消费心理也不同。当然，由于社会和人都是在不断发展中，阶层有一定的多维性和动态性，所以不是固化的，当社会阶层发生了变化，文化消费心理也必将相应发生一定的变化。多维性是指决定社会阶层的因素并非一个，而是三个方面：经济变量、社会互动变量和政治变量。经济变量包括所从事的职业、个人收入水平和财富拥有的多少等；社会互动变量包括个人的业绩声望、社会联系、居住地、出身、交友范围和社会化程度等；政治变量则包括个人拥有的权利、价值观和流动性等。

从文化审美差异来看，文化消费有雅、俗之分。一些文化消费项目能够雅俗共赏，但一般说来具有专业知识的高知识水平的社会阶层一般表现为对雅文化消费的追求，而普通市民阶层则更多的是对大众通俗文化消费的追求。

狭义的社会环境指人类生活的直接环境，如家庭、劳动组织、学习条件和其他集体性社团等。家庭是指建立在婚姻关系、血缘关系或收养关系基础上，由夫妻和一定范围的亲属结合而成的亲密合作、共同生活的人类社会生活的基本单位。也是消费者加入的第一个社会群体和最亲密的社会群体，因此家庭对消费者的文化消费心理影响最为直接。

当消费者处于单身状态，消费时一般是以自我为中心，不过多考虑其他家人的情况，比较舍得投入发展自己的爱好，这些爱好一般都是一些文化消费项目，像看电影、听演唱会、看体育比赛等，所以青少年一直是各种文化消费项目的忠实消费者，是文化经营者的重要营销目标人群。

当消费者已婚无子女时期，一般家庭经济情况比较好，经济独立且没有负担，所以可以持久地参加文化消费活动，并且能够支付一些较高投入

---

① 齐常华等编著：《消费心理学》，116页，北京，清华大学出版社，2010。

的文化消费项目的费用。这一阶段的文化消费心理主要是以二人世界为中心，追求浪漫温馨，不是特别在意开销费用，外出旅游、周末K歌、看电影等均在常规日程安排内。

当消费者处于已婚有孩子的阶段，心理转变很大，不再只为个人考虑，家庭支出往往围绕着孩子的需要来安排，文化消费也主要是围绕着孩子来进行，在孩子成长、教育方面的投资比重加大，送孩子上各种辅导班及艺术特长班，购买各种玩具、学具、图书、电子产品等等投入很高。此外，还需要在家庭规划中增加带孩子去游乐场、公园、科普展、看话剧、参观博物馆、到风景名胜地观光等一系列开阔孩子视野、帮助孩子健康成长的文化消费活动。另外这个阶段还要承担孝敬父母、与朋友同事往来等人情消费支出，大多数这个阶段的中国家长的个人文化消费处于被压缩状态。

当子女独立、消费者逐渐步入老年后，这个时候中国家庭消费分化比较大。一部分家庭收入下降，购买力也随之下降，文化消费活动不多，一般闲暇时间看看电影、听听收音机、散散步等。而一部分有稳定的退休金、养老金支持的家庭，这时候没有经济负担，原来压抑的文化消费心理得到释放，甚至滋生出一种补偿消费心理，在文化消费项目上支出增多，很多老年家庭都有养花养鱼、休养度假、购买书画作品、收藏古玩等文化消费。

第三节　科技进步与文化消费心理

随着数字时代的到来，我们的生活也随着科技的飞跃而产生了巨变。在高科技走入现实的那一刻，人们的生活才真正从家电时代跨越到了人性化的数字科技时代。

科技与文化创意的融合，推动了整个社会的发展，提高了公共文化服务的质量和水平。现代科技的高速发展提升了人们的生活水平和生活质量，精神性的消费需求得以大量的释放，这些文化消费包括出版、艺术、快乐体验等等。

未来的产业发展，将主要依靠科技创新与文化创意的融合。文化与科技融合的发展模式，已成为文化产业发展的基本路径，极大地提高了文化产业的科技含量和文化产品的附加价值，也使高科技找到了新的应用领域，拓展了市场空间。高度个性化的创意产业领域，一方面需要多样性的文化资源和文化想象力，另一方面也高度依赖现代电子信息技术手段，只有在虚拟的空间里，才能真正比较自由地实现“没有做不到，只有想不到”的个性创意境界，虚拟技术的普及，正好与个性化的消费时代合拍，真正实现了个人生产、个人沟通、个人消费的三位一体。

一方面，科技的魅力彻底激发着人们的消费欲望，另一方面，各种技术的应用正在日趋深入地渗透到人们生活的方方面面，翻天覆地般改变着人们的生活方式和消费方式。当无线网络接入机场、咖啡厅、餐厅乃至各大商场时，实现了真正的便携和无缝入网。告别了上网卡时代，笔记本电脑已经不再是出行的首选神器，从轻便的 MacBook Air 到既可以实现通话又可完成办公编辑的各类平板电脑，各种与 WIFI 息息相关的上网机成了人们出行不可或缺的物品，这其中，智能手机的应用更是改变了人们的生活方式，以 iPhone 为代表的智能手机因为科技而百变，更因百变而受到无数粉丝追捧。成年人受到科技魅力的影响已不足为奇，狂热追求最新的科技时尚。苹果的系列产品，造就了全世界范围的大批“果粉”，苹果新品一出，往往掀起抢购狂潮，一机难求，商品社会难得一见的彻夜排队现象不仅出现在中国，还出现在世界多个国家。现在，即使是“宝宝一代”随身也会配备高科技产品。在手机商城，你可以找到和 BP 机一般大小的宝宝手机，卡通外形和区分男女宝宝的粉蓝两色足以吸引无数妈妈的眼球，而手机上四个按键足够支持四五岁的孩子拨打、存放四个亲人的电话，手机铃声更如八音盒般动听，难怪宝宝也成了高科技产品的粉丝。稍大一点的孩子就开始迷恋 IPOD、IPAD 等时尚高科技产品。现在不少老年人也学会上网聊天、玩游戏。现实证明，科技覆盖的领域越广泛，人们对它的依赖就越强烈，当衣食住行全都与之相关的时候，又有谁能拒绝科技的魅力呢？

科技给了人无尽的便利，促使产品更新换代的频率提高，给了消费者更多的选择，消费者的选择不仅仅是为了商品的实用功能，而是不停追逐潮流。反过来，消费者心理的变化，给了商家更大的动力和压力，促使商品生产者加快研发进度，为满足消费者的更多要求而全速运转。有人调侃，今天在美国生活，人们几乎可以只跟亚马逊一家公司打交道：在亚马逊网站上可以购买从牛奶、麦片到割草机、沙发等所有日用品；可以用 Kindle 阅读电子书、报纸、杂志；可以从亚马逊 MP3 音乐商店下载歌曲，或者通过亚马逊流媒体点播服务观看电影；还可以投资亚马逊的股票，或者到亚马逊在西雅图的总部上班；然后，在亚马逊 Marketplace 上做点小买卖，或是干脆购买EC2服务，创办自己的网络公司。目前，我国的京东商城、淘宝商城及当当电子商城等也隐然有其风范。据艾瑞咨询统计数据显示，2012年中国电子商务市场整体交易规模为8.1万亿元，增长27.9%，与2011年32.8%的增速相比，下降了近5个百分点；其中2012年第四季度整体交易规模为2.4万亿元，环比增长16.2%，同比增长27.5%。艾瑞咨询分析认为，2012年中国网络购物市场份额有所提升，其因素是核心电商企业通过各种形式的促销，深入挖掘网购用户的消费潜力，从而带动了网购市场的快速增长。“双十一”期间，仅淘宝就创造了191亿元的交易业绩，远超美国2012年“网购星期一”15亿美元交易额水平。未来随着传统企业大规模进入电商行业且移动互联网的快速发展促使移动购物日益便捷，中国网络购物市场整体还将保持较快增长速度。此外，在线旅游市场虽然占比较低，但近年来受机票、酒店、旅游度假等细分市场不同程度的驱动，一直保持30%以上的增长，逐渐成为电子商务市场重要的组成部分。

人的想象力能有多远，科技的脚步就能走多远。科技为创意，将梦想照进现实。科技与文化历来如影随形，科学技术的每一次重大进步，都会给文化的传播方式、表现形式、发展样式带来革命性变化。近年来，数字技术、网络技术迅猛发展，为思想文化传播提供了新的载体，催生了新的文化消费业态。像手机报就是依托手机媒介，由报纸、移动通信商和网络运营商联手搭建的信息传播平台，用户可通过手机浏览到当天发生的新闻。各大主流媒体纷纷推出手机报项目，如大众网的齐鲁手机报，京华网的京华手机报、大江网的江西手机报等等。彩铃音乐下载业务也是近些年比较火的新兴文化消费形态。如果时间倒退，很难想象，一种声音也会成为一种可以赚钱的产业，但是在中国通讯业飞速发展的今天，这种看上去天方夜谭一样的事情真的就在我们眼前实现了。彩铃，已经形成了一种产业，并创造了其独有的商业和文化价值。彩铃出现以后，涌现了众多的专门从事彩铃制作的团体或者公司，甚至一些演唱了时下十分流行的歌曲的歌手都通过彩铃获得了丰厚的回报。2006年6月，中国移动首次彩铃电视贴片广告招标，各大SP申报竞标。有两家网站的SP部门同时申报了《月亮之上》。随后这首歌在各大网站以flash的形式轮番播放，很快让其原唱凤凰传奇火起来。当年《月亮之上》创下了彩铃下载7900万次的惊人数字。随后，《自由飞翔》《等爱的玫瑰》《最炫民族风》等歌曲也成为最火爆的彩铃音乐，《荷塘月色》2010年的手机应用数量超过一亿人次。到目前为止，凤凰传奇全部彩铃下载量早已过亿。

创意是让科技走向市场的催化剂，科技和创意结合的部分是创意产业最好的生长点，比如现在以内容为主的游戏、网站、搜索等等，基本上都是。把科技当作手段，以内容撬动消费者的心灵，把科技和文化结合，是创意产业核心的东西。

继盛大集团之后，腾讯成为国内第二个提出娱乐化战略的大型互联网公司。

日前，腾讯游戏对外宣布，正在逐步从单纯的网游业务平台转变为涵盖游戏、动漫、文学、影视等多种关联业务的互动娱乐实体，正式开启“泛娱乐”战略。

2012年3月21日，腾讯游戏首次系统性发布泛娱乐战略，启动首个泛娱乐实体平台——腾讯动漫发行平台，随后与中国动漫集团、华特迪士尼共同签署动漫创意研发合作项目，正式缔结长期战略联盟，有序地推进泛娱乐战略。

但动漫只是腾讯“泛娱乐”战略版图中的一块，腾讯互动娱乐事业群负责人、副总裁程武对记者表示，“泛娱乐”是2013年腾讯游戏的战略规划重点之一，通过跨界合作，将触角延伸至音乐、影视、文学、动漫、出版和周边制造等多个产业，从而建构一条以授权IP（知识产权）为轴心、以游戏运营和网络平台为基础进行的跨领域、多平台的全新商业开发与运营模式。

不过，打通“泛娱乐”产业链，腾讯隐忧重重。目前，腾讯的主要营收仍来自网络游戏，但已增速放缓。腾讯2012年第三季度财报显示，腾讯总体收入为115.656亿元，游戏收入为59.729亿元，占比51.6%，比上一季度增长7.3%，而2012年第四季度网络游戏营收59.904亿元，与第三季度持平。此外，“QQ游戏”最高同时在线账户数也比上一季度下降6.4%。

而且，腾讯的“泛娱乐”，很难有盈利可期。程武坦言，数亿点击的流量并没有吸引广告主买单，用户付费习惯没有养成，在盗版横行的产业环境下，流量如何变现，依然没有找到合适的渠道和方式。“泛娱乐化仍是一个新的商业模式，需要较长的探索和尝试过程。”

（资料来源：《腾讯游戏转型“泛娱乐”》①）

① 刘健健：《腾讯游戏转型“泛娱乐”》，《中国经济时报》，2013-4-23。

第六章　影视媒体消费心理

影视媒体消费主要指社会民众对于电影（含微电影）、电视（含数字电视、互联网电视、手机电视、移动电视）、网络视频（含音乐MV）等媒介的文化消费，旨在实现娱乐性、参与性和获取知识性等目的，是目前大众文化消费的重要形式。影视媒体很大程度上承担了把控文化导向、调控文化氛围、娱乐社会大众、提高民众文化素养的功能，是目前所有传播手段中受众群体最多，内容涵盖面最广，影响力最大，在我国文化消费中发挥重要作用的媒介形式。与之相适应的是，影视媒体消费也一直是我国居民文化消费的主要形式，尤其是近十年来我国影视消费持续强劲增长，在所有文化消费门类中占据得天独厚的优势。

影视媒体消费是我国文化消费的重要组成部分，它对于活跃影视文化市场，激发影视原创，提升全民族文化素养，促进影视产业发展等，发挥着举足轻重的作用。因此，深入探讨影视媒体的消费状况、消费特点、消费需求和消费心理因素等问题，将有助于理解消费者行为，从根源上解决我国影视文化创意产业中存在的创意不足、文化不强和产业不大这三大问题①，有效改变目前影视产品普遍存在的泛娱乐化倾向，并可依据消费者行为实施积极的市场营销方案，提升整个影视文化产业内在的活力和张力，引导我国影视文化产业的健康发展。

第一节　影视媒体的消费特点

在传统媒体时代，影视媒体主要是电影和电视，影视消费主要体现为

① 胡智锋、李继东在《中国影视文化创意产业的三大问题》一文中指出：创意不足是中国影视文化创意产业的基本问题；文化不强是中国影视文化创意产业的核心问题；产业不大是中国影视文化创意产业的关键问题。《现代传播》2010（6），62—64页。

大众性、直观性、娱乐性、时尚性、从众性和知识获取性等特点。但随着新媒体技术的不断发展，互联网（含移动网络）、手机等逐渐成为影视文化消费的重要载体，也因之催生了诸如互联网电视、手机电视、移动电视、网络视频、3D影院、微电影等影视新业态。在上述新业态的作用下，我国影视媒体消费呈现出传统媒体时代所不具备的特点，这些不同主要表现为：以付费电视和网络影视版权的实现为代表，影视媒体消费的商业性日益增强，影视产品的商品属性逐渐凸显；受众消费角色逐渐发生变化，由被动消费影视内容逐步向主动参与影视创作转变；影视消费成为休闲性消费，日益成为人们的一种休闲方式和精神享受。

一、大众性是影视媒体消费的显著特点

影视媒体消费的大众性，主要体现在影视媒介的普及性和消费内容的大众化两方面，前者是物质基础，后者是内容体现。电视、电影、网络视频和手机视频等是目前条件下具有典型意义的大众化媒介，是影视内容消费的载体，构成了影视媒体消费的物质基础。以下数据可以说明问题：电视方面，中国是电视覆盖大国，据统计，截至2011年底，全国电视人口综合覆盖率达97.82%，全国有线电视、广播、电视用户突破2亿户，数字电视用户突破亿户。[①] 在新媒体迅猛发展的当下，电视依然是民众接触程度最高的媒体，正如有学者指出的，“电视是我们日常家庭生活中的一部分，甚至已经成为我们熟视无睹却必不可少的若干存在方式中的重要一种”[②]。电影方面，截至2012年底，中国电影市场上票房规模和观众人次连续10年保持着全球罕见的亢奋状态，以30%以上的增长速度，超过170亿元的票房总量（27亿美元）超过日本一跃成为全球第二大电影市场，票房总量占全球340亿美元总票房的6%。[③] 很明显，电影日渐成为中国民众文化消费的重要选择取向。

网络视频方面，截至2011年2月底，中国网络视频用户规模达到3.25亿人，较上一年增加4.6%，视频用户已经覆盖整个互联网用户的

---

① 崔保国主编：《2012年：中国传媒产业发展报告》，141—142页，北京，社会科学文献出版社，2012。

② 陈灵强：《多维视野中的大众文化》，226页，杭州，浙江大学出版社，2007。

③ 尹鸿：《国产电影的危机与转机》，http://blog.sina.com.cn/s/blog_482580270102ebax.html.

75%以上，网络视频成为中国网民的第五大应用。① 另据统计，2011 年中国在线视频市场规模达 62.7 亿元，同比增长 99.9%，在线视频行业的广告收入也取得了近 100%的增长。② 截至 2012 年底，中国网络视频用户达到 3.72 亿，较上年底增加了 4653 万人，增长率为 4.3%。网民中上网收看视频的用户比例较上年底提升了 2.5 个百分点，达到 65.9%。③ 手机视频方面，与整体网络视频用户规模的稳步增长相比，手机端视频用户的增长更为强劲，使用手机收看视频的用户已经超过 1 亿人。另外，在视频网站、运营商等多方积极推动下，用户使用手机终端在线看视频的习惯正在逐步养成。

影视内容的大众性，决定了影视媒体消费的大众性。影视消费主要是对影视产品，即对电影、电视节目、电视剧、微电影等类型产品的消费，这些产品的内容涉及政治、经济、文化、军事、教育、养生、娱乐、休闲等多方面，具有明显的大众化特征。影视受众可依据个人兴趣爱好，选择影视产品进行消费，如喜欢新闻可以选择《新闻联播》《新闻 30 分》《朝闻天下》《24 小时》《环球视线》《焦点访谈》《时事直通车》和各省市新闻等；喜欢电视剧可以通过电视、网络视频和手机视频等多种手段选择时段选择内容观看；喜欢经济财经节目可以选择《赢在中国》《财富故事会》《经济半小时》等；喜欢电影可以选择电影院和央视电影频道观看；喜欢文化类节目可以选择《百家讲坛》《探索发现》《子午书简》（现改名为《读书》）《开坛》《新杏坛》以及书法频道等；喜欢军事可以选择央视军事频道的《军事报道》《防务新观察》和凤凰卫视的《军情观察室》等；喜欢养生可以选择《养生堂》及各类养生栏目；喜欢娱乐可以选择《非诚勿扰》《星光大道》《快乐大本营》《天天向上》《我是歌手》《歌声传奇》等；喜欢休闲可以选择旅游频道或其他休闲类电视节目。由此可见，影视产品内容极其丰富，从不同层面满足人们的精神文化需求，大众性的影视内容决定了影视媒体消费的大众性。

---

① 中国互联网络信息中心：《第 29 次中国互联网络发展状况统计报告》，2012 年 1 月。据该报告，中国网民对于互联网的应用主要体现在信息获取、商务交易、交流沟通和网络娱乐四个方面，网络视频已经成为第五个方面。

② 艾瑞咨询：《2011 年中国在线视频交易规模达 62.7 亿元》，2012-1-13。

③ 中国互联网络信息中心：《第 30 次中国互联网络发展状况统计报告》，2013 年 1 月，http：//www.cnnic.net.cn/hlwfzyj/.

二、娱乐性是影视媒体消费的重要特点

影视媒体为人们提供丰富的娱乐内容，目的在于满足人们的精神需求。根据马斯洛层次需求理论，将需求分为五种，即生理上的需求、安全上的需求、情感和归属上的需求、尊重的需求和自我实现的需求。此外，马斯洛认为人类还有审美需求和求知需求，这两种需求居于尊重需要和自我实现需要之间。影视媒体主要是向受众提供娱乐消费内容，以满足受众在情感和归属、审美和求知、尊重和自我实现方面的需求，属于高层次的精神需求。正如美国学者罗伯特·C·艾伦所说，“在大多数情况下，人们打开电视机是为了消遣和娱乐——看看情景剧、肥皂剧、戏剧、音乐、电视、电影、体育报道、智力竞赛节目……目的是为了提供我们如下所谓各种各样的情趣：身心放松、心理逃避、享受、愉悦、消遣或诸如此类”。[①] 现代社会人们普遍压力较大，影视娱乐成为人们生活的减压阀，像有的学者指出的“电视与观众之间有着最直接的通道，让人们以一种整体状态进入娱乐节目当中；它在交流互动中还原了人最初始的人性化娱乐状态，并以这种人际亲密的放松状态舒展了人的天性，与人的生命状态相和谐”[②]。电视、电影、网络视频、手机视频均是如此，多样化的影像传递手段为人们的影视消费提供了更多便利，其共同的功能是娱乐减压。

需要重点指出的是，影视消费的娱乐性与影像呈现的直观性关系密切。报纸杂志是无声的诉说，只有文本，没有声音，没有动态的画面，不够生动，不够形象；广播只有声音，没有文本，转瞬即逝，没有视听冲击力；唯有影视媒体，声音、画面、文本兼具，有意境，有动感，有强烈的视听冲击力和艺术感染力。影视内容呈现主要依托直观影像的传达，影像是银幕/屏幕上视觉和听觉形象的集合，是由画面、声音等蒙太奇元素所构成的声画结合的造型，具备直观性、可读性、视觉冲击力强的优势。同时，影视影像与其他艺术媒介不同，具有融直观性和写意性、真实与虚幻、再现与表现为一体的特点，是一个内涵丰富、风格多样的审美对象。[③] 影视媒体的影像魅力是影视文化消费的基础，也是影视媒体自诞生以来就占据主流消费市场，并将继续引领文化消费潮流的原因所在。对此，马歇

---

① ［美］罗伯特·C·艾伦：《重组话语频道：电视与当代批评理论》，20页，北京，中国社会科学出版社，2000。

② ［德］席勒：《审美教育书简》，79页，北京，北京大学出版社，1985。

③ 《影视鉴赏与影评写作》，http：//blog. sina. com. cn/yjy42.

尔·麦克卢汉在《理解媒介》一书中给予阐述："电影与电视都能够传播带有声音的移动图像，具有声像兼备、视听兼顾的优势。画面传播具有形象生动、简单易懂的特点，具备很强的穿透力和影响力，尤其能产生一种独特的潜移默化的传播效果。同时，影视传播的范围广，传播迅速，它在传递信息的直接、生动、具体、准确性上是印刷媒介所不能比拟的。"①

三、时尚性是影视媒体消费的突出特色

时尚一般与时髦、流行相提并论，其载体或者说内容既可以是物（如珠宝、服饰等），也可以是某一特定的生活方式和行为（如语言、休闲方式等），还可以是某种领先的潮流和思想。学术界对时尚一词的概念有不同的表述，如周晓红认为"时尚是指一个时期内相当多的人对特定的趣味、语言、思想和行为方式等各种模型或标本的随从和追求"②；我国著名学者孙本文先生认为"时尚，即一时崇尚的样式（style）。样式就是任何事物所表现的格式。在实际使用中，时尚就是一个时期内在某一或某几个社区、阶层或整个社群中迅速传播、广为流传，并为许多人追求、模仿的某种生活模式"；德国学者齐奥格尔·西美尔也认为"时尚是既定模式的模仿，它满足了社会调适的需要；它把个人引向每个人都在行进的道路，它提供一种把个人行为变成样板的普遍性规则。但同时它又满足了对差异性、变化、个性化的要求"。③ 上述表述尽管不同，但对于时尚内涵的界定基本是一致的，即时尚是对某种生活模式的模仿，时尚是时代特征的反映，它反映着某一时期的思想动态、文化价值取向和大众崇尚的生活模式，体现出大众对生活品质的追求和对艺术的理解，是一种积极的生活态度。

时尚的传播与影视媒体关系密切。影视是大众传播工具，依靠强有力的信息输出和鲜活的影像呈现，影响和改变着人们的思维、习惯和对于特定问题的看法，使得大众在某一时期内热衷于模仿某一行为方式。2012 年风靡全球的《江南 style》就是影视媒体时尚性特征的最好例证。《江南 style》是韩国歌手 PSY 的一首单曲，于 2012 年 7 月 5 日发布。PSY 在音乐影片中跳着模仿骑马动作的滑稽舞步，取景在江南区的各处

---

① ［美］马歇尔·麦克卢汉著，何道宽译：《理解媒介——论人的延伸》，355 页，北京，商务印书馆，2009。

② 周晓红：《现代社会心理学》，2 页，南京，江苏人民出版社，1991。

③ ［德］齐奥格尔·西美尔：《时尚的哲学》，23 页，北京，文化艺术出版社，2001。

地点，例如桑拿室、马房、旅游巴士等，整个 MV 充满自嘲风格，以幽默取胜。这首歌曲最初被 PSY 团队上传到 YOUTUBE，后来美国流行音乐明星在 Twitter 上对其追捧，它很快成为打破世界吉尼斯纪录之 MV 在线播放点击量的单曲，截至 2012 年 10 月 9 日，网络点击量达到 4 亿次，成为名副其实的世界神曲。《江南 style》的病毒式传播在世界范围内引起跳骑马舞的热潮，各行各业，各色人等跳骑马舞成为时尚，先后有美国海军版、哈佛大学版、奥特曼版、植物大战僵尸版、魔兽版、法国小青年版、红军版、萝莉版等。《江南 style》风靡全球固然有内容创新、形式创新、新媒体快速传播等因素，但也反映出追逐时尚是影视媒体消费的重要特点。

影视媒体消费的时尚性，还体现在诞生了许多家喻户晓的网络流行语和充满哲理化的流行语。近几年一些电视剧或电视节目的热播，产生了诸如“Hold 住体”“TVB 体”“元芳体”“甄嬛体”等，网民不遗余力地消费着这些影视作品，并充分发挥创新才能，活跃了网络荧屏。央视春晚作为一个文化名牌，很好地发挥了引领时尚的功能，自诞生至今产生了许多脍炙人口引领潮流的歌曲，也产生了流传甚广争相效仿的时尚流行语，如“这一张旧船票能否登上你的客船”“长大后我就成了你”“常回家看看”“小样儿，你穿上马甲，我就不认识你了”“你太有才了”“人生最痛苦的事，就是人死了，钱没花完”“眼睛一闭一睁，一天儿过去了，眼睛一闭不睁，一辈子过去了”“我自豪，我骄傲”“你摊上事了，你摊上大事了”等等。由此可见，影视与时尚有内在的天然的联系，影视在向人们提供感官娱乐、精神审美的同时，也在不知不觉间传递着民族的文化，潜移默化中影响甚至支配着人们的价值观和人生态度。影视传播时尚元素，时尚又透射影视文化，文化、时尚、消费三位一体，构成了商品时代强势的消费逻辑。①

四、从众性是影视媒体消费的普遍特点

从众是一种常见的社会心理，属于社会心理学范畴。从众心理通过外在形式表现出来，即构成从众行为，从众行为体现在消费领域便形成从众消费。一般认为，从众是指个人在群体的压力下，改变个人意见而与多数人取得一致认识的行为倾向。这是对于从众概念认知度和引用率较高的观

① 罗立新：《影视与时尚结合引发的思考》，《新闻传播》，2010（10）。

点。学者曹虹剑也认为“在强大的群体压力面前，个体会在不知不觉、判断、信仰及行为上表现出与群体大多数成员相一致的现象”[①]。上述两种观点表述不尽不同，但都指出个人改变自我主张而顺从多数人是核心要旨，其共性是强调“个人在群体的压力下”，将从众行为归结于“被动”环境下的结果，并非完全符合从众行为发生的实际。学者宋官东认为“从众在客观或心理上模糊的情境中，人们自觉不自觉以他人确定行为为准则作出的与他人一致的行为或行为反应倾向”[②]。这种观点一方面揭示了从众行为的发生依赖于从众者所面临的问题情境的模糊性（实际的或心理上的），另一方面揭示了从众者在这种模糊的情境中不能或很难确定自己的观点或行为的取向，因而自觉不自觉地以他人“确定”的观点或行为为准则，作出与他人一致的行为或行为反应倾向。应该说这种观点更接近于心理真实，从众有盲目的因素，但也并非完全出于盲从。从众消费则是指消费者接受到他人的产品评价、购买意愿或购买行为的信息后，改变了自己对产品的评价、购买意愿或购买行为，努力使得自己与其他人保持一致。从众消费有盲目、遵从、顺从等特征，我们不赞成盲目的从众消费，但对从众消费也不能视之为无论何种情况下均不可取，既然从众消费在现实中存在，就有其合理性因素。从众消费也有积极合理性的一面，即从众消费行为是消费者在社会互动情境下的一种选择行为，它是个体所采用的一种以适应为目的的人际交往策略，是个体对社会、文化现实的一种适应性反应，它对个体的生存和发展具有了适应意义，是个体介入社会生活的重要手段，是调整个体与社会环境之关系的有效方式。社会成员通过各种形式的从众来参与社会生活、适应环境和维持自身的心理平衡。[③]

从众消费行为在影视媒体消费中多有体现，并且构成了影视媒体消费的重要形式之一。影视媒体为人们提供直观，甚至是体验性的娱乐活动，从众娱乐消费事实上已经在现实中普遍存在。以美国大片《阿凡达》为例，2010 年初投放中国市场，最终取得 13.2 亿元的票房收入。《阿凡达》的成功有作品本身的诸多过硬之处：大手笔、大投资、大制作；触动心灵的终极人文关怀；文化与科技融合；3D 场面恢弘等等，但是影片在中国市场采取的出色营销活动也是一个不可忽视的因素。《阿凡达》营销团队

---

① 曹虹剑、姚炳洪：《对从众消费行为的分析与思考》，《消费经济》，2003（5）。

② 宋官东：《对从众行为的新认识》，《心理科学》，2002（2）。

③ 文明、乐国安：《对从众行为的社会心理学研究》，《社会科学研究》1990（5）。

在公众媒体采取卖导演（詹姆斯·卡梅隆）、卖演员（萨姆·沃辛顿、佐伊·索尔达娜）、卖中国元素（哈利路亚山取材于我国的黄山和张家界的部分景点）战术，吸引观众兴趣；营销团队围绕票房，每周、每月，甚至每天都对《阿凡达》的国内外票房收入进行总结和预估，为消费者树立新的目标，甚至有人在网络中写出《看〈阿凡达〉的N个理由》等，有意引导消费者参与到刷新票房纪录的游戏中，从而构成有效从众消费。另外，意见领袖①和公众对于影片的评论也构成从众消费的重要因素，《阿凡达》放映期间，有网友评论“没有任何电影事件能够超过《阿凡达》，它无论从哪个角度来看都是气势恢弘的，不管是野心或是视觉效果，又或是开创性的制作技术，甚至于令人咋舌的制片成本”；一位院线宣传人员说“没人能料到《阿凡达》会让Imax银幕这么火，之前的上座率从来没到这样子，Imax都亏着放了好几年了”，著名青年导演陆川说，“这是一场大师级的视觉盛宴，是绝不可错过的一次梦境旅行。无论是剧情还是特技效果都会让你大呼过瘾，会把你带入另一个世界”，“这是我们中国电影人要集体目睹的，集体服气的一次完败”。张艺谋说，“《阿凡达》绝对是电影界史无前例的大作，我们确实还差得很远”；编剧宁财神说，“国内电影人恐怕再也不敢提什么赶超好莱坞了，谁提谁注定要成为笑话”；崔永元说，“现在我们中国的电影技术，乐观估计，也比这部影片落后100年吧”等等。这些意见领袖和网友的评论，促使观众走向影院实现从众消费。每一部影视产品成功消费的背后，几乎都有从众消费的因素，从众消费是影视媒体消费的普遍性特征。

五、知识获取性是影视媒体消费的重要目的

在传统媒体和新媒体交织的当下，人们获取知识信息的途径日渐增多，如图书、报刊、杂志、网络、电影、电视、手机等等，其中通过影视媒体获取知识是除学校传统课堂教育（当然课堂教育也经常会用到视频教育）外社会大众广泛采取的方式。人们通过影视媒体获取自我需要的信息，进而实现娱乐身心，增长知识，加强审美，陶冶情操，提高修养的目的。通过影视媒体消费实现知识获取，很大程度上是出于影视媒体运用的

---

① 意见领袖，是指在人际传播网络中经常为他人提供信息、意见、评论，并对他人施加影响的“活跃分子”，是大众传播效果的形成过程的中介或过滤的环节。由他们将信息扩散给受众，形成信息传递的两级传播。

便捷性、提供内容的丰富性和影像的直观性，特别是互联网的存在和日新月异的技术革新，人们对于影视内容的消费可以突破时间、地点，甚至是空间的限制，通过影视媒体获取信息已经成为多数人的生活习惯。在互联网诞生之前，电影和电视是重要的媒体，也是社会大众接触率最高的媒体。即使在当下，电影相较十年前更加活跃，电视依然是我国大部分人（特别是农村群体）接触最多的媒体，目前网络技术条件下影视新业态不断涌现，相当一部分网民将注意力转向网络视频或手机视频。接触就意味着消费，接触就意味着获取知识信息，反过来，获取信息需要接触影视媒体，接触的目的是在娱乐中获取知识信息。

影视媒体成为人们消费的重要对象，很大程度上取决于影像的直观性特征。影像呈现具有动态性、可视性和符号化的特点，其动态性是通过镜头的推拉摇移等制造视觉冲击效果，赋予文本内容极强的艺术表现力；可视性是影视画面的直观呈现，满足视觉需求的同时能够将抽象概念具体化、形象化；符号化是指影像通过某种画面表达具有情感价值或社会价值的思想，使看似简单的影像具备育人的功能。通过电影，可以在轻松娱乐中接受电影表达的主旨；通过电视新闻，掌握最新国内外信息，增强对现实世界诸多事情的理解力和判断力；通过综艺类节目，可以接受知识，享受审美，陶冶情操，提升品位；通过电视纪录片，可以比较真实深入地理解某一方面的专门知识，增强自身知识储备；通过讲坛类节目，可以分享专家学者对于传统文化的观点，提升修养；通过财经类节目，可以了解国内外经济动态，预测经济发展趋势；通过军事类节目，可以了解国内外军事现状，理解当今世界诸多战争因素的存在；通过公益广告，潜移默化中增强孝道、环保、安全、和谐等理念，丰富人生境界等等。因此，在很多情形下文字文本阅读逐渐被电影、电视影像文本取代，传统文化的影视表达成为趋势，并日益成为文化消费的重点。

的确，依靠图书杂志等纸质媒体传播和传承优秀的传统文化，在现实社会中具有一定的局限。如阅读传统经典需要一定水平的古汉语理解能力，阅读原著需要有一定的耐力和毅力，如果不是出于爱好，读书也并非是一种享受。但是，影视不同，影像的直观呈现令接受知识不再枯燥乏味，而是娱乐身心与知识获取并重。当然，这种借助影视媒体的文化消费也有风险性，其风险在于影视内容的制作者、提供者是否有相当的文化水准，是否有强烈的人文关怀，如果仅以电影票房收入和电视收视率为标准，以获得最大利润为目标，以一味迎合受众为价值取向，而置影视作品的内容质量于不顾，不能向社会提供符合主流意识和价值理念等正能量的影视产品，都是非常可怕的。这种情况在现实中存在，但是在相关政府职能部门引导、社会舆论压力和市场检验下不会成为文化传播的主流，总体上看，通过影视获取知识信息在现阶段是比较有效的手段。

六、价格低廉是影视媒体消费的基本保障

如前所述，我国目前影视消费主要指对电影（含微电影）、电视（含家庭电视、互联网电视、手机电视、移动电视）、网络视频（含音乐MV）等对象的消费，因此，电影票价、数字电视费（含机顶盒费用）、宽带费、手机流量费等构成居民基本的影视消费，另有电视付费频道和网络视频付费，构成补充性的影视消费。上述影视实际消费价格与我国居民收入相比，基本处于比较低廉的状态，下面对上述各类价格进行简要分析。

（一）数字电视消费价格。

2007年对全国10个地区或城市的不完全数据统计表明：数字电视收费的平均价格为26.7元。2007年是我国城市数字电视集中更换的年份，这个数据具有一定的代表性。到2009年国家对有线数字电视价格作出宏观指导，发改价格【2009】2201号文件《国家改革发展委、国家广电总局关于加强有线电视收费管理等有关问题的通知》中规定："我国有线电视基本收视维护费实行政府定价，有线电视增值业务服务和数字电视付费节目收费，由有线电视运营机构自行确定。各地制定和调整有线电视基本收视维护费收费标准，要严格执行《有线电视基本收视维护费管理暂行办法》有关规定，充分考虑有线电视用户的承受能力和当地经济发展水平，做好新制定收费标准和原标准的衔接工作。"时至今日，我国数字电视收视维护费基本上维持2007年的收费水平，如山东省物价局规定，"自2010年5月1日起，有线电视基本收视维护费标准：模拟信号每终端每月不超过13元；有线数字电视由模拟信号向数字电视整体转换收取的基本收视维护费标准，由各市物价部门根据当地经济发展水平和群众承受能力，综合考虑有线数字电视建设、运行维护等成本情况，在每终端每月不超过26元的范围内确定"①。山东省制定电视消费价格标准，参考了全国大部分省份数字电视收费标准和山东居民收入的实际状况，基本能够反映目前我国

---

① 鲁价费发【2010】81号：《转发〈国家改革发展委、国家广电总局关于加强有线电视收费管理等有关问题的通知〉的通知》，http：//price.dongying.gov.cn/Item/94.aspx.

有线电视和数字电视收费的大体状况，全国其他省份据此浮动幅度不大。

（二）电影票价。

国家新闻出版广电总局规定，电影票价应根据各地实际情况，将全国分为若干类地区，分别制定电影票价指导价格，指导价格为一部影片在各类地区的最高零售票价。3D、巨幕、VIP厅价格可适当上浮，但建议最高不得高于指导价格的50%。我国电影票价看似较高，其实影院通过推出各种优惠措施，如打折、会员价、团购票、学生证半价等，消费者购买价格一般在半价左右。以济南新世纪院线为例，电影大致分为2D普通电影（票价40至80元）、3D（票价50至90元）和IMAX3D或DMAX3D（票价80至200元）三类，但院线通过团体票、会员价和半价日等营销手段，电影平均票价大约在26元。一些“电影控”还善于通过网络购买电影票或电影兑换券，价格一般在半价以下。全国其他城市电影票价略有浮动，北京、上海等一线城市价格略有提升，但电影票价总体不是特别高，这对于工薪阶层来说是可以接受的。

（三）网络视频价格。

我国网络视频使用主要是基于宽带网络或无线网络，一台电脑只要接入宽带连接或者进入无线网络信号覆盖区，即可实现电脑视频观看。我国宽带价格全国不一，运营商经常依据不同情况设计不同产品供用户选择。以山东省联通公司为例，全省家庭宽带没有统一的定价，分公司之间资费大约30元/月—80元/月不等。全国其他省份地区大致处于同一水平，浮动不大。

（四）手机电视价格。

目前手机电视在一部分群体中已经较为普遍，如联通3G提供多样化的设计，可以按次、包天、包月等方式消费。视频点播及下载类，优质视频定价为每条3元，其他普通视频为2元；视频直播类，资费均为5－10元/天或30－40元/月。相比宽带消费，手机电视价格略高，其消费对象主要局限于收入较高的年轻受众群体。

总体看来，目前我国影视媒体消费主要集中在有线电视（含模拟信号和数字信号）、电影和互联网视频三个方面，有线电视属于政府定价，价格水平不高；互联网属于市场定价，在联通、电信、铁通等运营商竞争下，价格逐步降低；电影票价表面较高，但通过各类营销活动，实际消费价格并不高。上述三类消费能够满足公众最基本的影视消费需求，其价格也处于可接受范围之内，至于电视付费频道、手机电视和网络付费等，则是满足少部分人的便捷性需求，是基本影视消费的补充。

七、参与性是影视媒体消费的新趋势

影视媒体消费的参与性，主要是指消费者不再是传统意义上影视内容的被动接受者，而是能够对影视内容主动发表意见和建议，甚至参与影视内容的制作生产和推介，从而改变原有影视内容的单向传播形态，使影视传播变为一种双向行为。影视媒体消费的参与性一方面是传统电视媒体提升收视率和影响力的重要途径，另一方面更多地体现为网络技术条件下受众的主动积极参与。影视媒体的参与性特点，使影视内容更加丰富，影视传播手段更加多元，影视新业态不断出现，对于提升影视内容质量，活跃影视市场，发展影视文化产业具有不容忽视的意义。

就目前数字技术发展和社会普及程度，我国影视媒体消费的参与性主要表现在3D电影技术创造观众置身其中的特殊效果，传统电视引入观众参与，手机电视可以实现信息分享，网络视频交互性提供参与便利等方面。3D电影堪称电影技术发展的里程碑，能够让观众置身虚拟的影像之中，让观众从听觉、视觉和触觉等方面感受到最大程度的真实，不自觉地调动观众的参与性。电视方面，伴随三网融合的逐步推进和在全国范围内广泛使用，传统电视的功能将发生根本性变化，即由目前的"看电视"向"用电视"转变，届时电视的交互性功能将得到很好发挥，观众的参与程度将大幅提高，影视媒体消费的参与性特征将更加凸显。近年来，传统电视台不断运用媒体新业态，采取措施引导观众参与节目，如利用短信与观众互动，利用短号码平台加强与观众的直接交流，利用微博设置话题与观众互动等。2013年央视春晚出现收视新变化，即一部分收视群体开始在电视与互联网、手机之间自由转换，边看电视边刷微博，表达观点，参与互动。不止是春晚，近几年来稍有影响力的电视节目都会在网络上引起热议，比如《甄嬛传》《中国好声音》《非诚勿扰》等，传统看电视的方式正在改变，观众从被动接受信息变成主动寻求交流。对不少人来说，互动的意义远大于收看节目本身的价值。①

网络能够为观众提供情感表达与释放的空间，如今的新媒体受众以年轻人为主，这部分群体有很强的表达欲望，接受内容的同时还需要及时表达意见，甚至有参与内容创作的欲望，网络则从形式和途径上迎合了这种

① 《央视春晚需革新边看边吐槽渐成时兴》，《人民日报》2013-2-22。

需求。湖南卫视《我是歌手》节目，就将网友意见纳入节目设计，专门成立3—4人的运营组，在节目播出时实时跟踪网络动态，总结舆情。2013年两会期间，央视《新闻30分》栏目特别开辟“微博看两会”专栏，每天设置一个热点议题与网友展开互动，其话题涉及医疗改革、房产调控、美丽中国、促进消费、城镇化、老龄化和养老、就业、教育改革、拥堵治理、物价、诚信建设、软实力、又到3.15、节约等等，选取一部分网友意见或评论在节目中播出。2010年网络影片《老男孩》仅在优酷网的官方网站上，观看人数已经突破9000万。《老男孩》成功的意义恐怕并不在于因点击量之高为剧组带来丰厚的利润，也不在于成就了导演兼编剧肖央、演员王太利等草根人物，其深层意义在于新媒体可以改变原有普通观众只能被动接受影视作品的惯性心理，一直被认为是艺术家事情的影视制作也并非遥不可及，有梦想，有信念，敢于尝试，一切皆有可能。近两年兴起的微电影也是新媒体互动的产物，它成为草根平民施展才华、展示创意的重要平台，受众的影响力正沿着影视产业链逆向蔓延，受众可以成为影视生产创作的主体介入影视产业本身。

八、商业性是影视媒体消费的重要价值取向

影视媒体消费的商业性，指影视产品在策划、制作生产、宣传、销售、衍生品开发等产业链各环节，按照市场经济的内在要求，组织各项工作，其目的在于获取最大限度的利润。20世纪我国经济整体发展水平不高，互联网尚未普及，文化产品欠缺，文化消费层次较低，电影和电视消费是政府主导，文化消费基本属于公益范畴，市场意义的文化消费尚未真正形成。直至2000年以后，随着互联网的普及和新媒体的不断出现，特别是国家宏观层面开始重视发展文化产业，作为文化消费重要组成部分的影视消费渐趋活跃，影视产业的商业性特征日益凸显。据统计，2007年以前，在教育消费、文化用品消费及文化娱乐服务这三部分文化消费中，教育消费一直比重最高，最高时2001年达到62.1%。自2007年开始，教育支出占文化消费的比例呈逐渐下降趋势，文化娱乐消费支出的绝对值和所占比例均呈逐年上升趋势，2010年文化娱乐消费支出所占比例为59.4%，而教育消费支出仅为40.6%，娱乐消费比教育消费支出所占比例高了19.4%。①

① 中华人民共和国统计局：《中国统计年鉴》，http：//www.stats.gov.cn/tjsj/ndsj/2011/indexch.htm.

这个数据说明文化娱乐消费呈现强势增长，影视文化消费便在其中。再以2011年为例，我国电视产业产值1193.124亿元，在传媒产业市场结构中占18.7%；电影产业产值为178.4亿元，占据传媒市场的2.8%；互联网业务规模达到传媒产业总体市场的42%，其中有一部分为网络视频和手机电视的贡献。尽管这个数据与其他行业相比还不高，但是相比10年前的影视产业产值则已经有大幅提升。

我国影视媒体消费的商业性主要体现在影视广告、影视版权、电影票房和付费收看等方面。广告商在电视、互联网视频、手机视频等媒介投放广告，构成影视媒体重要的收入来源。电视广告是电视台收入的支柱性来源，近年来一直保持5%—20%的增幅；视频网站广告收入近两年呈猛增态势，在线视频行业在用户覆盖率和浏览时长方面已经超越搜索、门户，成为互联网第一大应用。据艾瑞和易观国际对近三年来中国视频网站的广告收入规模和互联网整体广告规模的统计，视频网站广告收入占互联网广告的比例依次为9.7%、11.2%、15%，呈现节节攀升之势。[①] 影视版权销售收入在我国影视产业收入中开始占据重要地位。版权是文化产业重要生产要素和核心发展要素，从知识资本角度来说，文化产业就是以智力生产力为创新基础的泛版权经济。[②] 具体在影视领域，电影、电视节目形态、电视剧等影视产品销售版权逐渐成为影视产业发展的强劲动力。电影方面，我国电影票房从2003年的9.5亿元增长至2012年的170.73亿元，2010年、2011年和2012年三个年份我国的电影票房均超过100亿元。观影人次从2007年的11400万人次增加到2011年4.67亿人次。在全球电影票房平均增长7%的情况下，我国电影市场票房规模和观众人次连续10年保持着30%的增速。影视付费收看方面，主要有电视付费频道、网络付费电影、网络电视剧付费等，一些视频网站开始推行付费观看，也取得一定成绩，但是鉴于我国受众缺乏付费观看的观影习惯，因此这一消费方式尚有待于进一步培育。从上述各类数据中可以看出，我国影视产业对于整个文化产业产值的贡献逐年增加，影视媒体消费的商业性日渐凸显。可以预见，随着我国文化市场环境的不断改善和文化消费潜能的深入挖掘，影视媒体消费的商业性将更充分地体现出来。

---

① 胡祥宝：《视频网站广告收入将超门户市场格局悄然生变》，《腾讯科技》2013-1-24。

② 皇甫晓涛：《版权经济》，7页，北京，科学出版社，2011。

第二节　影响影视媒体消费心理的因素

当前国家宏观层面实行积极的影视产业政策，技术层面影视新媒体迅速发展，内容载体层面影视新业态不断出现，经济层面人均 GDP 突破 6000 美元，城乡居民恩格尔系数显著降低（2011 年城乡居民恩格尔系数分别为 36.3%和 40.4%），在上述因素的共同作用下，我国的影视文化消费需求呈现前所未有的增长态势。消费者的消费需求与消费心理紧密相关，因此研究文化消费心理有助于理解消费者行为发生的动因，有助于生产者有针对性地生产文化产品，有助于提升文化产业发展的质量。

影视消费心理，是指消费者在对影视内容的消费过程中所表现出的心理特征与心理活动的过程。消费者的心理特征包括消费者的兴趣、消费习惯、价值观、性格、气质等；消费者心理过程主要有产生需要、形成动机、搜集商品信息、做好购买准备、选择商品、使用商品、对商品使用的评价和反馈等。消费者的影视消费行为不仅受到消费者个体心理因素的影响，还受到一定条件下社会环境、经济环境、文化传统，甚至是宗教种族等因素的影响，在这些因素的共同作用下，影视消费心理表现出复杂性特征。综合分析影响影视媒体消费心理的内外部因素，可将影响影视媒体消费心理的因素归纳为娱乐心理、时尚心理、从众心理、品牌消费心理、消费者群体、营销手段和文化心理等七个方面。

一、娱乐心理因素

马斯洛需求理论将人的需求分为五种，五种需求分别对应不同的生活水平发展阶段，即生理需求和安全需求对应温饱阶段，社会需要和尊重需要对应小康生活阶段，自我实现需要对应富裕生活阶段。影视消费心理属于较高层次的需求，对应的是小康生活阶段或者是富裕生活阶段层次的需求。根据国际经济社会发展经验，一个地区的人均 GDP 超过 3000 美元，城镇化、工业化的进程将出现加速发展，而产业结构、消费类型也将发生重大转变，社会对文化产品的消费需求开始增强，文化产业在强有力的需求下迅速成长。据国家统计局官方统计，2012 年中国国内生产总值（GDP）为 519322 亿元，人均 GDP 达到了 6100 美元①，这说明我国大部

① 《2012 年国民经济和社会发展统计公报》，数据来源于国家统计局官方网站 http：//www.stats.gov.cn/tjgb/ndtjgb/qgndtjgb/t20130221_402874525.htm.

分居民的生活已经不是为了解决温饱问题，而是进入小康或者是富裕生活阶段。与此相适应，我国居民的消费需求也呈现高层次需求，情感需求、归属需求和尊重需求逐渐凸显，本文关注的影视娱乐需求正是经济发展到较高阶段的产物。

当前快速发展的中国经济给公众带来了另一弊端，那就是公众普遍感受到无形的精神压力，这种压力或来自自身，或来自社会外界。人们迫切地需要寻求一种精神抚慰和心理治疗，以便暂时逃离喧嚣的现实世界；或以间接的方式宣泄平时被压抑的欲望和焦虑，以幻想的方式实现日常生活中可望而不可即的愿望，同时虚幻地获得成功感、荣誉感和社会归属感。根据弗洛伊德的理论，压力可以通过移情的方式在非现实的虚拟空间得以释放，影视媒体提供的娱乐内容可以很好地解决这一问题。影视媒体的基本属性是娱乐性，它能够实现以下四种功能：（1）获得快感。通过影视媒体获得审美的、愉悦的与情感的体验。（2）获得信息。通过影视媒体获得信息、知识、提高理解能力。（3）获得逃避。通过影视媒体减轻由个人、职业或社会问题带来的压力。（4）获得陪伴。通过影视媒体解除孤独，寻求陪伴。[①]

经济基础的改善和释放压力追求娱乐的渴望，构成影视媒体消费的基本动因。提供娱乐一方面是影视媒体的固有属性，另一方面影视媒体为迎合大众的娱乐需求也不断自我调整，即依据时代发展和大众消费需求进行影视创作和影视产品生产。无论是影视媒体发挥固有的娱乐功能，还是影视媒体对于大众的迎合，其最终的结果是影视媒体生产出了娱乐产品，大众消费产品的同时获得了精神上的满足。人们欣赏情节曲折画面唯美的电影，消费不同类型的电视剧和电视节目，都是在放松自我，享受休闲，从根本上满足娱乐的心理需求。以电影《泰囧》为例，《泰囧》被媒体广泛评论为接地气，接地气就是在观众消费电影故事的过程享受娱乐，用简单直接的喜剧故事让电影回归到最初的娱乐形态上。《泰囧》制作人陈祉希说："现在群体式的压抑感非常严重，大家觉得要生存在这个社会上，要面临无数的惶恐，不断奋斗似乎都无法赶上日益增长的物价和我们内心不断膨胀的欲望。社会现实与我们的内心向往产生了巨大的逆差，所以，《泰囧》起到了一个释放压力的作用。"[②] 清华大学影视传播研究中心主任

① 陈犀禾：《好莱坞关于影视娱乐性的心理学原则和美学要素》，《电影新作》2000（4）。

② 胡钰：《报复性观影成就〈泰囧〉》，《华夏时报》2013-2-4。

尹鸿教授则说，“《泰囧》在制作上节奏掌握得比较好，全片笑点特别密集，是一个笑点堆砌的喜剧片，这是对当下人们追求物质金钱的浮躁情绪进行的一种宣泄和治疗，可以释放观众的压抑”①。

二、时尚心理因素

时尚是一段时期内社会所崇尚的流行风尚，时尚涉及生活的各个方面，如衣着打扮、饮食、行为、居住，甚至是情感表达与思考方式等。时尚具有即时性、人为性、新奇性、变异性、模仿性等特征，它具有社会分层的功能。20世纪以来，时尚出现了新的发展趋势，越来越趋向大众化、产业化、实用化。时尚对普通民众的影响力越来越大。② 时尚是一种社会现象，也是一种历史现象。其社会性表现在它是社会生活的重要组成部分，本身是一种社会需要的产物；③ 其历史性表现在对时尚的追逐在任何时代、任何地域、任何民族都无一例外，时尚具有历史传统性。

时尚是一种群众性的社会心理现象。时尚是消费者受社会流行所驱使，而追求产品和服务的时尚、新颖，注重商品的款式、色泽、流行性的动机和购买行为，追求时尚的购买动机与行为并不是由个体内在因素刺激引起的，而是社会文化时尚的产物，是群体消费者审美观念的共同心理反应。④ 德国哲学家齐奥格尔·西美尔认为，人的两重性——普遍性与特殊性，是追求时尚的心理机制；郑也夫先生认为，除了普遍性与特殊性之外，熟悉与新奇也是时尚心理机制。⑤ 正是人类心理机制中本身含有时尚因素以及由此而产生的消费动机，这就构成了整个社会历史中持续不断的时尚生产和消费。

时尚心理是影响影视媒体消费的重要因素之一。时尚与影视二者之间有内在的、天然的联系，提供时尚元素是影视媒体的天然使命，时尚元素通过影视传达是一种绝佳的表现手段。电影、电视剧和电视节目不断向社会传递一些时尚气息，如电影电视的语言、服饰、珠宝，甚至明星主持人的言谈举止等，均可能会引起大众模仿，形成潮流，从而成就时尚。与此同时，人们追逐时尚的心理刺激着进行影视消费。事实上，某些领域社会

---

① 高晓远：《〈泰囧〉的文化底蕴到底在哪里》，《人民日报》（海外版）2013-2-25。
② 王一川：《大众文化导论》，184－192页，北京，高等教育出版社，2004。
③ ［奥］齐奥格尔·西美尔：《时尚的哲学》，73页，北京，文化艺术出版社，2001。
④ 王海鹰：《消费者文化心理研究》，106页，北京，经济管理出版社，2007。
⑤ 郑也夫：《论时尚》，《浙江社会科学》，2006（3）。

时尚的流行与影视确实有很大关联，如2012年风靡世界的音乐MV《江南style》，在短短两个月内创造了4亿网络点击量的纪录，歌手兼MV主人公朴载相的骑马舞引起世界各国上至达官显贵，下至平民百姓的争相模仿，跳骑马舞一时成为世界时尚。另外，时尚对普通民众发挥作用需要借助媒介的力量，20世纪以来，电影、电视的发明以及影视业的空前繁荣，使得时尚业有了突飞猛进的发展。目前学者将时尚产业分为核心时尚产业、拓展时尚产业、外围时尚产业和边缘时尚产业，其中将“动漫、影视”归入边缘时尚产业的范畴[①]，这说明时尚与影视之间的高度相关性。不仅如此，本文认为将影视归入时尚边缘产业的范畴尚不足以说明影视与时尚之间的紧密关系，尤其是随着新媒体影视技术的不断发展，时尚与影视将会有更高的关联度，时尚心理对于影视媒体消费的影响将更加凸显。

三、从众心理因素

曾经有这样一个故事：一个人因为流鼻血必须仰着头看天上，路过的每个人都好奇这个人在看什么，都争相模仿也向天上看，于是就出现了一群人同时做仰头向天的动作，然而除了那个流鼻血的人，这群人中没有人真正知道自己为什么这样做。读完这个故事，在觉得好笑之余，不得不让人思考人类的从众行为。古希腊哲人亚里士多德就提出过，“模仿是人的一种自然倾向，人之所以异于禽兽，就是因为善于模仿”。人们都会不自觉地模仿一个榜样的行为，思想决定行动，人们做出的相同的举止也是由一种群体性的心理现象所导致的。[②]

这种心理就是从众心理。一般认为，从众心理是指个体在群体的影响或压力下，放弃自己的意见或违背自己的观点使自己的言论、行为保持与群体一致的现象，即通常所说的“随大流”。此种意见更多的是说明从众心理的被动性。其实现实中的从众心理并非完全出于被动，很多情况下也是主动选择的结果，如前文所言有学者认为“从众在客观或心理上模糊的情境中，人们自觉不自觉以他人确定行为为准确，作出的与他人一致的行为或行为反应倾向”。社会心理学研究认为，群体对个体的影响主要是由于“感染”的结果。个体在受到群体精神感染式的暗示时，就会产生与他人行为相类似的模仿行为。与此同时，各个个体之间又会相互刺激、相互

① 高长春：《时尚产业经济学导论》，16页，北京，经济管理出版社，2011。
② 高长春：《时尚产业经济学导论》，27页，北京，经济管理出版社，2011。

作用，形成循环反应，从而使个体行为与大多数人的行为趋向一致。上述暗示——模仿——循环反应的过程，就是心理学研究证实的求同心理过程。正是这种求同心理，构成了从众行为的心理基础。从众心理是人类社会普遍存在的一种心理，而由从众心理引发的从众行为则是一种普遍的社会现象。从众行为可以发生在人类生活的各个领域，影视媒体消费领域同样如此。

从众心理对于影视媒体消费的影响主要表现在从众心理不断引领一定社会的影视消费时尚。一部电影取得较高的票房收益，一部电视剧引起各电视频道和视频网站争相购买版权，一档电视节目因观众喝彩赚取巨额广告费，这是目前影视领域司空见惯的事情。上述每部作品或电视节目的成功，根本上源于作品本身过硬的质量水准，并迎合了当下受众的心理消费需求，但受到从众心理因素的影响，也是不容忽视的。如电视剧《甄嬛传》实现了两年时间内持续热播，就有从众消费的身影。《甄嬛传》最初播出的一段时间并未达到全民热议的地步，也只是在个别电视台播放，随着时间的推移，这部电视剧不断成为受众议论的焦点。在这种情况下，很多人开始关注这部电视剧，也加入了消费的潮流之中，以致《甄嬛传》成为消费时尚，这其中就有从众心理发挥作用的因素。

2012年中国最火的电视节目《中国好声音》极好地诠释了影视消费中的从众心理。《中国好声音》在各类媒体的传播中，认知度在短时间内急剧增加，“好声音话题”成为社会公众的谈资。在这种情况下，不看好声音，不了解好声音，好像就与时尚相距遥远，更重要的是，面对朋友、同事和新闻媒体的热议，无法很好地融入其中。因此，最初没有关注这档栏目的受众开始关注，中间阶段没有关注的后期开始关注，在从众心理的作用下，一些几乎从不关注音乐的受众也加入消费《中国好声音》的行列。从众心理产生从众消费，促进影视产业发展。从众心理引发从众行为，这种行为就是从众消费，从众消费的直接结果是推动影视文化消费，最终服务于影视产业的发展。我们不否认从众消费具有一定的盲目性，但是从众也有从众的理由，它很多时候是消费者自动选择的结果，是自发的市场行为，因而总体上有利于影视产业内部诸要素进行适时的自我调整，应当视之为积极的市场行为因素。

四、品牌消费心理因素

品牌消费心理是指消费者在对物质或精神产品进行消费的过程中，注重考虑产品的品牌因素，并将其作为是否实现有效消费的一种心理特征。品牌是产品质量的重要标志，美国市场营销协会对于品牌的定义被经济学和管理学领域广泛采纳，其表述为："品牌是一个名称、专有名词、标记、符号或设计，或是上述元素的组合，用于识别一个销售商或销售商群体的商品与服务，并且使它们与其竞争者的商品和服务区别开来。"① 品牌具有识别、信息浓缩、安全性和附加价值等功能，② 品牌是用来证明所有权，作为质量的标志或其他用途。品牌的显著特征是质量可靠，即使品牌商品的价格高出一般同类产品，消费者也会自愿主动消费。

品牌消费心理是普遍的心理需求，能够满足消费者实现自我认同和他人认可的高层次需求，品牌消费是消费者实现个人社会定位的一种手段。品牌消费不仅关注品牌商品的传统物质形态意义上的使用价值，而且更关注商品品牌在文化意义上的象征价值，即符号价值，这日益成为人们"自我表达"的主要形式和"身份认同"的主要来源。③ 著名社会学家威布林提出了与马斯洛不同的社会心理学模式，这种模式认为，人的需求大多不是出于基本欲求的动机，而是来自于社会的影响，犹如大众文化、社会阶层、集团等，它否定欲求是行动的原动力，而把社会环境的影响看作是行动需求的动力。品牌消费心理很大程度上就是社会环境作用的产物，消费者消费的是品牌的象征意义，目的在于自我个性的实现和自我价值的实现。一般来说，某一特定社会群体一般有其相应的消费标准，但是也有一些消费者购买品牌并非完全出于欣赏的高品位和足够的经济支付能力，而是出于所谓的"面子心理"进行炫耀性消费。

品牌消费心理普遍存在于消费者的潜意识之中，普遍存在于经济生活的诸多方面，影视媒体领域的消费同样如此。品牌消费心理在影视媒体领域的表现主要体现在以下三个方面：

第一，对于特定"人"的消费。在对品牌概念的延伸理解中，本文认为"人本身就是一种品牌"。在影视文化产业领域，制片人、编剧、导演、演员、投资人、节目主持人、电视台台长、影视企业领军人物等等，都可以成为受众消费的品牌。华谊兄弟多年来投资中国电影，早已名声在外，王中军、王中磊兄弟已经成为电影投资人品牌；湖南卫视在 2000 年前后

① ［美］凯文·莱恩·凯勒著，卢泰宏、吴水龙译：《战略品牌管理》，3—4 页，北京，中国人民大学出版社，2010。

② 江林主编：《消费者心理与行为》，331 页，北京，中国人民大学出版社，2011。

③ 张祥：《关于品牌消费的思考》，《安徽商贸职业技术学院学报》，2006 (2)。

力推转型，进行集团化运作，并将其定位为“娱乐中国”，其幕后的核心人物魏文彬和欧阳常林已经成为国内著名的影视品牌人物；上海文广集团因秉持先进理念，着力影视创新，走在全国广电发展前列，其领军人物黎瑞刚功不可没，黎瑞刚本人则成为影视界响当当的品牌；张艺谋电影、冯小刚电影、卡梅隆电影等拥有广泛的知名度，这些人名本身已经成为优质电影的代名词，他们也已成为品牌；《中国好声音》四大导师无一例外是中国音乐界的品牌人物，对选手来说是实现追求音乐梦想的绝佳机会，对观众来说，四大导师的精彩表现事实上成为重要看点，品牌的力量在选手和受众之间得到强有力的彰显；郑晓龙、海岩、梁晓声、赵冬苓等创作出家喻户晓或者屡创收视佳绩的电视剧，已经成为品牌；白岩松、敬一丹、水均益、毕福剑等电视节目主持人莫不是全国知名品牌；章子怡、巩俐、成龙、李幼斌、陈宝国、梁朝伟等明星大腕也是品牌；消费这些“人”产出的作品，一般说来有较高的安全度，付出时间、注意力和金钱不至于太过失望。

第二，对于品牌作品的影视改编的消费。这主要指对于名篇佳作的影视改编，影视改编的对象是有广泛知名度和美誉度的精品力作，受众由于对原有作品本身已经有一定的认知，对其相应影视作品的消费也在情理之中。87版电视剧《红楼梦》和86版电视剧《西游记》已经成为经典，二十多年来无数次在各级电视频道播出；《赵氏孤儿》是中国家喻户晓的故事，其电影版和电视剧版改编均有良好的收视率；《花木兰》在中国妇孺皆知，美国好莱坞将其搬上荧屏，在世界范围内取得很好的票房收入；《笑傲江湖》《射雕英雄传》已被拍摄成多种电影、电视剧版本，但每次收视良好；莫言《红高粱》电影版国内外影响较大，目前山东卫视已经与莫言达成拍摄成电视剧的共识，相信届时会再度掀起《红高粱》热潮。受众的这些影视消费，很大程度上是对品牌原作的消费，受众在对内容有一定认知的前提下，对现有的影像呈现显示出浓厚兴趣。

第三，对于品牌电视节目的消费。自20世纪电视在中国普及以来，各级电视台诞生了一些品牌栏目，这些栏目有的已经伴随观众走过无数个春夏秋冬。中央电视台的《新闻联播》《焦点访谈》《东方时空》《今日说法》《星光大道》《新闻30分》《春节联欢晚会》《百家讲坛》《天气预报》等，湖南卫视的《快乐大本营》，山东卫视的《道德与法制》《天下父母》，东方卫视的《中国达人秀》，河南卫视的《梨园春》，江苏卫视的《非诚勿扰》等，这些品牌栏目因高质量、前瞻性、时效性和娱乐性等已经成为很多中国人生活的组成部分。2012年浙江卫视《中国好声音》短时间内迅速爆红，其实也是品牌效应的结果。《中国好声音》源于《荷兰好声音》，这档电视节目在荷兰一经播出即引起强烈反响，随后荷兰将节目版权分别卖给了美国、英国、法国、德国、韩国等国，出乎意料的是，这些翻版的"好声音"无一例外地取得了成功，从这个意义上说，"好声音"本身已经成为品牌。较好的节目创意加上剧组本土化改造，让该档栏目的品牌效应在中国市场延伸。

五、消费者群体因素

消费者群体是指某些具有共同消费特征的消费者所组成的群体。同一消费者群体内部的消费者在购买行为、消费心理及习惯等方面有许多共同之处，不同消费者群体之间则存在诸多差异。根据不同标准，消费者群体有若干划分，如依据自然地理因素可分为国内消费者群体、国外消费者群体及个别地区消费者群体；依据性别因素，可分为男性消费者群体、女性消费者群体；依据年龄因素，可分为少年儿童消费者群体、青年消费者群体、中年消费者群体和老年消费者群体；依据受教育程度划分，可分为小学文化消费者群体、中学文化消费者群体和大学文化消费者群体；依据职业划分，可分为工人、农民、知识分子、经理人员和政府公务人员等消费者群体；依据收入水平划分，可分为高收入、中等收入和低收入消费者群体；依据家庭类型划分，可分为多代家庭、核心家庭、单亲家庭、单身家庭等消费者群体；依据民族划分，可分为汉族、回族、满族、苗族、壮族等消费者群体；依据宗教划分，可分为信仰佛教的消费者群体、信仰基督教的消费者群体、信仰伊斯兰教的消费者群体等；按生活方式划分，可分为紧追潮流的消费者、趋于保守的消费者、不同风俗的消费者；按社会阶层划分，可分为贫困阶层消费者群体、温饱阶层消费者群体、小康阶层消费者群体、富裕阶层消费者群体；按对商品品牌的偏好划分，可分为非常偏好、比较偏好、一般偏好、无偏好和反感等。上述因素相互关联、相互作用，共同对消费者群体心理与行为发生影响，企业必须针对多种因素共同影响下形成的不同消费者群体类型的特点，采取恰当的营销对策。①

消费者的消费能力、消费欲望、消费取向、消费频率等因素对影视媒体的影响是决定性的，因此，消费者群体构成影响影视媒体消费的重要因

① 戴卫东、刘鸽：《消费心理学》，84－87页，北京，北京大学出版社，2011。

素。消费者的消费能力取决于消费者自身的经济水平，消费欲望取决于消费者个人的兴趣爱好，消费取向取决于消费者审美文化层次，消费频率取决于消费者可供支配时间的多寡。依据上述观点，影视媒体对于产品价格的定位要与受众的接受能力基本一致，需要尽可能生产符合受众兴趣需要的内容产品，需要针对不同消费者群体生产反映大众文化、流行文化和精英文化等不同审美文化的产品，需要依据消费者需求生产相应的内容产品，并考虑在不同平台播出，以能够使消费者随时随地通过不同形式进行消费。由于消费者群体具有广泛性、分散性、复杂性、情感性等特点，消费者群体对影视媒体消费的结果有重要影响。就电影来说，目前我国电影的受众群体集中在16—28周岁，16周岁以下和中年群体也占有一定的比例，但是16—28周岁的群体占据大部分，对电影票房发挥着决定性影响。如果电影不能有效满足这部分消费群体的心理需求，院线方会考虑票房问题不再安排或者是少安排放映场次，这样动辄耗资几千万甚至是上亿元的电影将会亏得一败涂地。就电视剧来说，一般情况下受众年龄是中老年群体，特别是以居家中老年女性消费为主，尽管不排除其他年龄层次人员消费，但这部分群体对电视剧收视率的影响是决定性的。手机电视和网络视频的受众群体大部分是年轻人，这部分群体对新事物敏感，接纳能力强，消费力旺盛。因此，不同的影视媒体需要充分考虑消费者群体特征，生产适应自身受众群体需求的影视产品，否则，影视企业即使付出高昂的经济成本，也有可能血本无归。电视节目方面，每档电视节目都会确立自身的栏目定位，如《快乐大本营》历经15年之久，与其鲜明的“娱乐、年轻”定位有很大关系；《焦点访谈》定位“新闻评论类”节目，反映当下国内民生，面向关心国事的成年人受众群体，历经近20年之久至今仍然充满活力；《星光大道》以“百姓自娱自乐”为宗旨，为大众提供展现才艺的舞台，从2004年开播至今依然星光灿烂。因此，影视内容的提供者依据消费者群体特点，确定自身受众定位，做好每期内容选题、策划工作至关重要。

六、营销手段因素

营销是指个人或集体通过交易其创造的产品或价值，以获得所需之物，实现双赢或多赢的过程。① 企业根据市场需要组织生产产品，并通过

---

① 百度百科 http：//baike.baidu.com/view/9683.htm#sub8749457.

销售手段把产品提供给需要的客户，一般商品如此，文化产品也是如此。随着近十年来国内学术界和实践界对文化产业认识的不断深化，最初社会各界对于“文化能否产业化”问题的疑虑已经打消，对文化产品商业属性的认识逐渐清晰，“文化产品也是商品，可以并且需要走市场化道路”，这一观点已经形成共识。既然文化产业发展需要融入市场，那么文化产品销售就不可避免地存在营销问题。

影视媒体首先应倡导内容为王，内容好是基础，是取得预期社会影响和刺激受众消费的前提。与此观点不同的是，不少人主张影视产品应当渠道为王，或者是技术为王，甚至是名导明星为王。在当前社会市场环境中，渠道、技术和明星导演对于营销的重要性不可否认，但是这一切的前提是有好的内容创意，否则将极大地降低影视产品本应具有的社会意义。结合影视文化产业自身发展特点，本文认为影视产品比较重要的营销方式有内容营销、新媒体营销、整合营销、衍生品营销、植入式营销和版权营销。内容营销是指以图片、文字、动画等介质传达有关企业或产品的相关内容来吸引用户关注，给用户以信心，从而达到促进销售的一种营销方式。内容营销是通过各种形式来传达企业或产品内容，以满足客户对信息的需求，带给客户下单的信心，从而促进销售的行为。

新媒体营销是指利用与互联网相关的各类传播载体，如门户网站、网络杂志、博客、微博、SNS等对影视产品进行营销。与传统营销相比，新媒体营销具有传播路径广泛、信息量大、企业可直接与受众建立双向沟通渠道、网民可以自由表达声音、传播速度快等特点，影视产品营销应充分利用现有新媒体技术，做好宣传推介工作。如电影《失恋33天》的营销团队拍摄了一组名为《失恋物语》的短片，从不同的城市选取年轻人讲述自己的失恋经历，制作“失恋物语”“失恋群像”等视频，然后在微博等平台投放，引起了强烈的情感共鸣，在各大视频网站的播放量超过2000万，百度指数从13万被拉高到17万。除了片方拍摄的七大城市的短片，网友们更自发地拍摄了20多个不同城市、不同方言、不同版本的《失恋物语》，让“失恋”话题渗透到大批年轻网民中。正是基于对新媒体的充分运用，这样一部投资不足1500万的小成本电影最终获得3.4亿元的票房。电视栏目《中国好声音》的营销团队将“微博”作为提高观众影响力的主要渠道，节目未播出前，营销团队就利用四位导师的号召力邀请一些明星朋友为节目捧场，“微博女王”姚晨、导演冯小刚、歌手王菲和李玟等多位明星的观后反馈，为节目收视的攀升起到了推波助澜的作用，微博传播的裂变效应得到凸显。截至2012年9月30日总决赛当晚，节目官方认证微博粉丝数量已经超过137万，官方微博量和微博热度都位居歌曲类选秀节目第一位，出色的微博营销为《中国好声音》的成功发挥了有力的助推作用。

整合营销就是把各个独立的营销综合成一个整体，以产生协同效应。如对某一电视剧的宣传，可充分利用电视、网络、报刊、手机短信等多种媒体，通过新闻发布会、制作专题等方式进行多侧面、全方位的立体传播，并与企业合作进行联合营销，达到双赢。换句话说，整合营销是一种对各种营销工具和手段的系统化结合，根据环境进行即时性的动态修正，以使交换双方在交互中实现价值增值的营销理念与方法。以《泰囧》的营销为例，光线传媒是《泰囧》的主要投资方和运营商，光线传媒在全国拥有强大的媒介资源，《泰囧》的宣传发行正是整合自身得天独厚的资源进行营销。据光线传媒总裁王长田介绍，光线动员了自身作为传媒公司所拥有的所有传媒资源来宣传该片：约1200个地面频道，300列火车，300所大学校园，3000家药店、医院，很多加油站，北京和广州的全线地铁，北京和其他城市的全线公交车，40座机场和4条空中航线，以及付费数字频道《新娱乐》。综合计算，这些资源能够将影片的票房收入提高30%。[①] 光线传媒还利用网络互动拉近与观众的距离，在PPTV、优酷等各大网络电视和视频网站进行宣传造势。另外，片方与万达电影院线合作，由主演徐峥和王宝强出马拍摄了一系列个性定制宣传片《观影须知》，开创电影营销宣传新的模式。据光线影业的阶段性统计，共推出《泰囧》海报13款30张，视频40个，全网播放超过2亿次，创意图片超过百张。[②] 正是光线传媒充分利用自身资源优势，将《泰囧》的街头海报做到了县级市，如此周密的营销是电影成功的坚实保障。

植入式营销是指把产品或具有代表性的品牌符号融入电影、电视、音乐、舞台剧等文化产品中，使观众对其产生深刻的印象，以此来达到传递广告信息的目的，人们俗称为“软广告”。植入式营销的具体方式包括对白植入、情节植入、形象植入、场景植入等，其优势在于商业企业以大众喜闻乐见的文艺形式作为桥梁，通过灵活、迅速、直接、主动的方式在不经意间传递出产品信息，使受众对产品和品牌产生好感和信任，潜移默化

---

① 刘藩：《〈泰囧〉启示录》，《中国文化报》2013-1-19。

② 窦新颖：《〈泰囧〉靠什么走出国产电影“囧境”?》，《中国知识产权报》2013-1-11。

地转移观众注意力，将观众转化为消费者。植入式营销对影视媒体消费的影响有积极的一面，也有消极的一面。其积极意义在于影视媒体，特别是影视所有人通过广告植入，社会资金较早地介入影视产品的创作过程，在影视产业链前端注入资金，这对于保证影视作品的质量无疑会产生积极影响。其不利方面在于有些广告植入不是有效融合于情节之中，发挥“润物细无声”的功效，而是植入得太过直白，以致引起消费者的反感和抵触。因此，运用植入式营销手段重要的是考虑方式方法，巧妙植入，以实现预期目的。

衍生品营销是指对于影视原创产品派生的文化产品的营销，目的在于使原创影视产品发挥更大的艺术影响力，并获得经济上的收益。目前衍生品营销在国内已经开始风生水起，如国产动漫《喜羊羊与灰太狼》的衍生品营销比较成功，衍生品收入占到总收入的70%；电影《失恋33天》的衍生品“猫小贱”抱枕销量不错；浙江横店影视基地目前也已经成为著名的旅游景点；《中国好声音》热播期间，营销团队通过台网联动带动产业增值，各大网站为其宣传推广配备了最优质的站内外资源，对节目内容进行了更为深度的挖掘，如爱奇艺联合浙江卫视播出《酷我真声音》，还主推《学员推介会》，开发“爱奇艺—中国好声音”客户端。乐视网独家获得《中国好声音·成长教室》和《中国好声音》加长解密版两档衍生新节目的网络版权。我国的影视衍生品营销总体上已经取得一定成就，但总体上与西方影视产业发达国家相比还有较大的差距。有资料表明，美国电影业总收入约20%是从影院的票房收入中获得的，约80%则是由非银幕营销所得。一部电影的利润，大致可分为三部分：电影和相关广告本身构成第一轮收入；直接衍生的副产品，如原声唱片、家庭DVD构成第二轮收入；与电影相关的后电影衍生产品，如服装、玩具等构成第三轮收入。其中，第三轮收入的利润最大。

版权营销是指对于影视产品版权进行销售以获取利益的商业活动，包括电影、电视剧等影视产品版权的电视台出售、网络视频出售、改编授权、各类衍生品开发授权等。版权是影视产品的核心要素，版权营销在影视产业中具有极为重要的地位，如《甄嬛传》版权达400万元/集，《金太狼的幸福生活》版权超过300万元/集，《楚汉传奇》版权360万元/集等。另外，影视作品版权也可以前期预售，如民生银行向《金陵十三钗》提供1.5亿元贷款，招商银行向《集结号》提供5000万元贷款，北京银行向《画皮》提供1000万元流动资金，工商银行为华谊兄弟《唐山大地震》等

4部电影提供1.2亿元贷款，这些贷款行为的共同特点是以影视版权作为银行的质押方式。上述版权出售和质押手段为影视产品的生产和再生产提供了资金保障，对于活跃影视消费，促进影视产业良性发展具有重要意义。

七、文化心理因素

文化心理是指某一群体对文化环境的长期刺激所形成的因袭反应，是在某个文化背景下拥有相同价值观的群体的共同的心理反应。[①] 文化反应由对外部习俗的反应构成，习俗的刺激协调了各种人对共同行为采取的不同方式。文化心理具有历史性、延续性、集体无意识性、相对稳定性、群体性、强制性等特点，文化心理决定了消费者的消费偏好，它影响消费者的需要和动机、感觉和知觉，也影响消费者的购买态度和行为模式。

文化心理对影视媒体消费具有重要影响。影视产品是否迎合消费者群体的文化心理需求，对于影视产品的市场表现具有决定性的影响，近年来中国国内影视市场已经很好地证明了这一点。如《汉武大帝》《康熙王朝》《雍正王朝》《武则天》《大秦帝国》《神探狄仁杰》《少年包青天》等历史剧，有效地满足了中国观众浓厚的历史情节，让观众在熟悉的文化语境中感悟中国历史。《水浒传》《红楼梦》《西游记》《三国演义》等经典作品的影视改编，迎合了大部分中国人追寻古典文化的心理需求。《射雕英雄传》《神雕侠侣》《天龙八部》《笑傲江湖》等武侠剧，多以侠客和义士为主人公，描写他们身怀绝技、行侠仗义和锄强扶弱等行为，切中了中国人心目中正直、正义、勇敢威武的文化心理。《宝莲灯》《白蛇传》《封神榜》《天外飞仙》《牛郎织女》《传说》《欢天喜地七仙女》《新白娘子传奇》等神话剧，塑造了一个个人神共处的太虚幻境与超凡脱俗的神话世界，反映了中国人自古以来对爱情和幸福的追求。《我的团长我的团》《亮剑》《铁道游击队》《地道战》《狙击手》等抗战剧唤起整个中华民族屈辱的历史记忆。《媳妇的美好时代》《婚姻保卫战》《青春期撞上更年期》等都市生活剧真实地反映了中国家庭伦理观等。这些电视剧作品均是有效迎合了观众特定的文化需求，故产生良好收视和社会影响。反之，如果不能巧妙地迎合观众的文化心理，影视产品的消费就成为问题。

文化心理对影视文化消费的影响还体现在国际文化传播方面。积极的

---

① 王海鹰：《消费者文化心理研究》，38—39页，北京，经济管理出版社，2007。

影视文化传播不仅可以提升文化消费，增加本国影视产业的产值贡献，还可以增强影视产品输出国的文化软实力。美国好莱坞将电影输出到世界各地，在世界范围内引领影视文化消费，不仅取得了可观的经济收益，还将美国的自由、民主、人权等思想借助电影输入到世界各地，在全球范围内增强了美国的文化软实力。我国有丰富的文化资源，但中国文化的国际表达还很不够，因此加强对于不同文化背景下的消费心理研究已经成为迫切需要解决的课题。需要注意的是，影视文化的国际传播需要综合考虑不同的宗教信仰，否则文化活动可能会引发政治上的冲突。2012 年 9 月，美国电影《穆斯林的无知》因诋毁和侮辱伊斯兰教先知穆罕默德，引起利比亚、埃及、巴基斯坦、伊朗、印尼等穆斯林的强烈抗议，甚至一些国家元首也表达谴责立场，抗议活动一度发展成为严重的暴力事件，致使美国四名外交官死亡，导演兼制片人萨姆·巴奇莱被捕。因此，充分尊重并了解各国的宗教信仰和文化心理，是影视工作者需要认真面对的问题。

总之影视文化消费在文化消费中居于核心地位，影视文化消费程度的高低直接关系到文化产业的总体发展水平。依据我国现有经济增速和人均经济规模，文化消费在影视领域已经有明显表现，甚至可以说已经呈现出较为活跃的状态。因此，影视产品的生产者、经营者如何把握影视媒体的消费特点和消费规律，并运用于产品前期策划、中期拍摄制作、后期营销等产业链各环节，就成为问题解决的关键。影视媒体的消费特点和消费规律受制于多方面因素，其中“心理学”因素是影响影视媒体消费的根本性因素，因为影视消费心理决定着影视消费的外在表现，是影视文化消费的内在动力。从这个意义上说，学术界加强影视媒体消费心理方面的理论研究，不仅有利于指导影视市场行为，而且对发展影视文化产业具有重要意义。

第七章　纸质媒体消费心理

第一节　纸质媒体的消费特点

以报纸为代表的纸质媒体在其出现后不久即成为传媒的主要力量，尽管随后广播、电视的异军突起对其构成了一定程度的挑战，但其主流媒体之一的地位依然稳固。只是随着社会和科技的不断进步，网络媒体的迅猛发展终于给传统的纸质媒体带来了巨大的冲击，纸质媒体进入了自身的转型期（当然也有观点甚至认为是其“消亡期”）。

对消费者而言，从信息提供方式上说，纸媒提供了一种点对面的或者说是一点对多点的传播途径——由采编人员完成信息的选择、整理和加工，并通过纸媒送达广大消费者手中。由此也逐渐形成了纸媒的消费特点。

首先是纸媒消费的便利性。这分为如下几个层面。

其一，作为发展时日已经不算短的一种现代社会新闻传播渠道，纸媒经历了一系列的变革，尤其是为适应市场的需要，纸媒已经形成了一套相对灵活的市场运行机制。覆盖面较广的发行、销售渠道使得消费者（尤其是城镇消费者）能够比较方便地获得报纸、杂志等纸质媒体。对于许多城市居民而言，每天通过遍布大街小巷的报刊摊点以及邮政渠道购买报刊已经成为日常生活不可或缺的一部分；而此前国内某一线城市试图取消报刊销售亭而引起当地居民强烈抗议并吸引全国民众关注的事件，也从一个侧面体现了纸媒对人们日常生活的影响。当然，纸媒的覆盖面与网络媒体的全覆盖相比有着不小的差距，但就实体载体而言，其传播渠道已经算是比较成熟了。

其二，出于发行本身的考量，纸媒的销售单价往往不高（目前大多数纸媒的发行价格甚至低于其制作成本），较低的消费单价使得广大消费者能够较为轻松地支付购买纸媒的费用并获得一种物有所值的愉悦的购买体验。

其三，纸媒使用门槛很低。十几个版面的报纸或者是不到百页的杂志携带起来很方便，且适应城镇消费者的碎片化生活模式。无论是在上下班的公车上还是在各种需要等待的间隙，都可以进行纸媒的阅读。当然，移动网络及相关无线设备的应用也可以实现上述阅读体验，但我国目前的无线终端设备还未达到广泛普及的程度，移动网络的使用成本对于普通消费者而言也相对较高；而纸媒无需这些硬件的支持，对于消费者而言，薄薄的几张纸就可以完成信息的采集。

其四，纸媒可供选择的种类较多。作为传统媒体，纸媒无论是综合性的还是专业性的，经过长期的发展，已经在消费者心目中形成了各自的专业领域，且有一定的数量积聚，供消费者选择的空间很大，在一定程度上可以满足相当一部分消费者的信息需求。

纸媒消费的另一个特点就是纸媒各自不同的风格所形成的对消费群体的区分。诸多的纸媒在市场运营过程中针对市场需求及目标顾客逐渐形成了各自的特点。比如各地面向普通市民的晚报，它既有地域性的特点，一般而言主要针对本市或本省的普通消费者，以本地新闻为主；也有综合性的特点，各类新闻题材都有，基本涵盖了普通百姓关心的题材范畴。再比如各类专业性的报刊，则面向各专业领域的消费者，行业调查、分析研判是其目标客户关心的内容。

纸媒消费的第三个特点是消费者对纸媒所承载的信息深度的要求不断增强。在广播与电视出现之后，纸媒作为新闻传播者的地位就受到了挑战；但从消费者的角度而言，从纸媒获取新闻的速度较前两者而言并不慢；只是互联网的出现彻底颠覆了这种状况。在新闻的及时性方面，纸媒已经毫无优势可言，消费者购买纸媒的动力已经逐渐转向——再也不是从中获取新闻，而是从中获取对新闻事件的深入调查与全面分析，了解事件的全貌。因此，纸媒生存下去的重要手段之一是要在新闻深度上下工夫，从信息的传播者向信息的分析与研判者的角色过渡，从而满足消费者对深度新闻的需求。

第二节　影响纸质媒体消费心理的因素

消费者对纸媒的购买行为过程，从心理学的角度分析可以分为购买行为心理过程与购买行为程序过程。前者是一种内心活动，后者是一种外显行为。当然，两者并非前后或平行运行，而是相互交错，统一在整个消费过程中。[①]

在消费者对某种特定纸媒的购买行为心理过程中，对该纸媒进行认知的阶段非常重要。不同的消费者对纸媒所表达的信息的接受和储存方式不尽相同，甚至大相径庭，因为这是一个相当感性的过程。在此阶段消费者对纸媒产品的认可将使得消费者的购买心理进入情绪过程阶段，经过心理的评估，初步选定某种纸媒商品。而持续接触特定纸媒的过程也是消费者对其反映的信息进行理性的加工和再储存的过程，这在相当程度上决定了消费者是否会对某种特定纸媒进行相对持续的消费。

一、成本考虑

从消费者对某种特定纸媒的购买行为程序过程的角度来看，在互联网大行其道的今天，成本因素尤为重要。消费者要确定对某种特定纸媒的需要，首先面临的就是成本问题。目前我国绝大多数互联网新闻都是免费提供的，而绝大多数纸媒的发行价格尽管远低于其成本价格，但依然需要付费。互联网新闻这种表面的成本优势使得许多人尤其是年轻人放弃了纸媒。但仔细分析一下，纸媒依然有互联网所不具备的成本优势。

从时间成本的角度考虑，互联网新闻需要消费者花费较多的时间从海量的信息中筛选自己感兴趣的；尽管绝大多数供应商提供新闻定制服务，但其信息量依然庞大。而纸媒往往针对其目标人群预先进行信息的筛选，从而使得消费者节约了大量的时间成本。尤其对于不太愿意花费较多时间从互联网搜集新闻且对专业信息有需求的消费者，纸媒更是其获取相关信息的首选。

从硬件成本考虑，有人认为，要获取免费的互联网新闻需要配备价格相对昂贵的硬件设备，如PC、手机、平板电脑等。但是这些硬件设备的花费不能完全算在互联网新闻的头上，阅读此类信息只能算是这些硬件设备附加的延伸功能而已。换句话说，购置硬件设备的费用不能算是获取互联网新闻的成本。获取互联网新闻的成本应是硬件设备获取新闻所花费的网络流量、电能消耗乃至设备损耗，但这与购买纸媒所需的成本相比也不见得多。

---

① 张丽莉：《消费心理学》，108—120页，北京，清华大学出版社，2010。

因此，从成本的角度而言，对于信息需求相对有限且相对专业的消费者而言，时间成本优势是其选择纸媒的重要原因。

二、及时性需求

在新闻的及时性方面，纸媒是难以望网络媒体之项背的。但从消费的角度考量，普通消费者对新闻的及时性要求相对而言并不太高，纸媒在很大程度上可以满足其对新闻的要求。当然，这在一定程度上是一个信息接收习惯或者工作需求习惯的问题。

作为网络媒体及时性的进一步延伸，互动性也成为许多人放弃纸媒转向网络媒体的一个重要原因。无论是通过门户网站还是通过社交网络浏览到的信息，读者在阅读的同时可以随时浏览和发表个人评论，并进而影响后面的读者，有时评论本身往往也成为新闻。微博等即时通信工具的广泛使用使得信息发布进入了自媒体时代，信息的互动更为频繁，影响也更为广泛，这些都是传统纸媒所不具备的。

上述情形也是许多纸媒兼顾网络媒体的主要原因。作为纸媒的延伸，纸媒的网络版在一定程度上能够吸引一部分消费者增加对纸媒的关注。当然，这并不能保证这部分消费者能够购买纸媒，因此许多纸媒干脆放弃了纸质版，完全转入网络媒体，从事电子版的销售。这在资讯与网络都已相当发达的欧美国家正成为一项看似必然的选择。

三、权威解读

传统纸媒最为吸引消费者的特点——权威性，目前还是网络媒体所不具备的。纸媒报道的权威性并不仅仅是就信息发布机构或消息来源的地位而言，它主要体现在三个不同层面。

其一，正规的纸媒一般都是由专门的组织机构发行，其采编流程很大程度上保证了信息的真实性，且发布虚假信息所面临的社会及法律责任对此类发行机构有着明显的制约作用。而网络媒体广泛分布的自媒体形式以及为追求及时性而对信息核实的疏漏，往往使得网络媒体信息报道的真实度大打折扣，而消费者则需要花费一定精力进行甄别。尽管理论上网络媒体的运行机制最终可以消除不实的信息，但这种对信息的核实却往往不具备及时性，甚至需要较长时间的反复。出于对信息真实性的关切，许多消费者往往选择自己信任的纸媒。

其二，纸媒的深度报道往往具有较强的优势。尽管有部分网络媒体也开始向这方面转型，但在这一领域短时间内网络媒体依然处于劣势。深度报道对社会热点事件持续、深入、全面的梳理与分析往往会赢得消费者对相关媒体的信任，从而吸引这部分消费者成为该媒体的顾客。加强深度报道的力度也被许多专家学者视为纸媒面对网络媒体竞争所应采取的主要应对措施。

深入系统且个性鲜明的权威性报道无疑是目前纸媒迎接网络媒体挑战的“杀手锏”，但遗憾的是，总的来说目前真正掌握这一杀手锏的国内纸媒并不太多。除中央媒体因其官方背景以及由此所具有的信息管道优势外，各地报刊尤其是报纸发布的信息普遍缺乏自身特点与报道深度，给人一种千人一面的印象。因此，成功的案例就更加令人印象深刻。比如《南方周末》，其刊载的深度报道往往以多角度系统的全景式展示，使读者对事件有更加客观的了解，从而赢得了相当数量的固定读者，并在我国纸媒领域独树一帜。如“国宝献汶川”活动在进行过程中，其真实性受到公众质疑。由于涉及灾后重建，《南方周末》记者明查暗访，推出调查报道《“国宝级”爱心》，揭示了其背后的关系网络和利益纠葛，拆穿了主办方的炒作意图。[①] 当然，这种“爆料”通过网络媒体也可以实现，但网络媒体本身是一种比较松散的状态，在其覆盖面远胜传统媒体的同时，报道的可信度、权威性则是其短板。即便是事件当事人对真实情况的爆料，基本也缺乏系统性，加之没有品牌效应、缺乏信息发布的权威性，短时间内不容易使民众完全相信。基于社会对权威性的渴求，主流纸媒的报道对公众仍有巨大影响力。

其三，纸媒能够比较有效地对作品版权进行保护。尽管这一点对我国大部分消费者而言并不直接构成影响其购买纸媒的因素，但对版权的保护对纸媒权威性的塑造无疑有着重要的作用，从而间接提升了消费者对纸媒的关注。

四、阅读体验

在影响纸质媒体消费心理的因素中，还有不可忽视的一点是阅读的生理体验，包括两个方面：

其一，许多消费者出于长时间数字设备阅读所造成的不适感以及对视

---

① 王益：《突发事件报道中纸媒的话语表达优势——以〈南方周末〉为例》，《青年记者》，2012（5）。

力乃至身体的保护等原因，尽量减少网络、电视等媒体的浏览时间，从而转向纸媒。尽管这种情况在消费者当中并不占据主流，但随着人们对自身健康状况的日益重视，这一因素的影响日渐凸显。

其二，纸媒的设计因素在影响消费者方面也很重要。毫无疑问，决定媒体生存的最重要因素是其承载的内容，但纸媒的整体外观、版面布局、字体字号等也会对消费者产生直接的影响。如今为了适应众多消费者网络式阅读的习惯，许多纸媒的版面设计也向网络版面的设计靠拢，比如将主页版面设计得更像网站浏览器——将新闻进行分类，使消费者在视觉上感受到信息整合；将报纸分叠，新闻叠、财经叠、评论叠，便利读者选择，使读者喜欢什么就能很方便地看到；在每一叠的首页辟出几厘米见方的版面，将所报道的标题罗列其中作为索引，以适应现代读者的阅读习惯。更进一步，如今越来越多的纸媒推出了适应移动设备的电子版、专属的新闻客户端以及相关电子产品，在形式上可以说纸媒正在一步步向网络媒体延伸。

事实上，在网络媒体兴起之初，纸媒就开始了网络化的探索。早期推出的相对成熟的形式是手机报，这也一度被认为是传统纸媒拓展空间的首选。彩信手机报主要沿袭了纸媒的内容，并受到短信长度、彩信容量和无线网速慢等技术瓶颈限制，加上内容同质化、缺乏互动性、资费偏高等不佳的阅读体验，这些都制约其业务发展。在智能手机及平板电脑出现后，客户端软件在新闻传播中的广泛应用，使传统纸媒在迎接网络媒体进一步挑战时看到了希望。①

移动客户端软件是指安装在移动网络设备上的软件，类似 PC 上安装的应用软件。用户安装客户端软件后，可方便获得相关服务。客户端软件对于商家而言，可抢占用户移动网络设备桌面，培养用户的忠诚度；对于用户而言，通过安装客户端软件，则能在移动网络设备上实现一切传统 PC 上的互联网功能，获得比移动网络设备自带浏览器更强大、更好、速度更快的体验。②

与手机报相比，移动客户端能更好地发挥传统纸媒的优势，从而提高消费者的阅读体验。首先，可保留传统纸媒以版面体现新闻理念和新闻价值的特点，使纸媒优势在电子媒体上得到充分的传承和发扬。同时，还能通过版面形式帮助读者更方便地获取资讯。其次，摆脱了纸媒“定期出

①② 彭丹：《客户端应用：点开纸媒移动转型之门》，《新华日报》，2012-2-17。

版”的时效性不强、单向传播等固有限制，能实时传播，并可实现与读者全面互动，形成网状传播。第三，可打破地域与发行方式的局限，根据不同的智能终端，开发不同的客户端，做到“一报多端”“一刊多端”，满足个性化需求。第四，影视听相结合，读者既能阅读报纸和杂志，又可享受到声音、视频、图片、文字、互动等“融媒体”的魅力。基于上述四大优势，移动客户端责无旁贷地承载起传统纸媒转型的使命。①

整体而言，报业切入移动客户端，做得较多的是内容平移，以传统媒体内容移植的方式，在新载体上整合资源，让阅读者有新感受。然而，截至目前，传统纸媒在移动客户端领域的盈利状况还不尽如人意，但这并不仅仅是纸媒的问题，网络媒体也存在这种情况。但纸媒通过移动客户端扩大媒体影响力、延长纸媒生命周期、为未来转型打基础的目的还是实现了。

---

① 彭丹：《客户端应用：点开纸媒移动转型之门》，《新华日报》，2012-2-17。

第八章　网络媒体消费心理

第一节　网络媒体消费的特点

从17世纪初第一份商业性质的报纸诞生以来，第一媒体（以纸张为媒介的传统报刊）、第二媒体（以电波为媒介的广播）以及第三媒体（基于电视的图像传播）陆续演进，共同发展。而互联网则被称为第四媒体，作为继报刊、广播、电视之后发展起来的、与传统大众媒体并存的新的媒体形式，它包含了人类信息传播的两种基本方式，即人际传播和大众传播，突破了传统的传播模式框架。网络媒体具有空前的规模，无论在内容上还是在媒体形式上都远远超越以往所有的媒体类型；而作为一个媒体平台，它也有自己独特的功能与特性。总的来说，网络媒体是一种以互联网技术为核心，以信息传播为目的的新型媒体。

根据中国互联网络信息中心（CNNIC）2013年发布的第31次《中国互联网络发展状况统计报告》中的调查分析，截至2012年12月底，我国网民规模达到5.64亿，互联网普及率为42.1%。国内目前排名前十位的网络应用是：即时通信（80.9%）、搜索引擎（79.4%）、网络音乐（75.2%）、网络新闻（71.5%）、网络视频（63.4%）、网络游戏（63.2%）、博客/个人空间（62.1%）、微博（48.7%）、电子邮件（47.9%）、社交网站（47.6%）。[①] 其中，即时通信、搜索引擎、网络音乐、网络新闻的使用率均超过70%。这表明，网民使用互联网的主要用途依然是满足信息检索和人际交流的基本需要，基础性服务在网民中依然有很强的生命力。

---

① 中国互联网络信息中心（CNNIC）：《第31次中国互联网络发展状况统计报告》，2013.

一、由单向的信息消费转向互动的信息共享

传统媒体时代，人们对信息的接受基本都是单向的、被动的，新闻机构将其采集、制作的新闻通过报刊、广播、电视向消费者发布，消费者通过购买这些服务获得信息。而对于所购买的信息产品，消费者没有及时有效的反馈渠道提出自己的意见，基本上只能作为一个被动的接收者。而在网络媒体时代，新闻的采集、制作、发布不再是新闻机构的专属；通过各种网络设备，利用微博、微信、人人网等信息平台，每个人都可以成为新闻发布者。一旦一则新闻发布，对新闻的在线评论往往也就随之而来，这种及时的互动对于提高新闻内容的准确性以及体现人们对于各类社会问题的关注都有重要意义，并由此产生了一系列新的媒体消费特点。“网络新闻的受众，能时刻感受到自我的存在，这在他们用鼠标和键盘操作屏幕显示、自由地在Web页面上移动、随心所欲地开关、利用主动的寻找和搜索等行为中显现无遗。自由地拉（pull）出自己想要的个性化信息，而不像以往那样，只是被动地接受由别人推（push）给的信息。”①

网络互动是无限的，参与的消费者数量在理论上可无限多，这使新闻传播的参与度得到空前的提高。消费者可以主动地拉出一条新闻发表评论，可以自己选题在论坛或聊天室中吸引受众进行讨论，可以一边看新闻一边发表观点；尤其是网络新闻的直播和消费者发表看法，在时空上可以互不干扰，消费者可以在直播进行中、新闻发展中就将观点展示到网络媒体上。②“在互联网时代，话语权被重新分配，人们似乎得到了更多的民主，能够在网上畅所欲言，施加自己的话语影响。”③

从消费的角度而言，网络媒体最大的特点之一是使信息由消费对象变成免费的共享资源，将新闻的市场价值进一步弱化了。通过网络，消费者可以获取海量的免费新闻，而无需支付获取新闻的费用。这一方面是因为网络庞大而廉价的信息储量、快捷的交流方式、近乎完全的覆盖范围，另一方面是因为自媒体的形成使得人们对新闻的消费从购买转向了共享。每个人都可能成为新闻事件的当事人，也是其他新闻事件的关注者，发布与获取都是自愿的免费行为，从而实现了新闻的免费共享。以微博的发展为

---

① 尼葛洛·庞帝：《数字化生存》，79页，北京，中国广播电视出版社，2001。

② 沈璐、王永伦：《网络媒体时代新闻消费行为的嬗变》，《新闻与传播研究》，2011（10）。

③ 任晓雯：《网络时代的写作——探讨与展望》，《新闻大学》，2003（2）。

例，截至2012年12月底，我国微博用户规模为3.09亿，较2011年底增长了5873万，网民中的微博用户比例达到54.7%；其中手机微博用户规模2.02亿，占所有微博用户的65.6%，接近总体人数三分之二。由此可见互动式的自媒体形式的发展速度。

二、即时性与及时性

一是即时性。因为网络的全覆盖，消费者可以随时随地通过各种网络设备获取自己感兴趣的信息。利用碎片化的空余时间，消费者就能从海量的信息中完成对自己感兴趣的新闻从搜索到阅读的全过程。在网络媒体出现之前，传统媒体是无法实现这种功能的。无论报刊、广播还是电视，所做的都是将海量信息提前整理，并以一种相对固定的模式、相对有限的信息量将其呈现给消费者。传统媒体与网络媒体相比，无论信息数量还是针对性都远远落后。此外，网络媒体尤其是移动互联网媒体的接收设备往往都有便携与多功能的特点，如智能手机，不仅可以通信，在其操作系统下各种程序可以使消费者完成从工作、学习到娱乐的多种功能，较传统媒体的载体有着无可比拟的优势。

二是及时性。网络传输与接收的便捷以及网络新闻写作的多样性与随意性使得网络媒体对新闻的反应更及时。目前社会新闻绝大多数都是由网络媒体首先报道出来，而进一步的深入调查与分析是网络媒体目前相对薄弱的环节。

从消费行为的角度来看，处在资讯爆炸年代的新闻受众希望以最快的速度、最直接的方法去获取新闻信息，特别是想寻找历史中的浩瀚文献、想了解自己生存的整个世界环境发生的最新变化。网络媒体的出现契合了消费者的这种欲望和需求，消费者只要打开一个新闻网页就可以高速获取最新信息，快速地寻找到自己需要的各类信息。进入网络新闻传播过程中的消费者，省却了买报纸的烦恼，也没有对特定时段电视、广播新闻信息过程的等待，享受的是“足不出户，快捷知晓天下事”的消费乐趣，并开拓了全球化的视野。①

三、精炼的风格适应了现代人碎片化的时间

网络媒体不受空间乃至版面等条件的限制，但发布的新闻往往都短小

① 沈璐、王永伦：《网络媒体时代新闻消费行为的嬗变》，《新闻与传播研究》，2011（10）。

精悍，主要原因就在于为适应现代人利用碎片化时间阅读的习惯。

现代社会节奏的加快使得越来越多的人缺乏耐心抑或没有较长时间阅读长篇的文字，即便需要阅读长篇文字也基本是出于工作需要或针对自身非常感兴趣的题材。与此同时，自媒体式的信息发布者，也倾向于将新闻及感受等简单直观地表达出来。因此，网络媒体呈现的信息越来越多地通过诸如微博等平台，以百来字间或搭配图片乃至视频的方式表现出来，而人们也愿意接受这种媒体传播方式。而对于自己非常感兴趣、欲深入了解的信息，则可通过进一步搜索网络信息或查询相关传统媒体与书籍等形式进行补充。这也使得网络媒体具有了某种信息目录的功能。

四、传统媒体的网络化

网络媒体的蓬勃发展使得传统媒体遭遇到了严峻的生存挑战。在保证自身信息源及深度报道优势的同时，对自身进行网络化改造成为传统媒体适应消费者习惯的必由之路。

为适应消费者对新闻的消费需求，传统媒体通过将自身的新闻产品进行重新包装（如报纸的网络版往往会打破纸质版的排版方式，选择标题目录加链接的方式；电视媒体将制作的节目按照内容的不同分解成几段短视频；等等），使得更适应网络浏览的消费者在通过网络设备接触传统媒体时也能够适应，并进一步接受。这种方式目前看来取得了不错的效果。当然，也有传统媒体干脆直接放弃了原有的形式，直接转为网络媒体。如美国的《新闻周刊》，于 2012 年 12 月正式停止发行其纸质版，全面转向了数字化服务。这不是第一家转型的传统媒体，当然也不会是最后一家。

第二节　影响网络媒体消费心理的因素

一、使用门槛因素

尽管通过网络媒体获取资讯等信息已日渐成为公众生活的常态，但与传统媒体相比，较高的使用门槛对相当一部分受众而言依然是影响其网络媒体消费的主要因素。

首先是硬件及网络流量费用的限制。不可否认，随着科技的发展以及网络经济的日渐成熟，包括手机在内的电子通信终端的性价比是越来越高了；但对于一部分普通消费者而言，购买通信终端硬件的费用以及通过网络获取信息的费用依然是一笔不小的开支。这也是我国3G手机用户渗透率至今仍然不算高的来自于需求层面的一个重要原因。但从另一个层面看，消费者获取的信息本身的价格则大大降低，这首先应归功于技术进步。

其次是使用方法上的门槛。对于拥有各式通信终端并使用互联网（包括无线互联网）的消费者，不少人面对终端设备上各类网络供应商提供的海量智能化的应用以及不断推陈出新的升级换代（对他们而言这恰恰是复杂的），往往产生无所适从的感觉，从而在心理上产生抵触消费的情绪，希望回归简单、直接的媒体消费状态。这也算得上是使用网络媒体的技术门槛所产生的消费障碍。如今越来越多的网络服务追求界面的简洁以及语音等智能服务功能，从而在很大程度上降低了此类使用门槛。

二、时间成本因素

人们已经习惯于用“海量”来形容网络媒体的信息量。与信息匮乏时期追求信息数量的情况不同，面对海量的同质化严重且无效内容较多的网络媒体资源，如何更为快捷地从中选取自己需要的信息，成为消费者使用网络媒体时的一个极为重要的诉求。尽管搜索引擎、信息定制等服务在相当程度上解决了消费者甄选网络媒体信息的难题，但对于特定信息的搜寻依然需要耗费消费者较高的时间成本。

总体上说，面对网络媒体提供的免费的普通信息，消费者愿意支付此类时间成本；但此类信息如果已经经过更为细致的分类及加工，无疑会极大地增加消费者对提供此类信息的服务商的消费忠诚度。比如，网易等门户网站推出的专门用于手机等移动终端设备的新闻客户端，因对各类新闻的有效聚合以及通过具体新闻栏目对热点新闻进行互动式的投放，吸引了越来越多的消费者下载并使用其新闻客户端。

当然，对于具有较大商业价值的深度信息，通过直接付费的形式进行定制，从而在节约时间成本的同时能够帮助自己进行决策判断，是一部分人士愿意接受的选择，这也是网络媒体深度服务的一个方向。

三、信息发布的随意性使网络媒体缺乏可信度

如果说网络媒体海量的信息对消费者来说是其优势的话，那么网络媒体信息发布的随意性使得其信息的可信度令人怀疑而缺乏权威，则是其明显的劣势所在。

通过社交媒体、即时通信工具等，轻敲键盘，点击发送，一条网络新闻就完成了。简单的操作方式，自媒体的发布形式，使得网络媒体的新闻制作与传播的严谨性降低而随意性大为增加。且为了能够发布第一手的新闻，许多未经核实的信息经过网络得以广泛传播。很多时候不同的网络媒体对于同一事件的报道信息不一致，反而容易混淆视听。甚至有的机构或个人不惜为了获取舆论关注或某些不正当的目的，发布假新闻。有道是“三人成虎”，即便是假新闻，一经网络媒体的大量转载，其可信度在较短的时间内陡然获得提升，很容易使得部分网络媒体受众信以为真。而一旦涉及的相关方未能有效地做出回应与澄清，就会使得假新闻的效应无法得到有效遏制，甚至在一定程度上影响社会正常生活。

当然，另一方面，网络媒体传播的多视角乃至信息的互相抵触在客观上使得信息的传播更全面、更客观；而虚假信息经过相关部门的澄清以及网络媒体运行过程中的自我净化，大部分情况下最终也能够还原事实的真相。只是由此造成的社会资源的浪费以及公众时间成本的无谓损耗，如果成为网络媒体的运营常态，那么消费者对网络媒体的关注度与信任度无疑将会降低，从而影响消费者通过网络媒体获取并确认信息的意愿。

四、随时随地收发信息的便利性

能够随时随地发布和获取信息，是网络媒体相对于传统媒体的一项无可比拟的优势。

基于这种便利性，一方面，新闻的新鲜程度，也就是其时效性，得到了巨大的提升，这使得新闻机构与追求时效性的受众纷纷投身于网络媒体；另一方面，网络终端设备的便携性也使得消费者，尤其是年轻人及商务人士更习惯通过网络媒体接收资讯与发布信息。根据 2013 年《中国互联网络发展状况统计报告》，手机网络各项指标增长速度全面超越传统网络，手机在微博用户及电子商务应用方面出现较快增长。这说明随着移动互联网的发展，即便是传统的互联网媒体也要接受新的挑战。现如今各类媒体纷纷推出自己的为移动终端设备量身打造的新闻客户端，首要原因就是为了适应现代消费者获取信息的习惯；再者是因为在制作信息时可以方便地植入图片与视频以及相关链接，使得信息变得更加立体与直观——尽管从严格意义上说，传统媒体也能做到这一点，但其无论信息量、可选择性还是覆盖范围都无法与网络媒体相比。

上述种种便利性都大大地提升了消费者对网络媒体的接受程度。互联网的大规模应用极大地加速了社会生活的节奏，开拓了人们的视野，公众对媒体的要求也随之发生转变。能够随时随地、更加直观地接受多元化且短小精悍的信息资讯，成为人们的普遍需求，而传统的媒体形式在这些方面已经不能完全合拍。通过网络媒体，动动手指，甚至只需动动眼睛（如Google眼镜），现场的影像、简要的文字报道、相关的背景链接、多视角的网络评论……皆可在极短的时间内一览无余——这种方式终将成为现代社会信息传播的主要形式。

第九章　旅游、餐饮消费心理

第一节　旅游文化消费心理

旅游的本质是一种文化活动。首先，作为旅游主体的旅游者都是某种文化的负载者；其次，作为旅游吸引物的旅游客体大部分是人类文化的遗存或产物；再次，在旅行服务机构等媒介的介入和推动下，旅游主体实现对旅游客体的游览、访问或考察的同时，也实现了一种跨文化的交流。因此，旅游消费实质上也是一种文化消费。旅游文化消费的主体是旅游者，旅游文化消费心理研究的主要内容是分析旅游者在旅游文化消费过程中的心理特点以及影响旅游文化消费的心理因素。

一、旅游文化消费概述

（一）旅游文化消费的概念和特点

从行为分析的角度，可以把旅游文化消费定义为：人们在旅行游览过程中，通过购买旅游文化产品来满足个人发展和享受需要的系列行为和活动。旅游文化消费具有以下特点：

1. 旅游文化消费的对象为旅游文化产品。旅游文化产品是个综合概念，它是旅游者在旅游文化活动过程中所购买的商品和服务的总和。具体来说，它包括对旅游餐饮（食）、旅游住宿（住）、旅游交通（行）、旅游吸引物（游）、旅游产品（购）、旅游娱乐（娱）等产品和服务的购买与消费。

2. 旅游文化消费的过程体现在旅游互动体验中。旅游文化消费的完成必须借助于游客对旅游活动的参与，以及游客与旅游产品和服务人员之间的互动。旅游文化消费体现的就是旅游者与服务提供者之间的一种文化体验互动过程。体验是旅游者在参与旅游文化活动过程中所产生的一种愉悦情绪和精神满足。迪士尼乐园在提供游客精神文化体验方面是一个典范。在乐园里，米老鼠、唐老鸭、白雪公主等平时在电视中才能见到的可爱卡通人物随处可见，到处洋溢着一种童话般的梦幻氛围。迪士尼乐园让芸芸众生身临梦幻境地，获得一种前所未有的“童心”体验。

3. 旅游文化消费体现的是一种高层次的精神需求。旅游文化消费的高层次精神享受主要体现在两方面：第一，旅游文化消费动机的高端性。与其他消费动机相比，旅游文化消费是人们在满足了基本生理和安全需要前提下寻求社交、自尊与个人成就等的高层次文化需求。第二，旅游文化消费产品具有高层次性。旅游文化消费产品较其他的日常消费品来说，具有内涵丰富、档次较高、非生活必需的特点。正是旅游文化消费产品的高层次性激起了旅游者的文化消费欲望。

（二）旅游文化消费的发展趋势

1. 旅游文化消费内容的个性化趋势。在旅游场里，一些新颖有趣的“特种旅游”，如“民俗旅游”“探险旅游”“体育旅游”“自行车旅游”“摄影旅游”“考察旅游”“驾车旅游”等等，正越来越受到旅游者的青睐和偏爱。事实上，“特种旅游”这一概念的提出就充分反映了消费者的个性文化需求，它是旅游者怀着某种特定的兴趣和目的，主动选择适合自己个性的旅游景点或者旅游方式，反映了现代人对模式化传统方式的厌倦和反叛，已成为追求个性化生活方式的世界潮流中的一个组成部分和文化现象。

2. 旅游文化消费方式的自助化趋势。在现代旅游文化消费中，与个性化趋势相应的个性化自助旅游越来越受到青睐。自助旅游者往往通过携程旅游网等中介旅游服务机构来代办最难解决的住宿和机票预订，其余项目则由自己安排。

3. 旅游文化消费动机的多样化。由于旅游者的国家、民族、职业、性别、年龄、文化程度的不同，其旅游的动机和目的也各不相同。即便是同一旅游者，在不同时间或条件下，其旅游动机也会发生变化。旅游者不同的旅游动机和旅游动机的变化，促使旅游的形式不断翻新和多样化，旅游的内容也不断丰富。

4. 旅游文化消费层次的高端化趋势。高端旅游是指具有一定素养的旅游个体或群体在旅游消费水平、消费层次及消费方式等方面明显高于平均消费水平和消费层次，且明显不同于大众旅游的一种旅游形式。高端旅游文化消费者具备较高的文化素质，他们自主消费意识强，旅游文化消费心态成熟，更注重旅游过程的新鲜感、体验性和高品质，对旅游文化消费有比较清醒的认识和较高的期望。为满足高端旅游者的需求，南北极游、奢华邮轮旅游、私人飞机、游艇旅游等高端个性产品纷纷面世。毫无疑问，高端旅游需求将随经济的发展而增长。体验性、时尚性、变化性、创新性将是未来高端旅游的需求方向。

5. 旅游文化消费决策的理性化趋势。比如，在假日旅游文化消费中，理性的旅游者更加注重以较少的花费和成本支出去获得消费旅游文化产品所带来的最佳福利。他们懂得趋冷避热，适当避开"黄金周"出游，不再赶"一窝蜂"，并且在地点选择上有意识地避开火爆的旅游目的地。①

二、旅游文化消费的心理分析

（一）旅游文化消费的深层心理动因

旅游心理不是凭空产生的，而是与人们的生活密切相关。从心理学的角度看旅游，可以把旅游理解为一种"特殊的文化生活方式"，一种"不同于人们日常生活的文化生活方式"。

旅游者之所以要进行旅游文化消费，要过"日常生活之外的文化生活"，是因为现代人的日常生活存在"缺憾"和"不堪忍受的负担"，不能够充分满足他们的文化审美享受，不能够充分完善他们的文化人格。

现代人虽然生活在物质文明高度发达的后工业时代，但正如梅奥和贾维斯在《闲暇旅游心理学》中所指出的"常规的程序和狂热的速度造成了一种单调的紧张"，高度组织化、程序化和快节奏的生活，使现代人普遍感到日常生活中的新鲜感越来越少。人与人之间的心理距离和情感距离没有因为现代交通与传媒的进步而缩小，而是进一步拉大了，冷冰冰、硬邦邦的环境使人们普遍缺乏亲切感。人们在日常生活中还普遍缺乏自豪感。自豪感来源于肯定的或者是更高的自我评价，而提高自我评价的欲望在一般人的日常生活中难以得到满足。

在日常生活存在诸多"缺憾"的同时，现代人还承受着过多的压力和精神紧张感，生活在孤独、烦恼和焦虑中。他们希望通过旅游获得某种心理补偿和缓解，满足或弥补人们在日常生活中所缺失的情感、缓解日常生活的紧张感、寻求生活的平衡。这就是现代旅游者的"三求"心理：求补偿、求解脱、求平衡。

---

① 参考舒伯阳、廖兆光主编：《旅游心理学》，25—28页，大连，东北财经大学出版社，2011。

1. 求补偿的心理

旅游者的求补偿心理是指旅游者需要通过旅游来寻求补偿，寻求自己在日常生活中所缺乏的新鲜感、亲切感和自豪感。

新鲜感是包括惊奇、喜悦、清新和振奋等多种成分在内的满足感。追求新鲜感是由人的本性决定的。人是不能忍受没有新鲜感的、单调的生活的。通过旅游来扩展和更新自己的生活是一种最为普遍的旅游者心理。

亲切感是在人与人接触中通过相互关心、相互理解和相互尊重获得的一种满足感，其主要功能是消除孤独，获得爱与归属感。在心理学家马斯洛著名的五层次需要理论中，爱与归属的需要是承前启后的中间环节，低层次的生理和安全需要不能给人带来真正的幸福，而高层次的尊重和自我实现需要的满足是以“爱”为前提的。爱的体验是心理健康的营养素，缺乏爱的人是心理学意义上的“病态人”。

自豪感是对自己价值的肯定，是觉得自己是个有价值的人、值得尊重的人、值得自己也值得别人爱的人，是一种对自己满意的感觉。旅游活动使人们摆脱日常生活的常规束缚，自由自在地生活一段日子，并享受贵宾或“要人”的待遇，有更多机会成为自己、表现自己和突出自己，使旅游者获得一种“额外”的心理满足，进而达到一种超凡脱俗的境界，使人产生强烈的自豪感。

2. 求解脱的心理

旅游者的求解脱心理是指旅游者要借助旅游，从日常生活的精神紧张中解脱出来。法国社会学家夫尔·杜马兹迪尔认为，旅游一方面是旅游者自发地、主动地探索世界，另一方面也是为现实所迫、不得不对现实进行的必要逃避。外出旅游正是寻找一方“世外桃源”以求得解脱，消除由于种种原因造成的精神紧张，恢复脑力与体力的平衡的好方法。随着市场竞争的日益激烈和生活节奏的加快以及社会的不断进步，为了寻求解脱而选择外出旅游的人会越来越多，旅游消费将从“奢侈品”逐渐变成人人都不可缺少的“生活必需品”。

3. 求平衡的心理

旅游者的求平衡心理是指旅游者要在变化与稳定、复杂与简单、新奇与熟悉、紧张与轻松等矛盾心理中寻求一种平衡。

人们在日常生活中通常有两种矛盾的心理：一方面有求安、求稳的心理，另一方面又有求新、求变的心理。当人们过着不安稳的、危机四伏的生活时，人们不可能有更高的享受，只要过上安定的生活就心满意足了；

而人们一旦过上了安稳的生活，求新、求变的欲望就出现了。这样就产生了一个矛盾：安稳的生活没有变化，变化的生活意味着不稳定。人们要进入一个新领域，就必须冒一定的风险，就会缺乏安全感；在熟悉的环境中生活，可预测性很强，很踏实，却让人感到乏味、腻烦。人们在渴望生活中有新东西、有变化的同时，求安、求稳的心理并没有消失。

旅游者在旅游过程中追求的体验也是矛盾的：既想体验到紧张，又想体验到轻松。旅游一方面可以使人们从日常生活的紧张中解脱出来，另一方面也可能由于生活环境和生活方式的改变而带来日常生活中所没有的紧张。消除紧张感才能享受旅游的乐趣，但丝毫没有紧张感也不能享受到旅游的乐趣。

寻求平衡不仅是要在矛盾心理的两个极端之间找到一个平衡点，而且要让两种相反的事物或状态交替出现，从“交替”中得到平衡。

某日傍晚，一香港旅游团结束了“广州一日游”，回到了下榻的饭店。然而，不到十分钟，旅游团的一位中年女领队就光着脚来到了大堂，怒气冲冲地向前台投诉客房服务员。原来，早晨出发时，这位女领队要求楼层客房服务员为房间加一卷卫生纸，但这位服务员却只将这位客人的要求写在了交班记录本上，并没有与接班服务员特别强调指出。结果，下一班次的服务员看到客房卫生间内还有剩余的半卷卫生纸，就未再加。

结果，这位客人回来后，勃然大怒。无论前台的几个服务员如何规劝、解释，她依旧坚持光着脚站在大堂中央大声说：“你们的服务简直糟透了。”引来许多客人好奇的目光。值班经理和客房部经理很快赶到了，看到此情此景，他们一边让服务员拿来了一双舒适的拖鞋，一边安慰客人说：“我们的服务是有做得不够好的地方，请您消消气，我们到会客室里面坐下来谈，好吗?”这时客人态度渐渐缓和下来，值班经理耐心地向客人询问了整个事件的经过和解决问题的具体意见，最后值班经理代表饭店向旅游团的每个房间都派送了一卷卫生纸，并向这位客人赠送了致歉果盘。

事后，经向该团导游了解，这位领队因对旅行社当天的行程等一些事情安排不满，故心情不好，亦是其中原因之一。

评析：

从心理学的角度来分析，此案例首先是消费者心理个性的特殊反映。因为消费者的心理随时受到社会环境及个人情感、情绪的影响。

当他们将个人的情感、情绪带到饭店，就必然会影响到整个消费过程。加之客房服务员之间的沟通出现问题，导致客人因为半卷卫生纸而大动肝火。事情虽小，但由于客人心情和心理原因，出现的后果和产生的不良影响却很严重。正所谓心随境转，可能客人在情绪比较正常的状态下，打电话与客服中心联系就可以解决问题。但这时候，客人的心理不舒服、正憋着气，这半卷卫生纸无疑就成了客人不良情绪宣泄的一条导火线。

在对游客服务中，应时刻关注客人消费时的"求平衡"心理状态：客人要通过旅游来消费、放松，舒缓日常生活中的压力。以经营度假村闻名于世的"地中海俱乐部"的创始人之一特里加诺说过："以前，人们注意的是使身体得到调理，增强体力，以便重新投入工作。今天，身体状况已经得到改善，头脑却过于紧张。主要的问题是精神高度疲劳。所以，人们需要用另一种生活方式来加以调剂。"现代人为什么要求心理平衡？因为现代人最沉重的负担，不是体力上的，而是精神上的。①

随着人们旅游自主意识的增强，能够满足人们求补偿、求解脱、求平衡的心理需求的旅游形式会受到人们的青睐。如私家车自驾游会使旅游者的"三求"心理得到满足。私家车自驾旅游是以私家汽车为出行载体、以自己动手驾驶为主要体验和参与手段的一种旅游方式，有别于乘坐汽车、飞机、轮船交通工具的旅游方式，因此就给旅游者带来了区别于传统旅游方式的一种新鲜感。在私家车自驾旅游过程中，不但有了更多的与沿途和目的地所遇人群接触交流的机会，而且车队间各车手在相互配合、相互竞逐、相互帮助、共同游戏中产生了团队精神和快乐感受，从而获得了更多的旅游体验的细节，得到了一种求知、求异、求乐、求细的心理上的满足，这些身临其境的一手体验和经历都是常规生活中所不能得到的。私家车自驾旅游所具有的挑战性和实践参与过程还给每一位旅游者创造实现自我价值的机会，旅游者最终获得的是一种自豪感。所以，私家车自驾旅游是真正给旅游者营造激情的、难忘的、快乐的、时尚的体验的休闲方式之一。

（二）旅游文化消费过程中旅游者的心理需求

1. 旅游文化消费全过程中旅游者的心理需求

旅游文化消费的过程是旅游者心理需求得到满足的过程。在整个旅游

① 资料来源：刘筏筏：《重视客人的"求平衡"心态》，《中国旅游报》，2004-9-8。

文化消费过程中，旅游者普遍的心理需求包括安全、快速、舒适和愉快。

首先是安全。旅游者外出旅游，无一例外都希望整个旅途平平安安、不出事故、不丢东西、不遇盗贼、不生病，能平安、顺利地完成整个旅途。

25位中国游客在旅行社的安排下，准备飞往克里特岛。在马上要办理登机手续时，发生了一件意外的事儿。一位法国游客拒绝登机，理由是“这架飞机上周曾做过紧急降落，看上去破破烂烂的”。

中国游客见状，马上叫来领队郭先生，提出改乘其他航班或取消乘机。由于中国游客意外恐慌，其他航班的游客也开始担心起来，整个机场的候机大厅乱作一团。之后，航空公司拿来符合规定的文件。许多乘客看到航空公司文件齐全，即使投诉可能也是无效的，最终还是上了这架飞机。这时，领队郭先生开始征询中国游客的意见，也许是“随大流”的心理作怪，中国游客不再坚持，登上了飞机。

评析：

安全是每位游客最基本的需求，本例中的中国游客对飞机安全性的判断，很大程度上受到其他游客的影响。领队在许多游客决定登机的时刻，利用从众心理适时征询中国游客的意见，从而使游客顺利登机。①

其次是快速。旅游者希望交通、住宿、餐饮等各方面服务都能按计划准时进行，不要提前或推后，要有充足的时间观光游览。

再次是舒适。在经济条件许可的情况下，旅游者总是追求平稳舒适的交通工具、设备齐全的餐饮设施、简便的手续等能带来享受的条件。

最后是愉快。旅游是一种高层次的精神活动，旅游者期盼高质量的旅游环境，合理、周到的旅游安排，文明礼貌、热情周到的旅游服务。旅游者愉快情绪的获得与其对服务效果的期待有关。游客每次出游之前，都会对此次旅游所涉及的旅游地、饭店、旅行社、旅游交通等旅游企业的服务充满一种蒙胧的想象。如果旅游给游客带来了亲切感、自豪感和新鲜感，他就会觉得这是一次非常愉快的经历，就会感到心满意足；如果旅游使游客感到厌倦、失望、孤独，使他感到“气不顺”，他就会认为这是一次很不愉快的经历，就会感到失望。所以，游客对服务效果的期待往往成为他衡量服务质量的一把尺子。

---

① 摘自舒伯阳、廖兆光主编：《旅游心理学》，107－108页，大连，东北财经大学出版社，2011。

2. 旅游文化消费不同阶段旅游者的心理需求

在旅游文化消费过程的不同阶段，旅游者心理需求的侧重点有所不同，需要旅游服务者有针对性地服务。

(1) 旅游活动初始阶段

在旅游初始阶段，旅游者由于初到一个陌生的环境，虽然兴奋激动，但人地生疏，语言不通，环境不同，会产生茫然无助的不安全感，存在拘谨心理和戒备心理，求安全的心态表现得特别突出。此时最急需的是消除这种不安全感，消除其陌生的心理状态，使之与新的环境相适应。在此阶段，旅游者的另一个突出心理特征是“探新求奇”。一般来说，闻所未闻或见所未见的新奇事物对人们总是具有相当大的吸引力。旅游过程中，旅游者的注意力非常集中，兴趣非常广泛，他们对看到的、听到的、感觉到的一切都感到新奇，即使是当地人司空见惯的平常事对他们来说也都可能是新鲜事。这一阶段是旅游服务工作人员工作的关键阶段，如何给旅游者留下良好的第一印象，对后面旅游活动的开展意义重大。

(2) 旅游活动中间阶段

旅游活动中间阶段，即游览活动阶段，是旅游者个性表露阶段。在这一阶段，旅游者之间、旅游者与导游之间逐渐熟悉了，旅游者对环境也熟悉了，起初的拘谨和戒备心理慢慢消除，开始感到轻松、愉快，产生平缓、悠闲、放松的心理。此时旅游者一方面对自己的控制力有所减弱，思考力减退，个性暴露，自由散漫，时间和团队观念差，有时甚至出现反常、傲慢、无理的言行；另一方面又产生求全心理，把旅游活动过分理想化，希望在异国他乡享受到在家里享受不到的服务，希望一切都是美好的，要求服务人员提供主动、热情、周到、舒适的服务，一旦要求得不到满足，就会反应强烈，甚至出现过火言行。这一阶段是旅游服务人员工作的重点阶段，不仅要提供高质量服务，还要有能力对旅游者行为进行正面、积极的诱导。

(3) 旅游活动结束阶段

旅游活动结束阶段，是指旅游者即将返程、旅游者与旅游服务人员的交往即将结束阶段。这一阶段旅游者的心理非常复杂：一方面思乡之情开始产生，急切想与家人团聚，讲述自己的旅游经历；另一方面，离开前还有许多事情要做、许多东西要买、行李要收拾，情绪会有一些焦躁和不安，希望有时间处理自己的个人事务。与此同时，旅游者在心理上会对整个旅游消费过程中享受的服务、付出的费用、得到的愉悦等进行综合评价

WENHUA CHANYE

和衡量。

三、影响旅游文化消费心理的因素

心理学研究认为，人的消费心理活动是神经系统有规律的活动的结果。心理是人脑的机能，人脑在客观现实的影响下实现反映机能，把客观事物变成主观映像。对旅游消费者来说，客观事物主要是旅游产品和服务。在旅游文化消费活动中，旅游产品和服务以各种不同的形式（直接的、间接的、形象的、语言的、单一的、复合的等等）作用于旅游者的各种感官，引起脑神经的活动，便产生感知、记忆、思维、情感、意志、个性等各种观念形式，即各种心理现象。

由于人的心理具有主观能动性，在旅游文化消费活动中，心理的能动性使旅游者在反映旅游产品和服务时，不仅能够清楚地意识到反映的对象、进程及结果，而且旅游者已有的主观世界，如知识、经验、个性特点、心理状态等都会对反映的事物产生影响。因此，在正常情况下，不同的旅游消费者对同一事物的反映常有不同。

旅游消费者既是生物人，又是分属于不同社会群体的社会人，其旅游文化消费行为的产生和发展除了受到个体心理因素的影响，还和特定的群体心理因素有密切关系。一定社会群体状态下的人，长期扮演一定角色，以一定方式生活着，就必然形成特殊的文化消费心理。

（一）个体心理因素

1. 感知觉

心理学研究表明，人的心理活动始于感觉和知觉。旅游者感觉是旅游者对直接作用于其感觉器官的与旅游活动相关的刺激情景或刺激物的个别属性的反映。旅游者知觉是直接作用于旅游者感觉器官的与旅游活动相关的刺激情景或刺激物的总体属性在旅游者头脑中的反映。旅游知觉过程是选择、组织和解释来自旅游环境中的感觉刺激，使之成为一个有意义的、连贯的映像的过程。

旅游者的感知觉心理活动是其进行其他消费心理活动的基础，也是旅游者直接享受所购买的旅游产品价值的一种方式。风景、名胜古迹等旅游条件，旅游消费行为的食、住、行、游、购、娱等，以及旅游过程中的人际关系和各种风险，都是通过旅游者的感知来形成映像的。

2. 需要、动机

世界旅游组织在《马尼拉宣言》中指出，旅游是人类的基本社会需要之一。旅游行为的产生，其直接的心理动因是旅游者的动机，而隐藏在动机背后的真正原因则是人的需要。旅游需要是旅游文化消费行为的基本动力。然而，并不是所有旅游者的旅游文化消费行为都来自同样的需要，不同国籍、性别、社会地位、年龄等的旅游者有着不同的心理需求；同时，正如前所述，旅游者在不同的旅游文化消费阶段也有不同的心理需求。

旅游动机是引发、维持个体的旅游消费行为，并将行为导向某一个旅游目标的心理过程和心理动力。个体的旅游行为是在动机的推动下产生并维持的。旅游动机是人们进行旅游活动的内部发动力量，通常以愿望、意图、兴趣等形式表现出来。旅游动机的产生和其他人类行为动机一样，都来自人的需要。人的未满足的需要是旅游动机产生的主观条件，而经济因素、时间因素和其他社会因素是旅游动机产生的客观条件。

旅游动机一旦产生就会推动个体创造必要的旅游条件，如调整工作时间以安排闲暇时间。为了进行旅游活动，旅游者会收集、分析和评价各类旅游信息，选择理想的旅游目的地，制定令自己满意的旅游计划。在活动过程中，旅游动机不断指导旅游活动排除困难朝着预定目标前进，并在旅游活动结束之后进行评价。

3. 个性心理特征——性格、气质与能力

个性心理特征是一个人经常表现出来的比较稳定的心理特征，是一个人比较典型的心理活动和行为，包括性格、气质和能力。

性格是指一个人表现在态度和行为方面的比较稳定的个性心理特征，是组成个性的核心心理特征；气质是个人典型地表现于心理过程的强度、速度、稳定性以及心理活动的指向性等动力方面的特点，它也能通过人的言语和行动的动态特点表现出来；能力是直接影响活动效果、使活动顺利完成的个性心理特征，通常是指个体从事一定社会实践活动的本领。

在旅游过程中，不同个性心理特征的旅游参与者表现出互不相同的旅游文化消费行为模式，每个人的性格、气质和能力影响其消费心理和行为表现。心理学家按照不同的标准对旅游者的个性类型进行了划分并探讨了不同的个性类型在旅游消费活动中的行为特点。如根据旅游者的心理倾向把个性划分为内倾型和外倾型，根据旅游者生活方式把个性划分为安逸型、活泼好动型、探险猎奇型、历史文化型、观光型和其他类型，根据旅游者的思想行为把个性划分为顺从型、独立型和中间型等。

4. 态度

在心理学中，态度是指个人对某一对象所持有的评价和行为倾向，是

WENHUA CHANYE

由认知、情感和行为倾向所构成的综合体。态度对旅游文化消费行为的影响体现在以下三个方面：

第一，态度直接影响旅游者的消费行为。如果对旅游产品持积极、肯定态度，就会产生购买意向和购买行为；如果对旅游产品持消极、否定态度或无所谓态度，则购买意向和行为很难产生或很不明确。

第二，态度是旅游偏好形成的基础。所谓旅游偏好，是指人们趋向于某一旅游目标的心理倾向。旅游偏好和旅游行为之间有着直接的关系。旅游偏好是建立在态度的基础上的。人们对旅游的态度一旦形成，便会产生一种旅游偏好，这种偏好将会直接导致人们的旅游行为。

第三，态度影响旅游决策。旅游决策是旅游者做出关于旅游行为的各种决定的过程，它由一系列环节组成。旅游者首先要在自己的能力范围内尽量收集各种信息，学习各种相关的知识，在此基础上，通过认知、情感、意向三个因素的综合，形成对于旅游的基本态度。态度形成之后，根据态度的强度和复杂性，形成旅游消费偏好，进而影响其旅游决策。

5. 学习

学习，就是人类在社会实践中不断积累经验，习得知识和技能，用来调整、改变、强化自己行为的过程。心理学家认为，所有人类行为都包括某种形式的学习。

旅游者是旅游文化消费的主体，他需要解决各种旅游问题——去往何处、何时出发、怎样到达目的地、停留多久及在何处停留等各种经济、心理、社会和文化方面的问题，这就要求旅游者改变他的行为以适应变化，只有这样才能达到他所期望达到的目标。在这个过程中，学习起着极其重要的作用。学习的作用主要表现在获取旅游信息、激发旅游动机、习得旅游态度、学习旅游消费、减除消费疑虑等方面。

（二）群体心理因素

社会中的个体分属于不同的群体，个体不能脱离社会群体而独立生存，而社会群体对人的行为有明显的影响。旅游者作为消费者，其旅游行为除了受到感知觉、需要、动机、个性心理特征、态度、学习等个体心理因素的影响之外，还受到社会群体心理的影响。

1. 群体与参考群体

群体是指各种不同范围的人群集合体，既包括一般的社会团体，也包括更大范围的民族及不同形态的社会的人群。群体成员为了达到一些共同目标而相互作用、相互影响。

对个人的评价、期望或行为具有重大相关性的事实上或想象中的群体称为参考群体。影响一个人的思想和行为的参考群体有大有小，包括从个人到小群体，从家庭到亲戚、朋友，到职业、社会阶层甚至国家。参考群体对旅游文化消费者的影响方式主要有三种：

（1）信息性影响

信息性影响是指参考群体通过提供有用的信息为消费者的消费行为做参考。如果旅游者认为某个群体能提供可靠信息和专家意见，或是旅游者相信群体信息将增加其对产品选择的知识，那么他就会接受群体所提供的信息。旅游者似乎更多地从朋友和邻居这类私人关系中寻找建议，而不是求助于商业信息来源，如广告。因为他们认为私人关系比商业来源更值得信赖。

（2）规范性影响

规范性影响是指群体要求成员遵守一定的规范而对成员施加的影响。在旅游消费活动中，遵从群体规范意味着旅游者将会购买其群体所认可的旅游产品或服务，因此，一旦旅游群体中最有影响力的成员接受了某个旅游产品或服务，就会产生一种“滚雪球”的效应。

（3）比较影响

比较影响是指消费者经常比较那些重要群体成员的态度和自己的态度，以此来维护自我并使自我不断得到充实，使自我意识不断增强。在旅游消费中，旅游者总是试图把自己与旅游态度和行为相同的群体联系起来，或是将自己与旅游态度和行为相异的群体脱离开，来寻求对自己旅游态度和行为的支持。

从消费者行为学的角度来说，影响个人消费行为的主要社会群体依次为其家庭、朋友、所属社会阶层和文化。在旅游活动中，能对人们旅游文化消费行为产生影响的群体，主要是家庭、社会阶层和文化环境。

2. 家庭对旅游文化消费行为的影响

家庭是社会群体中最基本的单元，由于家庭成员感情的密切联系、利益的深刻相关，家庭对成员的旅游文化消费行为具有最直接、最重要的影响。家庭对旅游文化消费行为的影响主要表现在家庭生活周期和旅游决策类型上。

（1）家庭生活周期

一般认为，家庭生活周期主要由三个阶段构成，即青年阶段、中年阶段和老年阶段。

青年阶段一般为35岁以下，包括已婚但还没有子女的青年人。由于没有子女并且意识到如果一有子女，自由支配的时间和收入就会减少，所以这个阶段的年轻人会积极步入旅游市场，度假旅游是其重要的消费活动。他们喜欢快速旅游，目的是尽可能多跑路，参观尽可能多的旅游地，每个地方都同等重要。

中年阶段指一家之主的年龄在35－64岁之间，中年已婚无子女夫妻也属于这个阶段。对健康状况良好、有经济保障的无子女夫妇来说，事业上已取得一定成就，这个生活周期是无忧无虑的，他们会把大笔金钱花在旅游活动上。大多数传统的中年阶段家庭是由有子女的已婚夫妇构成的，这种家庭的生活或多或少是以孩子为中心的。在这类家庭里，全家旅游可能占有相当大的比例，而且更有可能把钱花在昂贵的旅游项目上。有年幼子女的家庭喜欢迅速抵达一个特定的旅游地，并在那里参加各种各样的度假活动，他们不愿消极地坐在车里消耗过多的时间。

一家之主退休后，家庭生活周期就进入老年阶段。对大多数人来说，退休意味着生活方式和经济状况的改变。部分退休者可能会降低自己的生活标准，但对那些有大量积蓄或退休金且身体健康的老年人来说，退休意味着闲暇时间的增多，意味着可以经常去旅游。他们喜欢朝一个特定的旅游目的地沿途悠闲地游玩。在他们看来，旅游本身与旅游目的地本身具有同等的重要性，两者都有吸引力。

（2）家庭旅游决策类型

研究表明，各种类型的家庭在需要进行旅游时，有四种主要的决策类型：丈夫起主导作用；妻子起主导作用；双方商量一方决定；双方商量共同决定。一般认为，对度假地点和住宿条件的选择，丈夫起主导作用；对旅游度假日期、时间的长短、活动内容、交通工具的选择，以及是否带孩子旅游，由夫妻商量一方决定；对是否度假以及旅游花多少钱，由夫妻商量共同决定。

关于家庭对旅游行为的影响，还要考虑经济因素和社会文化因素的影响。处在不同经济发展水平的社会中，受不同文化观念的影响，即使家庭生活周期和家庭结构相同的人，也会在旅游态度和旅游行为方面表现出相当大的差异。

3. 社会阶层对旅游文化消费行为的影响

社会阶层是在一个社会中一种相当长期的对人的分类，它是旅游文化消费行为的一个重要影响因素。

不同社会阶层的成员，受教育程度、收入和社会地位等方面不同，其旅游行为的差异性也表现得比较明显。社会上层的人，购物时倾向于求美、求新，注重品牌和款式；社会中下层的人，则倾向于求实、求廉，注重物品的实用价值，要求所购买的商品价廉物美。社会上层的人，外出旅游多选择旅行社，不仅想漫游全国，还想周游世界；社会中下层的人，则可能选择比较经济的自助旅游，搭乘汽车或火车前往比较近的旅游区旅游度假。不同社会阶层的人存在文化差异，一些传统的、文化内涵深刻的人文景观，需要旅游者具备一定的文化修养和欣赏水平，处于较高社会阶层的旅游者对它们更感兴趣。

属于同一社会层次的人由于具有相似的价值观念和行为准则，在消费倾向和消费行为上一般具有明显的相似性，但并不一定完全相同。旅游行为既表现出社会阶层整体的相似性，同时也表现出旅游者的个人差异，这与旅游者的兴趣、爱好以及具体的社会环境等有关。

4. 文化群体对旅游文化消费行为的影响

基于国籍、宗教、价值观、种族、地理位置等因素的不同形成的不同文化群体，有着不同的文化观念，在旅游文化消费方面形成不同的消费理念和行为方式。如有的国家的文化传统赋予旅游活动以重要意义，把它视为人的地位和荣誉的一种象征；而另外一些国家的文化传统，则把旅游视为一种不应该有的奢侈行为；还有一些国家、地区或民族，对男子外出或旅游采取赞许或较宽容的态度，而对妇女外出和旅游则多有限制和反对，甚至对妇女参加群众性的社会活动严加禁忌，如阿拉伯文化。受文化观念影响，有的人把闲暇时间用于旅游活动，有的人则忙于家庭事务。

文化观念对具体旅游行为的影响也是相当普遍的。中国人不愿意独处、离群，求同心理比较强，旅游文化消费时容易受众人影响，容易形成从众消费效应；而西方人强调个人权利和价值，在旅游文化消费时乐于保持自己独立的形象，优先考虑自己的意见和感受。人们对运动的态度会影响旅游活动的选择：对体育运动的喜爱促使人们去选择有条件进行体育活动的旅游目的地；将文化习俗、社会知识看得比较重要的人，则会注重选择富有文化色彩的旅游活动。

文化观念的变化，社会经济、文化条件的改善，会引起人们旅游观念的变化，使其转变对旅游活动的态度。比如说由最开始的认为旅游是浪费时间和金钱的传统观念，转而认为旅游是有社会价值、象征意义和纪念意义的一项有趣味的社会活动，甚至把它作为良好的奖励方式和馈赠品，用以替代物质的奖励和馈赠，等等。

第二节　餐饮文化消费心理

餐饮消费者与旅游者一样，都是某种文化的负载者，而饮食文化自古至今都被看作是文化的一部分，因此，餐饮消费本质上也是一种文化消费活动。餐饮文化消费心理研究是借鉴消费者心理学和消费者行为学的研究方法来研究餐饮消费者在消费活动中的心理和行为的科学。餐饮文化消费者是指为满足个人需要而购买和消费餐饮产品或服务的人。对餐饮文化消费心理进行研究，有利于充分理解餐饮文化消费者的心理需求，从而为餐饮企业开展更优质的、有针对性的服务提供借鉴，促进我国餐饮行业的良性发展。

在餐饮文化消费活动中，消费者对餐厅服务有哪些心理需求？不同群体消费者的餐饮文化消费心理各是怎样的？影响餐饮文化消费的心理因素有哪些？这都是本节要研究的问题。

一、餐饮文化消费者的心理特点

（一）餐厅服务心理需求

根据1994年美国旅游基金会与宝洁公司对美国旅游者的调查研究结果，影响餐饮消费者初次和再次选择一所餐饮消费地的前五个因素依次是清洁、味道、合理的价格、便利的位置与舒适的环境、良好的服务。这一结果具有普遍意义。一般而言，消费者对餐厅服务的心理需求主要表现在以下几个方面：

1. 求餐食安全、卫生的心理

消费者希望餐厅内环境整洁、地面洁净、空气清新、温度适宜、没有蚊蝇，使用经过了严格消毒的餐具、台布和口布，吃到新鲜、卫生的食物。尽管餐厅档次有高低之分，但消费者对餐食安全、卫生的要求是共同的，这也是对餐饮消费的基本要求。餐食是否安全、卫生对消费者情绪的好坏会产生直接影响。

2. 求食物有营养、有风味的心理

消费者希望餐厅提供的菜肴能够符合他们的科学营养要求，并且希望了解食物的营养成分及含量。风味是用餐者对所品尝到的口味、嗅味和质地等的综合感觉。用餐者对风味的期望和要求各不相同，有的喜爱清凉爽口，有的喜欢色浓味香，有的倾向于原汁原味。

3. 求价格合理的心理

消费者购买餐饮产品时，除了要有对餐饮产品潜在的购买兴趣和愿望，还必须有一定的购买能力。人们进行餐饮文化消费时，一般会有一种担心食品的价、质不符而上当受骗的心理，因此，他们往往会“货比三家”，希望用一定量的货币，买到功能更全、菜品质量更高、餐厅服务更好的餐饮食品，最终他们会选择适合自己消费档次和消费能力、物有所值的场所进行消费。当然，一部分消费能力强的用餐者，相信“一分钱一分货”“价高必质优”，会有按质论价、认同高价的文化消费心理，以此来满足自己的精神需求或提高自己的身价。

4. 求餐饮地点便利、环境优美的心理

餐饮地点交通的便利，餐饮环境的优美、舒适，都可以使消费者产生感性上的愉悦，甚至直接刺激其消费。餐饮环境既包括餐饮建筑物的外观风格和艺术形象，也包括餐厅内部的环境布置、色彩及背景音乐等。消费者只有处在便利、洁净、优美的就餐环境中，才能产生安全感和舒适感，才能满足对方便性、身份感和美感的需求。

5. 求服务热情周到的心理

首先，消费者要求在餐厅能够享受到快速便捷的服务：希望能马上找到合适的餐桌和座位，希望餐厅服务员能尽快来提供点菜、沏茶等服务。点菜后希望餐厅快速上菜，而不愿长久等待。在用餐过程中，消费者如果有新的需求，希望打个招呼服务员就能快速来到面前，提供相应的服务。用餐结束，消费者希望快速准确地办完结账手续。

几位客人来玉凰山庄的中餐厅吃夜宵。他们点了六个菜和一盘花卷。过了好一会儿，实习生小田取了啤酒刚要存到冷库去时，客人中的一位先生叫住了小田：“服务员，为什么我们的菜这么半天还没上？就吃这盘花生米，我们还不得饿死呀！”小田忙走过去一看，桌上孤零零地只摆着一盘儿花生米，立即开口说道：“对不起，先生，请——”这句话还没说完，客人就接上说：“别说‘对不起’啦！我们已经‘稍等’了很长时间了，快点儿上菜吧！”

小田不好意思地住了口，心想，这种情况下，如再多解释，客人会更觉得你很烦人，所以立即到后厨催厨师先给上这几个菜。很快，客人的菜炒好了，小田立即将菜端上。这时小田向这几位客人道歉：“耽误您的时间了，很抱歉！我是实习生，服务还很差，没能及时给您催菜，请您原谅!”客人见服务员满脸真诚，又跑前跑后忙着催来了菜，气就消了，说：“我们刚才火气大了点，您别在意，以后上菜快点儿就行了。”

评析：马上行动，防止矛盾激化

第一，就餐时，所点菜肴上得太慢，客人肯定会着急、会生气，在这时当务之急不是道歉，而是想办法把菜催来，首先满足客人最迫切的需要，把菜端上来。若仅一个劲儿地道歉，可是客人的菜就是上不了桌，就会使客人更心烦，甚至激怒客人，发生纠纷或投诉。所以在服务中，遇到这类情况，不要只是一味地说“对不起”。实习生小田还是挺机敏，看到客人已不耐烦时，及时住口，马上采取服务行动，防止了矛盾的激化，这样做是正确的。

第二，此案例中造成客人长时间等菜的主要原因是服务员给客人开单后，没能及时巡台，不知客人所点菜上桌情况，因此没能及时去后台联系催菜而造成的。要避免这种情况的发生，首先服务员开单时，对客人所点菜肴中需等候时间较长的菜品做出说明，免得客人点了制作时间长的菜肴后，上桌慢，客人会焦急；开单后，要不断巡台，观察掌握各桌客人菜上桌的情况，发现问题适时调整；若有的桌菜品上得慢，应及时与后台联系，及时催菜；若客人很多，使后厨压菜较多而造成有的桌上菜的速度慢时，可以巧妙调整不同桌上菜速度，采取各桌穿插上菜的办法，可使桌桌都不窜台，便可避免有的桌菜一股脑儿全上了、有的桌却干等菜的不均衡现象，这样，所有的客人都可以安心进餐。①

其次，消费者要求在餐厅享受到公平合理的服务。消费者认为在接待上、价格上以及服务规格上是公平合理的时候，才会产生心理上的平衡，感到没有受到歧视和欺骗。消费者在就餐过程中，如果没有因为外表、财势或消费金额上的不同而受到不同的接待，在价格上没有吃亏上当的感觉，他就会感到满意。

再次，消费者要求在餐厅受到尊重。尊重需要是人类的一种高层次的需要，贯穿于餐饮活动始终。“宁喝顺气汤，不吃受气饭”，是消费者尊重需要在餐饮中的生动写照。尊重消费者体现在用餐消费的各个环节，如服

---

① 职业餐饮网：《行动是最好的道歉方式》，2007-10-02，http://www.canyin168.com/glyy/cygl/cyal/200710/8013.html.

务员微笑迎送消费者、恰当引座、提供图文并茂的菜单、尊重消费者的饮食和生活习惯、绝对不能强迫消费者消费某种食物等。

最后，消费者还有求知需求，要求服务员能够提供相关知识信息。我国饮食文化源远流长，消费者在品尝美味的同时，还对菜肴的名称、来历、制作方法、营养价值等产生好奇，希望了解相关知识，希望服务员能够详细介绍菜肴。

（二）不同群体的餐饮文化消费心理

基于不同的职业、年龄、生活方式、行为准则，形成了不同的餐饮文化消费群体。不同的餐饮文化消费群体，有着不同的餐饮文化消费选择。如上班族追求方便快捷，青睐快餐消费；收入更高的老板和高级白领一族讲究尊贵体面，选择高档酒楼或有情调的餐厅就餐；家庭餐饮文化消费群体一般喜欢到大众化餐馆消费，追求物美价廉、经济实惠；而情侣消费倾向于浪漫情调，喜欢到专为情侣设计的餐厅消费，享受恬静、温馨的氛围。

属于同一群体的餐饮文化消费者，表现出相同或相似的购买行为、心理特征和饮食习惯。年龄是常用的划分餐饮文化消费群体的标准，不同年龄段消费群体有着不同的餐饮文化消费心理。

1. 儿童餐饮文化消费心理

儿童餐饮文化消费者群体是由15岁以下的未成年的餐饮消费者组成的群体。中国的儿童是一个庞大的消费群体，这个消费群天真烂漫，心理需求直接又简单，对餐食的兴趣主要来自外观因素。一般说来，学龄前儿童在餐饮文化消费中，主要表现出模仿性和依赖性消费心理。模仿的对象通常有同龄儿童、父母及电视节目广告等。但学龄前儿童还没有独立的购买力，在餐饮文化消费方面有很大的依赖性，通常是随着父母的购买目标，甚至完全由家长决定餐饮文化消费的地点、类型等等。另外，学龄前儿童由于易受他人影响，情绪波动较大，在餐饮文化消费中经常会表现出对食物喜好不稳定、兴趣多变的特点。学校少年儿童，尤其是进入初中之后的学生，随着自我意识不断加强，对餐饮的认识不再停留在外观上，而是开始关注餐食的品牌、商标的知名度、风味和流行情况等。他们主观上常常认为自己是大人了，但实际上他们又缺乏经验，在餐饮文化消费中表现出幼稚、看问题不全面等弱点。

2. 青年餐饮文化消费心理

16—24岁的年轻人属于青年餐饮文化消费群体。青年人的思维能力已

WENHUA CHANYE

有了很大发展，具备了一定的文化知识和生活经验，社会活动面、接触面不断扩大，信息量增加，餐饮独立消费能力增强。他们的餐饮文化消费心理具有追求时尚与新颖、追求个性消费心理的实现，以及冲动性消费多于计划性等特征。

3. 中年餐饮文化消费心理

中年餐饮文化消费者一般是指年龄在35—55岁的人。这一群体大多是家庭经济的主要承担者，一般处于餐饮消费的决策者位置。中年人经验多、阅历深，情绪比较稳定，多以理智支配自己的行动。他们在餐饮文化消费活动中，从餐饮文化消费动机的形成到餐饮文化消费行为的发生往往经过分析、比较和判断，一般不轻易相信别人的观点、介绍和劝诱。他们重视餐食的实用性和价格的合理性，不像青年人那样追求餐食的时尚，理性消费多于冲动性消费，表现出较强的计划性，具有较强的求实心理和节俭心理。

4. 老年餐饮文化消费心理

老年餐饮文化消费者一般指55岁以上的餐饮消费者。由于老年人的味觉、嗅觉和消化功能等方面都呈现出退化趋势，他们普遍喜欢食用一些松软易消化又富有营养的食物，关注餐食对身体的保健作用。在餐饮文化消费中，由于他们已经形成了自身的餐饮文化消费习惯，在餐饮消费地点、方式及菜品的选择上表现出较强的习惯性心理，所以老字号饭店、商标对老年餐饮文化消费者有很强的吸引力，任何外界刺激都很难改变这种情况。老年餐饮文化消费者总希望在餐饮消费中得到良好的服务，他们对就餐环境、菜点的味道、软硬以及营养成分等都有特殊要求，他们希望餐食标价清楚、手续简便、服务人员热情周到，希望能够感受到贴心的关怀和照顾。①

二、影响餐饮文化消费心理的因素

（一）餐饮文化消费者的感知觉

感知觉是直接作用于感觉器官（眼、鼻、舌、口、耳）的客观事物的属性在人脑中的反映。人的视觉、嗅觉、味觉、触觉、听觉等感知觉在人的餐饮文化消费活动中具有突出的作用。

① 参考周忠民主编：《饮食消费心理学》，162－176页，北京，中国轻工业出版社，2011。

1. 视觉

人类心理从接受客观事物的刺激到做出反应，约90%是通过视觉。在餐饮文化消费活动中，视觉主要是指一道风味菜肴上桌时所带给人的视觉冲击。比如多种颜色材料的适当搭配会带给人五彩缤纷的视觉感受，新奇、独特的造型设计也同样会给人带来美的享受。中国菜肴向来讲究“色、香、味、形”俱全，其中对菜肴色彩的配置和使用以及对菜肴造型的设计都是为了满足人们对餐食的视觉要求。

2. 嗅觉

嗅觉，是辨别外界物体气味的感觉。在餐饮文化消费中，嗅觉往往先于味觉，有时甚至先于视觉。在菜肴上桌前，有可能鼻子已嗅到香味，从而引起食欲。反之，如果先闻到异味、臭味，再好看味美的食物也不一定受欢迎。人类的嗅觉具有很高的感受性，比味觉灵敏得多，但容易疲劳，具有适应性，即嗅觉刺激超过一定时间后，嗅觉就会变得迟钝。古语说的“入芝兰之室，久而不闻其香；入鲍鱼之肆，久而不闻其臭”就是指嗅觉的适应现象。

3. 味觉

味，是食品的重要特性之一。评价食品的质量，要看色、香、味、形，但其中，味是决定性的因素。一般认为，味觉有四种基本类型：酸、甜、苦、咸。各种不同味觉之间相互作用和影响，如甜味对酸味、苦味有抑制作用；咸味对高浓度甜味有抑制作用，对酸味则有促进作用；苦味对酸味具有兴奋与加强作用。味觉具有适应性，即味觉刺激超过一定时间后味觉会变得迟钝，“少吃多滋味，多吃无滋味”是有道理的。因此，菜肴的供应量应适当，品种应多样化和经常变化。味觉的灵敏度会随着年龄的增长而下降，人到中老年，味觉灵敏度下降，喜欢食用香料多、口味重和含糖量高的食物。另外，受水土、气候等生活环境和地方习俗的影响，人们的味觉表现出较为明显的地域性，突出表现在生活环境相近的人们有趋于相近的口味，如我国就有“南甜北咸、东辣西酸”的说法。

4. 触觉

触觉即口感，它能感觉食物的质地、涩味、黏稠度以及辛痛感等。辛痛感是对神经纤维的一种刺激，刺激量适当时会使人产生愉快的感觉，当然用量过多也是不行的。例如，胡椒和辣椒的调味作用，实际上是对口腔引起辛痛感的刺激。涩味是食物带有的类金属味，在口中引发唾液蛋白，使人感觉到干燥少水。柠檬汁、苹果酸等产生的涩味反而会令人喜爱。另外，粒度、黏稠度和脆性很容易被感知。就餐者往往会拒绝食用有结块的肉汁、过于黏稠的蔬菜汤或勾芡，也不欢迎不脆的炸薯条、炸腰果等。

5. 听觉

通常，人们往往认为听觉与餐饮消费心理无关，但实际上，通过音乐等声音刺激，听觉对餐饮文化消费者心理产生不可低估的作用。现代医学、心理学的大量研究结果表明，适宜的音乐能够提高消化系统植物神经的兴奋性，起到增强食欲、帮助消化的作用。音乐不仅可以直接影响人们的生理机能运动，还能影响人们的心理活动。适宜的音乐可以使人心情舒畅、轻松愉快，从而影响人们的食欲。

（二）餐饮文化消费者的需要与动机

1. 餐饮文化消费需要

餐饮文化消费需要，就是餐饮文化消费者对活动食物和服务的愿望和要求。在实际生活中，餐饮文化消费者的需要表现十分复杂，它受消费者自身各种因素的影响，又受各种外界因素的影响。每个消费者的需要多种多样，但还是有一些共同特征的。

（1）餐饮文化消费需要的对象性

人的任何餐饮文化消费需要总有具体的对象，消费行为按一定的指向和要求去满足它。这种具体的对象是随着餐饮文化消费者认知的加深而由一般刺激转化为具体的消费行为目标的。

（2）餐饮文化消费需要的多层次性

由于餐饮文化消费者在民族习俗、收入水平、文化程度、审美情趣、宗教信仰、性别年龄、消费目的、气质性格、能力素质等方面存在多层次性，餐饮消费需要呈现出多层次性和因人而异的现象。餐饮文化消费需要的对象与满足的方式千差万别，对食物和服务的要求多种多样，这就要求饭店经营品种和服务项目要齐全和富有特色，服务方法也要区别对象，不可千篇一律。

（3）餐饮文化消费需要的可变性

内外部各种因素对餐饮文化消费需要的产生和发展起着极其重大的作用。餐饮文化消费者的需要既可以通过引导而形成，也可以因外界的干扰而受到削弱或变换。对自己的消费需要可以去满足、实现，或者抑制、减弱。例如，人在感到饥饿时，如果受到外界刺激（广告等）的影响可能产生相应的餐饮需要；而当某种餐饮价格偏高、自己无力支付时，会抑制对这种餐饮的需要，而找其他低价品代替。

（4）餐饮文化消费需要的无限性

在餐饮文化消费活动中，消费者的需要是不会因暂时的满足而停滞或消失的。当旧的需要得到了满足时，新的需要就会随之产生，如此周而复始，延续不断。因为人类新陈代谢的需要，餐饮文化消费者对食物的需要会一直持续到生命的终结。

（5）餐饮文化消费需要的可诱导性

餐饮文化消费需要的产生、发展和变化，同现实的生活环境和消费环境有着密切的联系。消费观念的更新、社会时尚的变化、社会交际的启迪、工作环境的改变、文化艺术的熏陶、广告宣传的诱导、消费现场的刺激、服务态度的感召，都会不同程度地使顾客的兴趣发生转移，并不断诱发新的消费需要。潜在的需要会变成现实的行为，未来的消费会提前寻找实现的途径，微弱的愿望会转化为强烈的欲求。

（6）餐饮文化消费需要的受制约性

餐饮文化消费者的需要是受制约的，受到生活条件、思想意识观念和伦理道德的制约。人们在满足自己的餐饮文化消费需要时，总是要考虑到满足此需要的方式、方法和实际的可能性。

2. 餐饮文化消费动机

餐饮文化消费行为总是受一定动机支配的。餐饮文化消费者的某种需要被主体意识到后，就会转化为明确的消费动机，促使消费者采取具体行动，寻找有效的途径去满足消费需要。我们一般把餐饮文化消费动机概括为生理性消费动机和心理性消费动机两大类。

（1）基于生理性的消费动机

由生理需要引起的消费动机，称为生理性消费动机。餐饮文化消费者为了保证身体健康、精力充沛、维持生命的延续，以便从事正常的社会活动，都会本能地产生衣、食、住、行等生理需要。在生理性消费动机支配下的消费行为具有经常性、重复性、习惯性和相对稳定性等特点。

生理性消费动机在餐饮文化消费行为中所起作用的大小，与消费者收入水平及消费结构有直接关系。当收入水平较低时，生理性消费动机占主导地位；当消费水平随着收入水平的增加而达到一定的程度时，生理性消费动机的作用才会逐渐减弱。

（2）基于心理性的消费动机

心理性消费动机是指由餐饮文化消费者的认识、情感、意志等心理活动过程引起的消费动机。餐饮文化消费者在决定就餐前，常常有着复杂的心理活动。心理活动的结果，往往成为决定顾客消费什么、在哪里消费、什么时候消费等的重要因素。与生理性消费动机相比，心理性消费动机对推动餐饮文化消费者的消费行为所起的作用有日益增强并逐渐占据主导地位的趋势。

（三）餐饮文化消费者的个性心理特征

在餐饮文化消费过程中，餐饮文化消费者存在着明显的个性特征和行为。餐饮文化消费者的消费行为，在某种程度上是他们个性的反映。与餐饮文化消费有关的个性心理特征包括兴趣、能力、气质、性格等。下面具体分析这些个性心理特征是如何影响餐饮文化消费者的餐饮消费活动的。

1. 兴趣

兴趣是指个体对某些事物有特别注意的倾向同时对这些事物持有积极态度的心理特征。人对感兴趣的事物总是心驰神往，积极地把注意力指向并集中于该活动，总会处于满意、愉快的状态中，并能够创造性地、出色地完成活动。

餐饮文化消费者兴趣的形成受多种因素影响。不同的年龄、性别、职业、知识水平、社会实践经验、所处的社会环境、家庭环境及教育背景等会形成不同的餐饮兴趣。餐饮文化消费者在兴趣这一个性心理方面表现出以下特点：一是兴趣的倾向性，是指兴趣是对什么食物发生的。不同的餐饮文化消费者兴趣的倾向是有区别的。二是兴趣的稳定性，是指餐饮兴趣长时间地保持在某一对象或某些对象上。消费者对某一种或某一类食物的兴趣在一定时期内是相对稳定的，不因自身条件和外部条件的变化而变化。三是兴趣的广泛性，是指个体餐饮文化消费兴趣结构范围的大小。消费者在兴趣广泛性方面表现出很大的差异。

2. 能力

能力是顺利地完成某种活动所必备的心理特征。在餐饮文化消费活动中，消费者表现出的能力有很大差异，主要表现在：(1) 对食物感知、分析评价能力的差异。餐饮文化消费活动的一个重要过程就是消费者要亲自去看、听、触、嗅、尝等。但在这一过程中，每个人表现出的能力是不同的。有的人分辨细致、准确、迅速，能够发现别人看不到的东西，并能够对菜肴的原料、营养、造型、品质等做出恰如其分的分析评价；而有的人感知后只得到一种模糊的感觉，只能笼统地给出一个“好”或“一般”等的评价，对消费的菜肴好在哪里、差在哪里，说不出一个究竟来。(2) 食物购买决策能力的差异。有些餐饮文化消费者能够准确、迅速地对是否购买某一种食物做出决策，而有些人则犹豫不决，不知所措，要听别人的指点或听服务员的诱导。(3) 与他人接触时交际能力的差异。在群体餐饮文化消费活动中，有的人很快就能与他人打成一片，甚至在很短的时间内就能和服务员交上朋友，而有的人则显得孤单、不合群。

3. 气质

气质是指人的典型的、稳定的心理特点。心理学中一般把人的气质划分为多血质、胆汁质、黏液质和抑郁质四种类型，这四种气质类型的餐饮文化消费者的消费行为是有很大差异的。

(1) 活泼型餐饮文化消费者

他们具有多血质的气质特征。他们在餐饮文化消费时能独立、果断地做出选择；他们喜欢与服务人员接触，对各种事情都很关心，喜欢各种活动，但保持时间不长；他们感情丰富，兴趣广泛，希望餐饮文化消费品种花样翻新。

(2) 急躁型餐饮文化消费者

这种消费者具有胆汁质气质特征。他们在餐饮文化消费时能独立、果断地做出选择，较少表现出优柔寡断，不过多挑选；有时粗心，遗失东西，不拘小节；在餐饮文化消费中，常显得心急火燎，如果服务动作不熟练或稍慢一点儿，他们就会显得很不耐烦。

(3) 稳定型餐饮文化消费者

他们具有黏液质的气质特征。他们在餐饮文化消费中，很少主动与服务员交往，感情不易外露，做事很有把握；对新环境不易适应，到了餐厅，很长时间会显得心神不安；消费时认真考虑，仔细挑选，表现谨慎，餐饮文化消费决策花费的时间相对较多。

(4) 忧郁型餐饮文化消费者

他们具有抑郁质气质特征。他们感情很少外露，有心事也不愿对别人讲；不愿意去热闹的场合，沉默寡言；情感体验深刻，自尊心强；好猜疑，一件小事也能引起长时间的情绪变化；吃饭点菜时犹豫不决，难下决心，常观望别人，受别人选择的影响。

4. 性格

性格是指表现在人的态度和行为方面的较稳定的心理特征，但性格具有可塑性，是在生活过程中逐渐形成发展起来的。从性格的角度出发，依据不同的分类标准，餐饮文化消费者有以下类型：

(1) 按理智、情绪、意志三种心理机能何种占优势，可把餐饮文化消费者划分为理智型、情绪型和意志型。理智型餐饮文化消费者在餐饮活动中不盲从，根据获得的信息进行冷静分析，然后做出餐饮决策；情绪型餐饮文化消费者在做餐饮消费决策时，极易受情绪的控制；意志型餐饮文化消费者在消费中有自己的具体目标，如果遇到妨碍目标实现的困难，能自觉行动，克服困难，直到达到目的为止。

（2）按心理活动的倾向性，可把性格划分为外倾型和内倾型。外倾型的餐饮文化消费者开朗外露、善于交际、适应能力强，在餐饮活动中，很容易与同伴或服务员打成一片，很愿意发表意见，情绪也易受他人和环境的影响；内倾型的餐饮文化消费者沉静、内向，喜欢安静的环境，在餐饮活动中，喜欢自己行动，不愿意发表意见，愿意服从他人的安排。

（3）按个体活动的独立性，可把性格划分为独立型和顺从型。独立型的餐饮文化消费者有主见，能够发现问题和自己解决问题，不易受外界因素的影响，在餐饮文化消费决策或其他活动中比较沉着、冷静。他们意志坚定，处理问题也比较果断。顺从型的餐饮文化消费者缺乏独立性和主见，易受暗示。在餐饮文化消费决策中往往犹豫不决，一般不发表自己的意见，很愿意倾听别人的意见。

（四）社会因素对餐饮文化消费心理的影响

社会因素对餐饮文化消费者的消费行为有很强的影响。社会因素是一个复杂的综合体系，这里重点讨论经济、年龄、性别、家庭、社会阶层及文化等因素对餐饮文化消费心理的影响。

1. 经济因素

食物价格和餐饮文化消费者的收入水平是影响餐饮文化消费者消费心理的经济因素。食物价格的高低，是影响餐饮文化消费行为的最关键、最直接的因素。餐饮消费者大多希望享受到物美价廉的食物。一般来说，同类食物中价格低的比价格高的更能吸引消费者，收入低的消费者比收入高的消费者更关心价格的高低。收入是决定餐饮文化消费者消费行为的根本因素。如果消费者仅有消费欲望，而没有一定的收入作为保障，消费行为就不会产生。

2. 年龄因素

年龄是餐饮文化消费者社会阅历或经历的一种重要反映。正如前文所分析的，根据消费者的年龄差异，可以把餐饮文化消费者分为儿童、青年、中年和老年四个消费群体，不同年龄的餐饮文化消费者在消费心理方面有诸多差异。随着年龄的增长，消费者的餐饮消费动机逐渐由生理动机转为心理动机，餐饮消费情绪逐步由多变性转向稳定性，消费的个性行为特点逐步取代消费的模仿行为特点。

3. 性别因素

男女餐饮文化消费者在记忆、思维、情绪、个性等方面存在差异，在餐饮消费文化活动中表现出不同的特点。在消费心理上，女性餐饮文化消费者具有明显的求美和从众心理，而男性消费者普遍显示出求新、求异、求癖的心理。男性相对于女性具有较强的攻击性和支配性，具有开拓创新精神，一般有个人的某种特殊嗜好，对餐饮的奇特性、古怪性有较高要求。在消费行为上，女性挑选菜肴时细腻谨慎，男性则粗略迅速。

4. 家庭因素

处于不同家庭生活周期的餐饮文化消费者表现出不同的消费倾向。在家庭生活周期的青年阶段，餐饮文化消费者有追求时尚和奇特的消费动机。到了中年阶段，求新求异的动机逐步消失，缺乏经验的冲动型消费也逐渐转化为理智型购买行为。老年阶段，餐饮文化消费者在消费心理上逐步趋于保守，对价格敏感，求廉、节约动机较强烈。

5. 社会阶层

一个社会根据成员的价值观念、受教育程度、职业、思想意识等分为若干阶层。同一阶层的餐饮文化消费者，其价值观念、消费模式、消费态度、日常生活习惯、对广告的反应等都具有相似性，表现出相似的餐饮文化消费心理；不同阶层的消费者由于收入水平、受教育程度及职业的不同，会有不同的餐饮文化消费习惯和消费心理。具体来说，阶层对餐饮文化消费心理的影响具体表现在：影响餐饮文化消费者对酒店的选择；影响餐饮文化消费者的消费倾向；影响餐饮文化消费者的信息选择。

6. 文化因素

餐饮文化消费心理研究中所说的文化是指社会的意识形态以及与之相适应的制度，它是知识、信仰、艺术、法律、伦理道德、风俗习惯等的统一体。

文化首先影响餐饮文化消费者的消费动机。餐饮文化消费者在产生消费动机、消费欲望之前已经无意识地受到了社会文化的制约或影响。消费者的消费对象、消费地点的确定，均受到一定文化规范的制约。

文化还影响餐饮文化消费者的消费心理基准。所谓消费心理基准，是指餐饮文化消费者用以选择消费方案和消费动机的准则。消费者依据一定的消费心理基准，将所有可能的消费方案进行比较，使消费选择和动机达到最大限度的协调。因此，消费心理基准是在餐饮文化消费过程中起决定作用的行为规范。消费心理基准的建立，是以特定的社会、文化环境为基础，而且基准也不是一蹴而就的，是需要不断调整的，这一过程也是在文化的影响之下进行的。

文化的时尚也影响餐饮文化消费者的消费心理。文化时尚在餐饮文化消费者身上具体体现为追赶消费风潮，使更多的餐饮消费者增加从众心理及行为。

第十章　体育文化消费心理

随着市场经济的发展，人们的消费内容和消费结构不断更新，体育消费作为消费时代消费符号化的代表，其表现尤为明显。在世界范围内，近几十年来大众休闲体育与健身娱乐产业的快速崛起，使得体育产业成为国民经济中最具活力的增长点。体育消费虽然是人们生活的非必需品消费种类，但是却在日常消费中占据越来越大的份额，体育消费群体也随之不断壮大，我国成为世界最大体育市场的大环境也在证明着体育消费的发展前景。

体育作为一种社会文化现象已经逐渐渗透到人们的生活中，文化因素成为对体育消费行为影响最深远、最广泛的因素之一。当我们提到巴西，就要讲到足球；提起篮球，就会联想到美国NBA；提到滑冰，就想到了俄罗斯；当然提到了乒乓球，就得说中国；等等。体育文化成为人们日常生活和精神世界的一部分，无法舍弃、必不可少，这就是文化最直观、最本质的体现。体育文化不仅是体育文艺、体育文学，也不仅仅是体育宣传，体育文化建设要着眼于基础性、系统性、长远性。体育文化不是简单的体育加文化，不是一件外套，而是融入整个体育发展和百姓生活的文化。正如文化是民族的血脉，体育文化与价值观、生活方式密切相连。

第一节　体育文化消费的特点

按照体育消费资料的性质特点，一般将体育文化消费分为两类：一类是实物型体育消费，一类是非实物型体育消费。实物型体育消费，主要是指人们用货币购买各类与体育活动相关的实物型体育消费资料的消费行为过程。实物型体育消费是目前体育消费的主要组成部分，并且已逐步形成了一种文化现象，从而构成实物型体育文化消费模式；非实物型体育消费则是包括了观赏型体育消费和参与型体育消费的体育文化消费方式。两类消费方式都是人们追求健康和精神享受的表现。体育文化消费引导与教育人们学会健康生活，正确科学的体育文化消费能够引导人们形成正确的体育消费观念和习惯。随着体育消费产品的增加，今后也将形成或细分出不同类别的消费群体，而每个类别的消费群体都会具有其特色，[①] 本节则是重点分析目前体育文化消费的普遍性特点。

一、体育文化消费的商业性

长期以来我国把体育看成纯公益的事业，这种状况直到改革开放以后才逐渐有了改观。体育产业与体育消费在20世纪80年代才开始起步，经过近年来的快速发展，其作为国民经济增长点的地位已经初步确立。随着经济体制改革进程的加快，体育消费也随着体育市场的发展在消费层次上出现了不同档次。体育社会化、产业化程度不断提高，体育市场逐步由过去的零星单一、主次不清，向以体育本体为主、层次分明、全面发展的方向推进，形成包括竞赛表演市场、健身娱乐市场、体育旅游市场、体育博彩市场等在内的体育产业格局。[②]

商业时代造就商业化的体育消费环境，体育文化消费的商业化特性则促成越来越多的体育消费形式，使消费成为实现体育价值的最大力量。这也说明体育与经济有着密切的关联性。中国体育历来和政治、经济是紧密联系的，尤其是近年来，从传统的集中型国家行政垂直协调体制的体育发展模式，向政府宏观控制的社会自我协调机制发展模式的转变，使得体育消费被纳入市场体系与消费过程中，使群众体育由“福利型”向“消费型”转变，也催生了体育发展的产业化、商品化倾向。体育产业与体育市场相互依存、共同发展，社会发展则决定了体育文化的发展。人们越来越深刻地认识到体育文化的各种功能，从而去推动体育文化以及消费文化的发展。[③]

二、体育文化消费的时尚性

就体育消费而言，时尚体育渐渐成为一种社会文化，也就是说体育文化消费呈现出时尚性的特点，复制性、消费性和集体狂欢性是其主要表现特征。在当今信息多元化的商业时代，体育运动从昔日的少有人问津，已经变成了一种时尚文化风靡全球。人们在消费时尚体育时，就像寻找到了

---

①②③ 王晓艳：《经济转轨期体育消费的论述》，《湖南工业职业技术学院学报》，2012（6），50—51页。

一种身份象征，大众因为相同的特征很容易就能获得认同。时尚意味着蜂拥而至的消费。体育经过时尚包装后，其营业额、利润等就不再只是通过产品自身来溢价。时尚元素在当今已经成为直接影响体育产业发展的因素。如“锐步”曾经跟进开发的“弹跃鞋”与“耐克”在乔丹时代研发的气垫鞋，在技术含量上旗鼓相当。然而，技术虽然可以逾越，但是比技术和体育更重要的是，耐克把握了年轻一代的时尚脉搏。耐克不是在推销某一种产品，而是一直在致力于“推销”时尚和流行文化。体育文化、流行文化与时尚要素紧密相连后，在推广和营销时就极易获得体育消费者的认同和共鸣，从而开拓了体育文化消费群体，助推了体育时尚和流行文化的传播。在现代社会中，“时尚”成为使体育运动不断深入人心的催化剂，在推动经济增长过程中发挥着积极作用，也不断强化和延续着体育文化的生命力。[①]

三、体育文化消费的符号性

随着居民生活水平的提高，基于娱乐、休闲的体育消费发展迅速；随着文化市场的蓬勃发展，体育消费更加具有一种社会性、符号性。体育商品所体现出的符号价值有两个层次：一是通过体育健身锻炼或观赏体育竞赛等显示它与其他商品的不同和独特性；二是体育商品本身定位所代表的社会象征性。法国著名哲学家、社会学家波德里亚曾提出：只要把商品当作表达意义和信息的符号来操纵和使用，就属于“符号消费”；符号消费向大众传递了人的社会属性，如社会地位、身份、经济条件、文化兴趣、修养、价值观和信仰等。如拥有自己的健身房和私人教练，或者身着高档次的体育服装，这些体育商品就代表着对某种生活方式、品位、地位的社会认同。因此，对不同体育消费项目的选择与追求，就成为区分不同等级和阶层的重要标志。如高尔夫、保龄球等项目就代表着所谓的“贵族体育”体现出的身份归属感。而嘻哈（Hi-Ho）运动的流行，表达着年轻人活泼的天性，是一种典型的时尚青年文化。嘻哈运动因其所具有的审美性、叛逆性、超前性、差异化和非功利性等均与青年人的心理特征吻合，所以受到年轻人的追捧。花式单车、滑板、街舞或其他极限运动是娱乐与运动二位一体的休闲方式，都讲究精神放松，追求形式美，寓娱乐于运动

---

① 李越辉：《符号时代的体育消费特征及发展趋势分析》，《中国商贸》，2010（6）。

之中，也吻合了年轻人精力旺盛、追求个性自由的特点。①

四、体育文化消费的文化复合性

当今的体育消费由物质消费层次向精神消费层次升级，融合娱乐、休闲和保健的多元化体育消费模式持续升温，文化复合型的体育文化消费开始显现。相关资料显示，美国是全球体育产业最发达的国家，体育产业产值在其GDP中的比例超过2%。英国、法国、西班牙、澳大利亚、日本、德国、意大利、瑞士等发达国家的体育产业产值也基本占本国GDP的1%至3%之间。《世界商业报道》报道，在2008年足球欧锦赛期间，销售门票、食品饮料、广告赞助、电信和媒体服务，以及附带的旅游观光等行业为欧洲带来14亿欧元的效益。同样，在我国，随着居民消费方式由生存温饱型向休闲型、享受型升级，投在体育消费上的支出有了大幅度提升。相关数据显示，我国居民的体育消费增长快于收入增长，城市居民收入每增加1%，其体育消费开支就会增加1.5%。当前体育与文化的融合已成为我国体育产业发展的重要特征。以北京为例，北京体育竞赛表演业、健身娱乐业在体育产业中所占比重已经达到40%，美国、澳大利亚等发达国家则是超过70%。2012年出台的《北京市人民政府关于加快发展体育产业的实施意见》提到，北京将建设国际体育中心城市作为发展目标，并将体育与文化产业融合作为重要的着力点；明确指出“十二五”期间，北京市体育产业将以每年12%左右的速度增长，到2015年体育产业增加值占全市地区生产总值比重提高到1.5%；提出了“大力发展体育健身休闲业、加快发展体育竞赛表演业、做强体育场馆服务业”等具体内容。

第二节　影响体育文化消费心理的宏观因素

体育文化消费心理受到各种宏观因素的影响。这些因素对消费者体育文化消费心理的影响是多层次、多方面的，影响的方式和深度也各不相同。这些宏观因素概括起来有以下几个方面。

一、经济发展和收入水平

美国经济学家罗斯托提出的经济成长理论，也称“起飞”理论，因其

① 李越辉：《符号时代的体育消费特征及发展趋势分析》，《中国商贸》，2010(6)。

比较成熟且自成体系而被许多国家广泛采用。该理论把人类社会发展分为6个阶段：传统社会、为“起飞”创造前提阶段、起飞阶段、成熟阶段、高额群众消费阶段、追求生活质量阶段。按照这一理论，当一国经济在整体上进入“追求生活质量”阶段之后，体育文化消费方能获得大发展。发达国家的发展实践也证明了这一点。譬如，美国20世纪20年代进入“高额群体消费阶段”，70年代进入“追求生活质量阶段”；西欧和日本50年代进入“高额群众消费阶段”，70年代进入“追求生活质量”阶段。这一时间表，与50到60年代体育产业与体育文化消费在美国的大发展以及60到70年代体育产业与体育消费在西欧和日本的大发展相吻合。按照罗氏理论，中国经济目前应该尚处在“为起飞创造条件阶段”向“起飞阶段”过渡的阶段。[①] 我国毕竟还处在社会主义初级阶段，部分家庭经济收入水平与经济发达的国家相比仍处于中下水平，这在很大程度上制约了我国体育文化消费的动机和能力。

二、制度健全和社会支持

制度和社会因素在我国现阶段对体育的消费心理有着举足轻重的影响。“全民健身实施计划”“国家体育锻炼标准”和体育法规的陆续出台与颁布实施，将有力地推动全国群众性体育活动的蓬勃发展，必将对人们的体育消费心理产生深刻的影响，为体育产业提供广阔的市场。在整体政治环境的推动下，积极引导群众性体育活动的健康有序发展，将为体育价值观的搭建营造良好的体育消费环境，对体育消费心理的培育形成潜移默化的影响。当然，有了好的制度和政策，能否落到实处，则有赖于各地方政府、部门领导的重视，以及有效的组织和领导、有力的舆论宣传。

三、文化认同和休闲需求

文化是对人们的体育消费行为影响最深远、最广泛的因素之一。每个社会都有其独特的文化价值体系，文化中的思想观念通过家庭、学校和社会教育向社会成员灌输，使社会成员从小就开始自觉或不自觉地接受社会的行为模式。中国文化价值体系中的重义轻利、知足、安贫、不争、克己和“万般皆下品，唯有读书高”等一系列固定心理模式，其惯性一直延续

---

① 李朝晖：《影响我国体育消费的经济和社会文化因素》，《四川体育科学》，2004（6）。

到今天，潜移默化地支配着人们的观念、意识和行为，也直接或间接地影响着体育消费意识的生成和体育生活化的全面推行。同时，以小农经济为基础的官本位、钱本位思想仍然左右着人们的价值取向。人们追求名誉和地位，追求物质财富的满足，并以自身的身体健康作为代价，忽视人体自身的发展，使人们在对各种事物的价值判断上把体育置于无足轻重的地位。在这样的状况下，人们的体育文化消费必然受到制约。

四、教育程度和身心素养

消费者教育问题虽然越来越受到社会的关注，但在我国的学校教育中、在教育目的的层次结构中，还不包括培养消费者、享用者的类似内容。学校教育对消费者教育培养的漠视也直接体现在学校体育教育对体育消费教育的忽视。体育消费成为社会新的经济增长点，源自“体育就是生活”——人们对体育文化和体育价值认识的升华，而体育消费教育是这种新的生活观形成的必然途径。学校体育教育在大力提倡培养学生终身体育观的同时，还是忽视了对体育消费意识与能力的培养，甚至根本就没有论及这方面的目标、内容、手段或要求。这种教育忽视体育消费常识的传授及体育消费意识、消费观念、消费技能的培养，把体育消费看作一种本能的或经验性的行为，致使学生普遍出现不会消费、盲从消费、野蛮消费、超前消费的现象。同时，这种教育忽视也直接制约了学生走出学校后的体育消费行为。体育消费意识和消费观念的模糊、体育消费的被动性势必阻碍终身体育观的形成，限制终身体育能力的发展。[①]

五、体育消费环境

社会体育大环境包括体育消费环境、所处群体环境、地理环境和体育设施环境。[②] 体育消费环境主要指实物性、参与性和享受性的体育环境。一般情况下环境优雅、设备齐全、价格合理、服务周到的消费环境更容易引起人们的消费欲望。所处群体环境主要是指在一个人的思想、态度和信仰形成时给他以影响的人群。人们生活在社会大家庭中，必然要与周围的人发生各种关系，彼此相互影响。不同的地理环境和区域的经济状况及公

---

① 赵剑、吕雅萍：《论学校体育教育中渗透体育消费教育的必要性》，《山西体育科技》，2004（6）。

② 蒋辉：《我国体育消费心理影响因素的研究进展》，《中州体育·少林与太极》2012（3）。

共体育设施，对人们的体育消费心理和消费水平也有很大影响。

随着生活水平的不断提高，人们更加注重身心健康和生活品质的改善，对大众体育文化的需求也越来越强烈。为改善民生，提高居民幸福指数，政府加快了社会公共服务设施的建设，如各类竞技场馆、各类社区健身中心的建设等。但是不能只为建设而建设，还需要科学的规划、先进的管理，同时要建立完善的体育生产经营体系；要有懂赛事设计、赛事组织、赛事管理和赛事经营的人进行规划和执行，来进行大众体育文化软环境的打造。

在场馆建设方面，像北京的鸟巢、水立方这些漂亮的体育场馆，以及每个大城市都建有的地标式的场馆，人们想进去健身基本没有可能。一是场馆与大众的体育文化需求没有直接挂钩，二是即使场馆提供了部分体育项目，但是资源有限，有钱也未必订得上。本来在学校教育中培养出来的对体育运动有兴趣的人就有限，结果这有限的兴趣又因为非常稀缺的体育消费市场而最终被扼杀。这种情况个体是无法改变的，激活体育文化消费需要完善体育市场来配套。当然国家体育总局也提出把体育场地建在老百姓的身边的方案，近年来也建设了很多实用的健身中心，但是因为后续管理维护没有跟上，建完后的健身中心，设备被腐蚀、在生锈，出现了一些人为破坏，很多场地变成一片废墟。①

在场馆运营方面，正如NBA总裁大卫·斯特恩所言，NBA是个体育娱乐公司而不是纯体育公司，NBA的场馆都不是纯体育馆，而是要承接文艺演出的。国内的“万事达中心”，原北京奥运会“五棵松篮球馆”，在2011年承办了大大小小一共80场“秀”，包括文艺演出、体育比赛、集团活动等等。每周都有“秀”，对万事达中心来说一点也不夸张，而且被认为是必须达到的基本运营目标。总经理国今娇说：“我们要做的是让场馆保持活跃，经常有大型活动。而且一定要种类繁多，丰富多彩，还要有高质量的演出。这样才能让我们的赞助商们保持高曝光率。”国今娇将万事达中心比作一个平台，赞助商形象在万事达中心出现时，远非在电视上做一个广告那么简单。“用打广告来形容我们的模式，有些陈旧了。我们没有刻意地将赞助商信息轰炸给受众。而是让受众自然地、潜移默化地感受到赞助商形象的存在。比如万事达，只要媒体报道或者老百姓私下谈起时

① 阮伟：《激活体育消费繁荣文化市场》，网易体育，2011-11-11。

WENHUA CHANYE

说，某某在万事达中心开了演唱会，这样就到位了。”①

第三节　影响体育文化消费心理的微观因素

从上面分析可以看出，影响体育消费的因素很多，比如宏观社会层面的可支配收入、体育消费品价格、体育消费品质量等等。影响体育消费心理的因素当然也有微观个体层面的，如个人的闲暇时间、性别、婚姻状况、年龄、受教育程度等，以及体育消费者的兴趣爱好、锻炼身体的动机、特长培养、人际交往的需求、丰富业余生活、受朋友影响和邀请、追求时尚的习惯与情感等主观思想因素。

一、体育产品消费者的心理特征

现在的体育商品，不仅仅能满足消费者的物质需求，而且已经成为人们身份、社会地位、经济条件、人格特征、文化趣味和修养等的符号化象征。体育商品不再仅靠实用来占领市场份额，而是披上时尚的外衣，通过某种符号化的象征去张扬个人的思想或追求。因此，体育商品的提供者需要深入而广泛地研究消费者的心理特征，才能准确把握、潜心培育乃至主动引领体育消费市场。

首先，体育消费者对某一体育产品品牌的熟悉和了解构成其选择此品牌的基础。体育消费者在选择购买体育商品过程中常受其品牌偏好的影响，为了坚持自己的品牌情结，不怕冒风险，即使挑选错了也不后悔。

研究表明，对于一些品牌知名度较高的体育品牌，体育消费者即使认为它们对于自己的应用并没有什么优势可言，也仍不会放弃购买。如在美国，体育消费者中只有50％的人会认为某种特定品牌的运动商品较其他品牌的运动商品的品质更好，而且能够接受因为认可品牌而带来的溢价，而在进入商店时却有62％的人确定他们要选择特定品牌的运动服饰。可见，相当一部分体育消费者只是依据体育产品品牌知名度，而不是体育产品本身特点做出购买选择的。所以，在进行体育产品研发时就要考虑如何将产品的卖点转换为消费者的买点，并通过某种形式载体传达给消费者，而体育文化就是很好的载体。

目前体育消费者能够叫得出名字的品牌，几乎都会激发体育消费者的

① 《万事达中心：卖了冠名权第一个吃螃蟹》，北晚新视觉网，2012-2-15。

某些联想，或者说能够使体育消费者将该品牌与其他已经储存在大脑中的另外一些信息建立联系。如，提到“耐克”，体育消费者就会不自觉地把它与“美国”“乔丹”“NBA”“高价”等相联系，提到“李宁”则会将它和“中国”“优质”等联系起来。一个体育品牌在体育消费者心中激起的所有联想就构成了该体育品牌的形象。这些联想有的涉及体育品牌的物质或功能属性，有的则是涉及消费体育产品或服务时的情感，还有的可能涉及体育品牌的用户群、形象代言人、广告语、图形标志，如耐克的“对号”标志、阿迪达斯的“三叶草”标志等。①

其次，体育消费者的购买选择与其兴趣爱好也有密切关系。当体育消费者已形成对某品牌的体育商品、某种体育劳务或服务产品，或是对某个竞赛项目、某个著名的球队、某个著名球星的喜爱后，就会不假思索地关注和购买与之相关联的项目或体育商品。

再次，不同教育背景及职业的体育消费者，对体育商品的爱好与需求也不尽相同。如从事脑力劳动的人群，参与和选择能够满足社交需要、体现身份的个性化体育项目和商品，对高尔夫球、保龄球、健身房等休闲娱乐型体育消费项目兴趣强烈。这类体育消费群体更多地追求时尚、前卫，讲究品位。而体力劳动者具有较为强烈的健康观念，比较喜好各种运动竞赛项目，以及各种大众化的体育劳务及服务产品。因经济条件的限制，体力劳动者通常选择简单实用的锻炼健身方式，如游泳、跑步、打球、体操等。

下面以女性体育消费者为例，分析其体育用品消费的心理特征。目前全国各大城市的健身中心、美容中心非常多，而女性消费者是定期光顾健身中心和美容中心的主要顾客。各商家针对女性追求健康身体、美丽身材的心理，纷纷推出各种各样的服务项目，如健身器械减肥、蒸汽按摩塑身、有氧操和有氧舞蹈、街舞、瑜伽、香熏、激光疗法等，这些项目能够健身减肥是吸引女性消费的主要原因。女性消费者一般是少则几百元，多则上万元扔进健身房。面对这个庞大的消费群体，大举拓展女子健身和美容业务，是商家积极开发的主要市场。如今，有着良好经济条件和前卫消费观念的女性撑起了健身消费市场的半边天。一般健身房女性会员的年龄在20—50岁，其中30岁左右的占大多数。

---

① 赵恒：《浅析影响体育消费者购买行为的个体因素》，《商场现代化》，2009（2）（上旬刊）。

WENHUA CHANYE

女性消费观念已转向享受型、健身型消费，她们逐渐成为体育和文化娱乐消费的生力军。女性体育消费心理动机有：1. 增强体质意识。现代科学的发展促进文明进步的同时也带来了许多负面的影响，比如身体疾病、心理亚健康状态等，促使女性加强对身体锻炼的重要性的认识，认同体育增强体质、有益健康的思想。2. 情感需要心理。现代女性渴望被大家认可、承认、夸奖，也渴望被尊重的感觉，同时在工作和生活上的压力需要释放，所以要选择既能锻炼身体又有娱乐休闲功能的运动项目。3. 追逐潮流心理。随着改革开放的深入，现代女性接受新思想新事物的机会也多了，个性化思想逐渐体现，对美的追求也体现出个性化特点。4. 社会适应心理。有正式工作的女性越来越多，女性体现自我的机会也越来越多，工作之余的休闲娱乐是广交朋友、交流心得的大好机会。5. 健康安全心理。随着生活水平提高，营养过剩，工业高度发达带来的安全隐患和健康危机也在增加，现代女性对自己、家人的健康和安全问题提出新的看法。①

再以大学生群体的体育消费心理特点为例。大学生正处在由学校向社会、由少年向青中年过渡的阶段，从生理、心理特点及其所扮演的社会角色来看，大学生的体育消费心理有着与其他社会群体不同的特点。

（一）从众心理和求异心理。从众是一种较为常见的社会心理和行为现象，在大学生特别是低年级大学生中尤为普遍。调查结果显示，82%的学生进行体育消费时是跟同学、朋友一起的，他们或结伴购买体育用品，或结伴观看同一场体育比赛，或结伴参加同一项目的体育辅导班。大学生的从众心理与行为的产生同许多因素有关，比如他们具有相似的生活经历与生活方式，存在许多共同的需求，行为一致性强。另外，体育消费作为人类生存资料之外的非必需品消费，属于享受资料和发展资料的部分，在人们的生活消费中仍显得较为生僻，因此大部分同学缺少体育商品的知识和体育消费的经验，缺乏判断力和自信心，从众便成为他们自然的选择。此外，他们的从众性，还与他们的攀比、模仿、跟风、追随等心理和行为有关。

另一方面，每个大学生自身条件不同，个性心理存在差异，随着他们自我意识的不断加强，消费经验的不断丰富，其消费行为的个性化趋势也越来越明显。他们在进行体育消费时也同其他消费一样，喜欢与众不同，

---

① 罗翠玉、何建：《女性体育消费心理与健身市场营销策略》，《中国商贸》，2010（4）。

标新立异，以表现自我、宣扬自我、炫耀自我，这特别表现在他们选购体育商品上。

（二）求实、求廉、求便与求新、求美、求名心理并存。随着年级的升高，大学生的消费倾向也逐渐趋于稳定和成熟。因为经济条件有限，大部分学生对收支会进行计划性安排，量入为出。他们在选购体育商品时，比较注重商品的价廉物美。同时由于大学生学习紧张，他们对时间和效率特别重视，往往会选择离学校较近的地方进行体育消费。学生的实物体育消费主要是购买运动服装、鞋帽，其次为小型的运动器具。因为运动服装、鞋帽不仅可以穿戴着上体育课、进行课外体育活动，还可以代替日常生活必需品，这样的消费一举两得。劳务型消费主要用于校内的一些有偿健身场所，如乒乓房、溜冰场、游泳池、体育培训等。这些校内场所面向学生的收费较为低廉，学生相对能够承受。

另一方面，大学生作为青年群体，较喜欢追求新颖和时髦，热衷于追求时代潮流，追求品牌。只要经济条件许可，他们会较大范围地消费知名品牌的体育用品。他们认为品牌消费能降低购买风险，同时也满足了他们求时髦、攀比、好胜等心理需要。①

二、体育营销与宣传策略

体育消费作为一种消费形式避免不了消费所固有的特点。消费作为一种经济现象有其发生、发展的一般规律。现代商业的运作一般要对消费进行有目的的引导。商家营销体育产品的手段日益完善，宣传策略层出不穷，广告形式丰富多样，对消费者心理的渗透力非常强。商家通过精美的包装、独特的广告语、大牌的明星、新颖的设计给人们带来极大的震撼，从而刺激品牌的流行，促使人们进行体育文化消费。传播媒体对于引导消费、促进体育消费市场的繁荣发展、帮助消费者树立合理的体育消费观念、推动全民健身运动、提高居民的生活质量都具有重要的作用。比如，在青少年体育文化消费心理预期中，信息来源与渠道的影响力占据重要地位。

体育运动凭借其公益性、互动性和体验性等优势，成为企业营销的有效利器。体育运动本身所表现出的健康、积极、向上的良好形象，以及各

---

① 张辉、罗建英：《大学生体育消费心理与行为的调查分析》，《山东体育学院学报》，2002（3）。

项运动所特有的文化内涵，都在体育营销过程中无形地融入到所关联的品牌中，提升了该品牌的整体形象。如宝马公司借助奥运营销，将企业形象、产品定位、品牌文化等要素渗透到体育当中，与受众产生共鸣，并借助体育的魅力、影响和关注度，使品牌与消费者群体之间建立起一种深刻、牢固的情感互动。可以说，最成功的体育营销一定是契合体育文化的营销。

下面我们看看宝马公司通过赞助奥运来进行文化营销的成功案例。宝马是2012年伦敦奥运会组委会的汽车业唯一合作伙伴，也是中国奥委会和美国奥委会的合作伙伴。但是，如果你认为宝马只是为了借奥运概念短时间内多露脸多卖几辆车的话，那就没有理解宝马要做奥运营销的真正动机，也就小看了这家全球最大豪华汽车公司的营销水平。

成功的体育营销可不是通过赞助获得更多曝光率这样简单。赛事的精神内涵与赞助企业本身的理念之间如果找不到太多契合点，那么这样的体育营销只能说是蹩脚的广告发布，没有更大的价值。2008年北京奥运会，很多中国赞助商都将奥运当成自己增加曝光大肆扩张的好机会，在渠道、产品、技术、终端上发力，而忽略了与奥运精神的契合。赞助商仅仅是获得了一个奥运身份标签，没有融入更多深层的文化元素，没有让消费者感受到其品牌的内在存在。这就注定了他们只能得到一种浅层次的收获——有了知名度，却没有收获美誉度。

怎么样去衡量一个成功的奥运赞助商？企业赞助奥运的成功，一定是文化战略的成功。它借此向公众表明的是自己既在商业之内又超越商业的让人尊重和拥护的价值观，然后借助奥运这一载体，更好地与消费者群体互动沟通。

例如，宝马认为中国人现在参加奥运应该是为了快乐、健康，而不单纯是为了输赢而参与。正如刘翔的教练所说，现在应该回归到以前的“友谊第一，比赛第二”的精神。这实际上与宝马品牌形象“悦”的分享参与理念十分契合，因此MINI中国为2012伦敦奥运定下了这样的口号：“激动第一，比赛第二”.“对宝马来说，我们抓住了奥运会这样一个契机，同时也抓住中国人心这样一个变化，能够将宝马的核心价值JOY（悦）通过这样一个点切入。”宝马中国市场总监朱力威说。由此2012年宝马提出了全年奥运营销主题是“All FOR JOY”（为悦，全力以赴）。“悦之队”(JOY TEAM)，这是宝马汽车对征战2012年伦敦奥运会的中国、美国和英国代表团的统一称呼，人们从中同样能够感受到宝马将其品牌理念同奥运精神紧密挂钩的营销设计。在这个意义上，才能够认识到宝马集团大中华区总裁兼首席执行官史登科博士所说的这句话绝非套话：“宝马和中国奥林匹克运动走到一起，不仅是因为产品和技术，更是因为价值和理想的共鸣。”也因此，华晨宝马营销高级副总裁戴雷才敢说：“其他很多品牌会考虑通过奥运让大家知道这个品牌，但宝马通过奥运要宣传的是宝马的品牌价值，就是激情和梦想。”

在中国，宝马推出两组不同系列“为悦全力以赴”的广告：一组以车型为主角，另外一组则以跨栏运动员刘翔、帆船运动员徐莉佳、击剑运动员雷声以及12岁的篮球少年张宇为主角。“我们在片中并没有刻意添加很多企业信息，去说宝马是什么样的企业，宝马之‘悦’是什么等，但大家通过片中刘翔为自己的激情和梦想去坚持的故事，能体会到这就是BMW之悦。”华晨宝马主管市场的副总裁梅晓群这样说。

在宝马公司看来，奥运这个传达“悦”精神最好的载体不能在伦敦奥运会后就丢弃。宝马在中国赞助了四支国家队，同时还在进行青少年奥林匹克发展行动，比如和姚基金合作的篮球项目、青少年高尔夫的推广、花样滑冰青少年冠军计划等等。这一系列的合作都贯穿着“更多人参与体验和分享”这个理念。宝马希望在这些活动中，把自己的员工、经销商、车主等都融合进来，让更多人参与体验快乐、激情，让更多的人能够分享快乐、更加包容。① 这既是一个长期的体育文化教育认知过程，也是一个长期的体育文化营销战略。

世界体育用品联合会调查报告显示，中国已经拥有全球65%以上的体育用品生产份额。中国已经成为世界最大体育市场的现实，预示着中国体育消费的发展前景。深入研究人们在生活消费过程中的体育文化消费，研究其在体育消费行为中的心理活动规律及个性心理特征是摆在每个从事体育文化产业研究的专家、学者及相关企业面前的共同课题。

现代体育文化消费的商业性、时尚性、符号性、文化复合性等具体特征，使体育文化消费成为一种社会文化现象，潜移默化地渗透到人们的生活中。而文化因素必将成为影响体育消费心理和行为的最为深远、广泛的因素。作为文化消费的重要组成部分，涵盖休闲、健身等在内的体育文化消费必将迎来更加深入、全面的体验时代。

① 《宝马快乐战奥运：不同的体育营销案例》，《汽车商业评论》，2012-8-3。

第十一章　演艺文化消费心理

第一节　演艺文化消费的特点

演艺业又称作舞台表演艺术业，是指由众多职业表演者、艺术家与演艺经营者组成的专业艺术表演团体，按照剧目要求在固定舞台或临时演出场地当众进行单一或综合性艺术表演活动；其类型主要包括音乐、舞蹈、话剧、哑剧、说唱、曲艺、杂技等，是文化产业核心门类之一。[①] 近年来，伴随我国经济社会发展和人民群众文化消费需求的不断增长，演艺业获得了蓬勃发展，演艺文化消费总量增长迅速。相关统计数据显示，2006 年到 2008 年，我国演艺文化消费增加值从 54.29 亿元增至 79.75 亿元，演出总场次从 49 万场增至 90.5 万场，观众人数从 4.6 亿人次增至 6.32 亿人次，并继续保持了高速增长的良好态势。[②] 2012 年，演艺产业取得了不俗成绩，票房成绩超过了风头正劲的电影产业。以北京为例，电影票房为 13.2 亿元，而演出票房却实现了 14 亿元的突破。[③]

演艺文化消费作为众多文化消费形态之一，既有所有文化消费形态的共性，又具有其鲜明的特色。从总体来看，我国演艺文化消费的特点集中表现在强调现场演出效果而不易复制、互动性强、极富艺术感染力、文化消费市场相对集中、产业链薄弱、收益模式相对单一、处于初级阶段但消费潜力巨大等方面。

---

① 中共山东省委宣传部：《文化产业知识读本》，14 页，济南，山东人民出版社，2007。

② 祁述裕：《中国文化产业发展前沿——“十二五”展望》，81 页，北京，社会科学文献出版社，2011。

③ 《2012 文化产业年终盘点》，《中国文化报》，2013-01-04。

一、强调现场效果，具有不易复制的特点

追求现场效果是演艺文化消费的最大特色，也是其区别于其他文化消费形式的最大亮点。作为一种以现场表演为依托的艺术形态，无论音乐、舞蹈、演唱还是曲艺、杂技，其演出的传播媒介都是真人生动的现场表演；任何一种机械化的复制或者其他传播媒介，都会使一种现场表演艺术作品的韵味消散或者变味。[①] 通过录音、录像乃至现场直播的方式，虽然可以把演出的基本文化信息传递给更大范围的观众，但那些观众却无法直观感受到演出现场的气氛和艺术效果。况且，通过其他媒介传播就脱离了演艺文化消费的基本要素，转变为其他的如电视、电影、网络等文化消费形式，严格来说不再归属于演艺文化消费的基本范畴。由于演出的不可复制性，即使是同一演出内容，如某一音乐会进行全球的巡回演出，在不同的国度、时间和空间所展现的艺术表现形式也多有差异，这是演艺文化消费的基本特点所决定的。而简单的复制和机械性演出是不具有生命力的，不具备演艺文化消费所追求的现场效果。

二、演员与观众互动性强，更富艺术感染力

演艺文化消费不同于其他文化消费的另一特点，就是其表演过程中演员与观众的交流互动，能够带给人们更加直观的艺术震撼；相较其他文化消费类型来说演艺文化消费更具娱乐性、互动性和艺术感染力，这也是演艺文化消费的最大魅力所在。一般来说，由于演出过程中表演艺术家与现场观众直接面对面接触，演出内容和形式可以根据现场观众的要求和气氛的变化情况进行交流互动和及时调整。演艺文化消费的整个过程不是消费者对演出节目的单方面接受，而是双向互动的，这既能够调动现场观众的积极性，也能极大激发演员的表演热情，使得演出效果更加完美。而其他文化消费形式如电视、网络、杂志等媒体所带给观众的，大多仅是单一的信息传递，不能有效实现创作者与文化消费者的情感交流和沟通互动，因此相较演艺文化消费其艺术感染力会大打折扣。

三、地域性强，市场集中，城乡差异明显

电影、电视、网络、报刊等文化消费媒介的传播不受时间和空间限制

---

① 王雪野：《国际文化资本运营》，307页，北京，中国传媒大学出版社，2008。

（或限制较少），全国甚至全世界的文化消费者都可以在相同或不同时间、空间享有共同的文化消费产品。而演艺文化消费则不同于以上消费形式，受到场地、设施、舞台布景的特殊要求，以及区域文化消费能力和观众人数等方面因素的制约。国内各种演出活动特别是具有较高文化品位的演出活动主要集中在北京、上海、广州、深圳、天津、成都、杭州等大城市，而中小城市特别是乡镇农村各种文艺演出活动，无论演出场次、层次、种类还是规模都要少得多、小得多。由于演出市场的相对集中，为了观赏到自己喜欢的演出，中小城市和农村的广大消费者只能不顾路途遥远甚至跋山涉水到市场集中的一线城市去观看演出，而其他文化消费形式此方面制约则少得多。

四、演艺文化消费产业链薄弱，收益模式相对单一

当前，演艺文化消费相对于其他文化消费形态来说，其产业链较为薄弱，市场运作和收益模式仍显单一。目前我国演艺文化消费市场在收益模式方面还存在过度依赖票房收入和赞助的情况，衍生产品收益、版权收益等虽然有一定程度的发展，但也仅限于拥有较高知名度或具有明星品牌的演出（如一线歌星演唱会），一般演出活动很难从其他渠道获得高额收益。这既是我国当前演艺市场的特点，也在一定程度上制约了演艺文化市场的良性发展。许多演出活动主办方为了确保演出收益甚至只是为保住成本，往往在签订正式演出合同之前很早就投入招商活动，寻找赞助和冠名单位。也有一些演出商因为拉不到赞助或赞助经费不足，而售票情况又不乐观，就不得不在演出中偷工减料，导致演出品质和水准大打折扣，影响了演艺文化消费者的合法消费权益。

五、我国演艺文化消费仍处于初级发展阶段，但潜力巨大前景广阔

相当长的一段时间内，我国的各种文化演出活动都是在计划经济条件下的政府“办文化”范畴里运作，属于文化事业的范围，消费者何时何地消费何种演艺文化产品，都是由当地政府统一安排、免费观看，基本上没有选择权。改革开放以来，我国演出市场获得了一定程度的发展，但总体来看其产业化进程还较为缓慢，相对于其他文化消费形式来说整体上是滞后的。计划经济时期免费观看演出的经历，也导致当前许多消费者不习惯花钱去看演出，而是通过各种途径和关系找“赠票”，这也一定程度上阻

碍了演艺文化消费的健康发展。伴随文化体制改革的进一步加快，特别是在文化产业蓬勃发展的有力支撑下，演出市场近年来出现了前所未有的繁荣景象，消费者的演艺文化消费观念也有一定改观，消费者特别是年轻群体更加乐意花钱去消费自己喜欢的演出产品，演艺文化市场前景广阔。

第二节　影响演艺文化消费心理的因素

文化消费活动受到多方面因素的制约和影响，影响演艺文化消费心理的因素也是多方面、综合性的。以下仅从文化消费者自身因素、演艺文化产品因素、社会经济文化环境因素等方面进行系统梳理和分析。

一、经济发展与社会文化因素

（一）经济发展状况。经济发展因素是指由社会生产力发展水平决定的社会经济发展水平以及与生产力发展相适应的社会生产关系。在影响消费者消费心理活动的一系列宏观因素中，经济发展状况从总体上制约着消费者群体心理活动。经济环境、区域经济发展水平不同，在此基础上形成的演艺文化消费群体的消费心理也就不同。在经济发展水平较低的发展阶段或地区，消费者整体消费欲望特别是对演艺文化产品的消费需求会由于缺乏物质基础而被抑制；而在宏观经济环境良好的发展阶段或地区，对演艺文化产品的消费需求则会得到充分释放，消费者对文艺演出产品有更大的需求。[①]

（二）文化环境与消费习俗。文化具有地域性、传统性、间接性和时代性等特点，每个人总是在一定的文化环境中出生并成长的。而消费习俗是人们在一定的社会环境特别是文化环境中长期累积形成的、具有相当稳定性的消费心理模式。无论普通商品还是演艺文化产品，消费习俗都对其消费具有重要的影响。受到区域文化习俗以及在此基础上形成的文化消费价值观、文化消费审美取向等方面因素影响，不同的消费者对于一种或几种演艺文化产品都会产生特定的消费偏好。如火爆大江南北的东北二人转，其最大的消费群体在我国北方地区，特别是在东北地区有“宁舍一顿饭，不舍二人转”的说法；而周立波的脱口秀节目，其主要文化消费群体在上海及其周边地区。这都体现了建立在文化环境和消费习俗基础上的消

① 温孝卿：《消费心理学》，82页，天津，天津大学出版社，1995。

费者偏好因素所产生的影响。如果某一演艺文化产品不符合甚至违背当地消费者的习惯，不符合消费者的价值观念和消费传统，那么演出活动很可能无法取得成功的演出效果和市场预期。

（三）消费群体和从众心理。德国心理学家 K. Lewin 指出：群体具有较强的整体性，对个体具有很大的支配力；一般来说，改变个体得首先使所属群体发生变化，这要比直接改变个体更容易而且迅速。基于工作性质与职业、兴趣爱好、收入水平、年龄阶段，人们都会自觉不自觉地形成一定的消费群体。而在一定的消费群体中，消费者普遍存在消费从众心理。从众心理是消费活动中普遍存在的心理和行为现象。演艺文化消费活动中，消费者对演艺作品的选择和接受过程往往会受到身边的文化消费群体的影响。消费者进行演艺文化消费选择时，一般来说需要较高的艺术修养和审美判断能力，但大多数文化消费者由于各方面条件的限制，选择时往往倾向于参考相关消费群体对演出活动的认识和评价。如果消费群体内多数人对某种或某一演出持肯定和赞成态度，那么个人往往会坚定对此演出的选择；如果某一演出活动受到消费群体的否定性评价，那么消费者个人即便爱好但往往出于群体认知情况的压力，与群体保持一致。

（四）消费流行与大众传媒因素。消费流行又称为时尚、时髦等，是指在某一时间段内，社会上相当数量的人追求或模仿某种思想、文化和行为方式的现象。从心理学的角度看，文化消费流行作为社会流行的重要部分，表现为对某类文化产品的风行一时的消费模式。特别是在演艺文化消费方面，消费流行对消费者心理的影响不可小觑。在现代传媒大行其道的条件下，优秀的演艺文化产品在一段时间内借助各种因素很容易成为一种流行和时尚，进而引发文化消费者对某类或者某一演艺文化产品的心理认同和消费模仿，具体表现为一定时期内社会人群对某一演出产生兴趣和购买行为。[①] 当然，消费流行并非一成不变的，流行总是在一定时间和范围内发生变化，影响文化消费群体消费心理，引导观众对演艺文化产品进行选择性购买和消费。

大众传媒作为现代社会最为有效的传播手段，在相当程度上承担了对文化消费产品的评判功能，是影响演艺文化消费心理的重要因素。当今社会，各种传播媒介特别是网络媒介渗透到生活的方方面面，受到媒体推荐和好评的演艺文化产品，特别是各类媒体联合持续推荐、拥有良好口碑的

---

① 顾文钧：《顾客消费心理学》，313－314 页，上海，同济大学出版社，2002。

产品，能够引发人们的好奇心理和观赏欲望；而被传媒众口一词贬斥的演艺文化产品，则容易导致人们的排斥心理。因此，众多演艺文化产品在推出之前，会联合报纸杂志、广播电视、网络媒体等对演出产品进行大规模集中式报道，借此影响消费者的消费心理，激发观看欲望。

二、文化消费者自身因素

（一）消费者经济收入状况。消费者自身及其家庭的经济收入，是消费者购买力的基本体现，也是影响消费者对演艺文化产品选择的重要因素。只有在消费者及其家庭基本物质需求得到满足的情况下，人们才会选择文化消费产品（花销较高的演艺文化消费品更是如此）。消费者由于所处社会阶层和从事行业、工作岗位的不同，收入水平会有较大差异，特别是在当前中国社会转型期，收入差距明显。在演艺文化产品价格不变的情况下，消费者收入越高，文化消费能力越强，受文化消费产品的影响越大，文化消费心理压力也越小。对于收入较低的家庭和消费者，即使演艺文化产品本身价格并不高，但由于消费者收入较低，相应的文化消费会对消费者造成较大的心理压力和经济压力，会影响甚至阻碍消费者对演艺文化产品的选择。在当前演艺文化消费价格普遍较高的情况下，消费者出于“囊中羞涩”会减少消费或者选择替代性的文化消费产品，如不去现场观看演艺活动，而是在家通过电视或网络观看演出的录像，以减少或避免选择观看现场演出活动给自己带来的经济和心理的压力。

（二）消费者文化偏好。消费者的性别、年龄、社会地位、经济收入、文化修养、个性特征等方面的差异，导致消费者有不同的文化消费偏好（或者说文化消费兴趣），对个体的消费心理会产生重要的影响。消费偏好具有指向性、持久性、效能性、迁移性等特点。[①] 一般来说，男性与女性、老人与青年人、开朗与内向的人对演艺文化消费产品都会有不同的选择。男性往往会选择惊险刺激、具有挑战性感官享受的演出产品，而女性则会选择温柔婉约、唯美动人的演出产品；中老年人往往会选择戏曲、曲艺类节奏缓慢的演出，而青年人则更倾向于观看具有流行消费特点、更具时尚节拍的明星演唱会。在演出价格和消费者收入固定的前提下，符合消费者偏好的演出更能激发消费者兴趣，让消费者感觉有较高的性价比。如一些明星的演唱会最低票价都要两三百元，但喜爱某一明星的粉丝会觉得花钱

---

① 罗子明：《消费者心理学（第三版）》，206页，北京，清华大学出版社，2007。

看一场演出很值得，而具有其他偏好者如喜爱戏剧的中老年群体则会对追星和这样高票价的演出消费持否定态度。

（三）消费者文化消费观念。消费者的文化消费观念对演艺文化消费的影响是直接而深远的，这与长期以来我国居民所形成的演艺文化消费心理息息相关。当前，在演艺文化消费方面存在几种错误观念：其一是面子观念。某报曾经在南昌演艺消费市场调查发现，一场演出中至少有30%的观众是通过各种关系或渠道靠“蹭票”走进剧院的，真正出于对高雅艺术的欣赏而自愿掏钱买票看演出的消费者依然是少数，绝大多数演出在票房的直接销售上仍难有作为。① 而这种现象并非个例，在青岛演出市场上，业内人士抱怨最多的也是观众们的消费观念没有改变，部分文化消费群体宁愿多掏钱请客找票，也不愿意自己出钱买票，且堂而皇之地说“哥要的不是票，是面子”。② 其二是盲目崇外观念。俗话说“外来的和尚会念经”，当前我国消费者在演出市场中仍没有摆脱此观念的束缚，青睐国外演出，造成了盲目崇洋的消费心理，而具有悠久传统文化积淀的国内演出则相对不受重视。

三、演艺文化消费产品因素

（一）演出价格和观赏成本。价格心理是消费者购买心理的一个组成部分，是商品价格在消费者心理上的反应。文化商品价格是影响文化消费心理的重要因素。③ 演出活动由于其特殊的形式和要求，相对于其他的文化消费形式来说消耗的人、财、物等资源较多。如2012年北京的小剧场每场租金为3000元至5000元，而一些大剧院每天的场租高达数万元；更有甚者，广州大剧院一场演出的场租达到20万元，小剧场一场的场租也高达10万元。过高的场租导致演出成本增加。④ “羊毛出在羊身上”，如此高额的成本不得不转嫁到消费者头上，因此一般来说文艺演出的票价相比其他文化消费产品价格更高。目前，我国演出的票价普遍在百元以上，有的甚至有几千元的，令普通文化消费者望而却步。而消费者的支出不仅限于票价，由于演出的时间和空间限制，要求消费者预留出时间，并及时赶赴演出场地观赏演出活动，这无疑大大增加了消费者的经济负担和心理负

---

① 张晶：《蹭票风滋生市场弊病》，《江西日报》，2009-01-23。

② 王法艳、杨冰：《青岛演艺市场消费习惯待培养》，《半岛都市报》，2011-01-12。

③ 温孝卿：《消费心理学》，179页，天津，天津大学出版社，1995。

④ 桂杰：《高票价让文化演出“虚假繁荣”》，《中国青年报》，2012-01-12。

担。因此，从演出经营者角度看，应在尽量降低演出成本、降低票价的同时，根据价格对心理的影响制定相应的策略。如票价定为190元，而非200元整数，会让消费者感觉只有一百多元，更容易接受。

（二）文化品牌与艺术特色。演艺文化消费虽然不同于普通消费活动，但演出品牌的影响力对消费者来说依然具有重要作用，相当程度上影响着消费者的消费选择。良好的演出品牌和口碑，能够极大激发文化消费者对于演出活动的热情和积极性，并且能够通过口口相传感染消费者身边的人参与到观赏演出的行列中来。另外，演出的艺术特色也是影响消费者进行消费选择的重要因素。演艺文化消费中，消费者对演出作品具有相当大的求异心理，即追求艺术作品的新颖奇特和独具创新。追求新奇是人们消费的心理本性，新颖奇特的艺术作品能够吸引消费者注意、引起消费者欣赏兴趣。独具艺术特色的作品能够满足人们的好奇心，促使他们调整心理结构，顺利接纳新鲜的艺术作品，探寻未知的审美世界，获得审美情趣的乐趣。①

《大河之舞》受到全球文化消费群体追捧就是一个很好的例证。《大河之舞》被称为“世界第一踢踏舞”，起源于1994年4月欧洲歌唱大赛节目过场时段7分钟的踢踏舞表演。那次不足十分钟的演出深受观众喜爱，后被改编为一场约2小时的剧场秀，内容除包含爱尔兰的踢踏舞元素外，还融合了西班牙的佛朗明哥舞、俄罗斯的芭蕾舞及美国纽约风格的爵士踢踏舞等。

1995年2月，《大河之舞》在都柏林正式首演，截至2010年3月，全球演出超过1.2万场，现场观众人数超过2500万，票房收入24亿多美元，另有超过20亿观众通过电视转播观看。1997年，《大河之舞》获得了格莱美“年度最佳音乐剧”的殊荣。2003年《大河之舞》首次来华演出，在人民大会堂的8场演出场场爆满；在2009年春节联欢晚会上，《大河之舞》震撼出场，备受好评，成为当年春晚一大亮点；2009年底至2010年2月，《大河之舞》再度来华，在全国13个城市巡演60场，创造了国外演出在中国巡演次数的最高纪录。②

《大河之舞》受到了世界各国观众和媒体的一致好评，至今仍在国际演出市场上长盛不衰，成为世界演出市场上难以超越的掘金神话。《大河

---

① 林日葵：《艺术经济学》，189页，杭州，浙江工商大学出版社，2009。

② 方框：《〈大河之舞〉如何演绎艺术掘金神话》，《黄金时代》，2010（4）。

之舞》的成功并非偶然事件，而是凝聚了创作者和制作单位的心血，是在对消费者心理充分把握的基础上满足人们对艺术的美好追求的必然，是在满足了全球消费者消费心理的前提下实现市场推广的成功案例。

首先，《大河之舞》实现了传统文化基因与现代文化潮流的有机结合。《大河之舞》源于传统但不拘泥于传统，在传统爱尔兰踢踏舞的基础上，融合了丰富的现代舞蹈因素，将其打造成为既体现民族传统，又符合消费者现代审美需求的演艺文化经典。爱尔兰踢踏舞的利落流畅，俄罗斯芭蕾舞的优雅高贵，西班牙佛朗明哥舞的热情和忧郁，现代舞的活力与动感，都天衣无缝地融合于《大河之舞》中，让人们突破了国家和民族的界限，实现了视听与心灵的震撼与享受。

其次，高品质与独特性成就了《大河之舞》在文化消费市场的核心竞争力。消费者特别是文化消费者，都倾向于购买独一无二、高品质的文化消费品。《大河之舞》凝聚了创作团队的辛勤和智慧，无论舞蹈创意、编排，还是舞台灯光、音响效果，从软件到硬件无不追求最高的艺术品质。舞蹈大胆利用简单的身体语言来演绎其思想文化内涵，其表达方式、整体造型、灯光和布景都极具鲜明个性。例如，《大河之舞》整场演出以蓝色的灯光作为基调并具有深浅不同的层次变化，柔和而不失典雅，给观众一种犹如置身于天空或是大海怀抱中的感觉，亲切而舒适；然后辅之以红、黄、灰等各式灯光，有一种生命气息的跳跃之感。《大河之舞》的布景更是将其剧情展现得淋漓尽致、丝丝入扣。全场采用日月星辰、河流山川、城镇村庄等一个个具有鲜活生命气息的实在物质作为布景，不仅将爱尔兰人民热爱自然、崇尚生命的精神表现得活灵活现，并且使演员和布景完美地融合在一起，你中有我、我中有你。而此时的观众在灯光和布景的提示下，不仅深深地读懂了演员所要表达的理想、内容，并且有一种身临其境、驰骋忘归的深刻的生命体验。

（三）演出营销与市场推广。演出营销是市场营销在文化领域的应用，不同于纯粹的产品营销，也不是营销手段的粗略组合，而是对演出活动进行全方位的公关营销。[①] 演出营销与市场推广在消费者选择演艺文化消费产品时具有重要的导向作用，成功营销可以促成文化消费者对演艺产品的有效认知，并诱导消费者去进行相应的文化消费活动。在计划经济时代，

---

① 宫雪娇、孔祥梅：《关于演出营销中的公关营销方式浅析——以东北二人转为例》，《世界华商经济年鉴·科学教育家》，2009（3）。

我国的演出团体都属于事业单位，所有的文艺演出活动都具有社会福利性质，演出并不缺乏观众，也不需要进行大规模的营销活动。随着文化体制改革进程的加快，当前绝大部分演出团体和演艺人员已经成为企业的一员，不再拥有“铁饭碗”身份，演艺文化产品的营销和市场推广的重要性凸显。演出组织者应预测消费者的文化需求和消费欲望，并通过有效营销实现演出市场推广。

例如，《大河之舞》就具有强大的品牌推广能力和成功的市场运作经验。在这个信息爆炸的时代，“酒香也怕巷子深”，如何引起文化消费者的关注和消费欲求，是每一个文化产品所必须关注的。《大河之舞》在融合传统与现代、注重独特性与高品质的同时，并没有忽略品牌推广和市场运作，而是通过强大的推广团队成功地将其推向了全球文化市场。多年以来，《大河之舞》通过电视、广播、报纸、网络等媒体在全球进行宣传推广，投入了大量资金。成功的商业模式和市场运作，成就了《大河之舞》在世界演艺市场的辉煌。

国内在演艺营销方面，“德云社”和“非著名相声演员郭德纲”做出了表率。如前所述，消费者在购买演出产品时，往往有求异心理，即追求那些标新立异、与众不同的产品。“非著名相声演员”品牌本身就独具特色，显得与众不同，郭德纲将此作为他的招牌，并通过各种途径（包括演出现场、图书、音像制品）反复传递给消费者。郭德纲通过对相声的卓越演绎和推广，打造了“非著名相声演员”的金字招牌。

首先，郭德纲相声的定位巧妙，定位于草根，服务大众，成功实现了口碑营销。“非著名”给观众带来了全新的感觉，同时也迎合了现代人反主流、反权威的心态。这使得郭德纲成为草根文化潮流的代表人物。

其次，郭德纲还是网络营销的高手。郭德纲相声之所以卖得好，宣传在其中的作用同样功不可没。应该说，郭德纲是很懂得宣传的。他当初在网络免费上传自己作品的举动，不但没有影响到他剧场相声的票房，反而让人们在接触后产生了更强烈的去现场观看的冲动，这就好像商家常用的试用装促销一样，是用来吸引人气的。事实也证明，这些散落在网络上的火种成为今天现场火爆的一个重要动力源。①

最后，郭德纲打着传统相声的旗号，调用了各种“传统”的手段，对自己进行了全方位的营销。他高举“传统”的大旗，身披“非著名相声演

① 风青杨：《郭德纲的五大成功营销法则》，《农家参谋》，2011（7）。

员”的坚韧铠甲，摆出一副破釜沉舟的英勇姿态，毅然决然地向主流相声界提出了挑战。他以一种反主流、反权威的草根姿态，把自己塑造成一个源自传统、来自民间的正宗相声监护人。这一“非著名”的、“传统”的草根形象热烈地迎合了时代的主流话语，获得了巨大的成功。[①]

① 施爱东：《郭德纲及其传统相声的“真”与“善”》，《清华大学学报（哲学社会科学版）》，2007（2）。

第十二章　广告、会展消费心理

广告，即广泛地告知公众某种事物，是通过一定媒体向用户推销产品或招徕、承揽服务，以期让公众熟知并信任自己的产品并对本企业留下良好印象，从而扩大销售的一种促销形式。在商品经济高度发达的今天，广告已成为市场经济体系中的重要组成部分，成为市场条件下最具有经济影响力和文化影响力的产业活动。广告消费心理会影响到人们的购买行为，激起人们的购买欲，从而促进商业与经济更加繁荣。

会展业是指由会展经济活动引起的相互联系、相互影响的同类企业的集体性展销活动，是现代经济体系的有机组成部分。会展消费有别于其他消费形式，它是一种充分利用人体感官的消费活动，人们通过会展对产品的认知是最全面、最深刻的。因而，研究会展消费心理，对于促进产品销售、制定品牌营销战略具有重要意义。

第一节　广告、会展消费的特点

一、广告与广告消费心理

走在大街小巷，各种广告随处可见。如今我们看到的现代广告是从古代广告逐渐发展而来的，让我们穿越历史隧道看看古人是如何进行广告活动的。

广告历史源远流长，最早的广告活动可追溯至原始社会时期，初始的广告形式早在公元前3000—2000年就在两河流域诞生了。苏美尔人发明的楔形文字留下来的实物就记载有商人雇佣叫卖人做口头叫卖，即口头广告。考古学家在挖掘埃及古城亚伯斯遗址时发现3000多年前的羊皮纸文字广告——目前保存于英国大不列颠博物馆，内容是：“奴隶谢姆从织布店主人哈布处逃走，坦诚善良的市民们，请协助按布告所说将其带回。他身高……，面红目褐。有告知其下落者，奉送金环一只；将其带回店者，愿奉送金环一副。"[①] 这则通缉令似的广告以文字的形式向人们传达了要捉回奴隶的信息。古希腊和古罗马的商业和海外贸易十分发达，广告活动更加丰富多彩。在城市的街头，有人吆喝着沿街推销商品，也有人提供关于宗教、政治和其他公众活动的信息。这种口头广告唤起人们购买商品的欲望，巧妙地运用了人们的消费心理。古罗马的庞贝城出现了大量的户外广告，主要刻画在城市大街的墙壁上，如"请投马斯洛斯一票，他是人民的朋友"。庞贝城是一座商业经济非常发达的城市，商品琳琅满目，街道房屋上的经济广告随处可见。另外有些墙壁广告还以图文并茂的方式向人们提供寻物启事或斗兽表演的信息等。伴随着口头广告、文字广告和实物广告的出现，商标字号作为新的广告样式也初露头角，在已经发现的很多金器、陶器和灯具上都留有图文标记。这些标记本来是作为政府征税或者商人与工匠之间交易的证据，同时也起到区别产品商标的作用，成为后来品牌广告的雏形。中世纪欧洲的广告活动也很频繁，出现以传报新闻为业的传报员，他们也承揽广告业务，替人们宣传商品。法国的贝里州曾出现得到国王路易七世特许的口头叫卖组织，通过在酒店等场所吹笛子，招徕消费者，并对光顾的客人进行推销宣传，成为合法的带有垄断性的广告组织。

中国古代的广告的发展历程同西方颇有类似之处，也经过了口头广告、文字广告、实物广告和标记广告等多种样式。中国古代的广告包括叫卖、吟唱、音响、陈列、标记、招牌、幌子、对联、诗歌、彩楼等诸多形式，其中又以吟唱、音响、招牌、幌子广告发展较为成熟。北宋名画《清明上河图》，描写了北宋都城东京繁华的街市景象，其间悬挂式广告普遍出现。四大名著之一的《水浒传》描写了 60 多家酒店，酒旗、招旗、酒望等形式的悬挂广告大行其道，其中最为著名的广告就是景阳冈的"三碗不过冈"。在悬挂式广告中还有一种较为常见的广告形式——招幌，在宋代之前，多出现在酒楼和茶馆里；到了宋代，因其形式易于制作、便于传播，使用范围越来越广，当铺、药铺、客栈等都以招幌作为标识，同现在的商铺广告牌有异曲同工之处。

现代广告的出现发生在美国内战后不久。西方近代科学技术的进步、大众传媒的发展以及信息革命在全球范围的爆发，加速了广告的产业化进

① 刘家林：《新编中外广告通史》，362 页，广州，暨南大学出版社，2000。

程，使广告成为独立的现代信息服务业。“广告产业”这一概念的出现，既是广告活动发展的实践结果，也是广告研究必须提出的理论范畴。广告何以成为产业？对“产业”较流行的定义是“生产同类产品（或服务）及可替代产品（或服务）的企业群在同一市场上互相关系的集合”①。丁汉青认为：“广告产业就是生产或提供调研、策划、创意、制作、媒体购买、发布等一系列与广告活动相关的产品或服务，并在同一市场上发生关系的组织的集合。主要由广告代理公司、广告传媒和广告下游公司组成。”②

成功的广告信息传递，往往首先作用于消费者的视觉和听觉，继而激发其心理感应，促进一系列的心理活动，最后导致消费者的购买行为。广告对消费者的心理活动与行为的作用过程，可以概括为如下几个阶段：诉诸感觉，引起注意；赋予特色，激发兴趣；创造印象，诱导欲望；加强记忆，确立信念；坚定信心，促成行动。从中可以看出，商业广告在完成由诉求到购买行为的过程中，对消费者心理活动的诱导是十分明显的。因此，从事商业广告的设计，必须充分研究广告宣传过程中消费者心理活动的特点与规律，巧妙地应用心理学原理，增强广告的表现力、吸引力和诱导力，才能使广告具有冲击力，取得理想的效果。引起消费者的极大注意，是所有商业广告取得成功的基础。因此，在商业广告的设计中，有意识地加强广告吸引消费者的效果，是一个极为重要的心理方法。

例如，消费者在视听广告的过程中，是通过记忆的作用来接收、储存和提取有关信息的。客体刺激程度的不同，以及受刺激的个体的心理特征的差异，往往使广告记忆出现个体的差异。这种记忆的个体差异可以反映在消费者不同的购买行为中，也可以反映在消费者对广告信息内容接收的不同效果上。根据记忆原理及其个性差异，在广告宣传中采取有效的办法，正确地发挥记忆在广告消费中的作用，不仅能强化消费者接收、储存和提取有关产品信息的效果，还能刺激其先前的经验印象复苏，促进购买欲望。

再如，联想法是商业广告中运用最广的营销策略。如可以用消费者熟知的形象，也可以创造出深入浅出、耐人寻味的意境，来暗示商品或服务给人带来的乐趣和荣耀等；可以采用直喻、暗喻等手法揭示有关信息的内

---

① 国家体改委经济体制改革研究院等：《中国国际竞争力发展报告1997》，131页，北京，中国人民大学出版社，1998。

② 丁汉青：《广告经济学》，221页，北京，经济管理出版社，2009。

涵，这种信息传递方式往往可获得引人入胜的艺术魅力，给消费者留下艺术再创造的余地，从而增强主题的说服力。在商业广告中充分发挥联想的心理功能，必须以充分地研究广告目标市场的消费习惯、消费水平和消费趋势为基础，掌握广告目标消费者的心理需求，从而有针对性地利用各种易于创造和激发联想的广告因素，使广告信息取得联想效果，适应消费者的知识经验和审美欲求，使之产生对产品的信服、向往，刺激其产生共鸣和感情冲动，从而导致消费行为。

二、广告消费心理的营销策略

现代社会，广告的功能和价值已得到企业和公众的认可，广告成为树立企业形象、传播产品信息、促进商品销售的重要手段。然而，各种广告层出不穷，消费者每天都要接收海量的信息，但真正能被观众记住的广告却屈指可数。谁能够争得消费者注意力，谁便赢得了市场。因此，对于消费心理学的研究越来越成为广告策划中关键的一个环节。广告消费心理学从影响消费者购买心理的角度去分析企业在广告策划中所遭遇的问题，以及如何正确顺应消费者的消费心理，使自己的商品能真正吸引消费者的注意力。在完成制作并正式播出后，一则广告能否切实提升广告商品或服务的知名度和影响力，提高消费者的购买欲望，达到预期的广告目的，成为广告主最为关注的问题。

（一）以新颖独特的表达方式吸引消费者的注意力。广告向消费者传播商品和品牌信息，使消费者形成对商品特别是品牌的认知和印象。美国宝洁公司进入中国时，首先面对的是民众对其产品的认可问题。为此他们实行了地毯式的广告形式与营销手法，让宝洁公司的众多业务人员走进农村，挨家串户推销洗衣粉与洗发剂，吸引了中国从城市到农村的广大消费者的注意；并由其产品的成功试用，实现了对中国广大农村市场的占领，成功地推广了自己的产品。

消费者总会对有着与众不同之处的产品产生深刻印象，也总会选择具有特点的产品。因此，如果产品通过广告获得了与竞争产品不同的定位，那么它同样也可以在消费者心目中获得与众不同的地位，产品被消费者选择的机会也会比同类产品多。

要想在竞争激烈的同质化市场上引起消费者的注意，诱发消费者的购买欲望，促进商品和劳务的销售，还需要独特的广告创意。广告创意作为现代广告的核心，是向消费者诉求的主要动力。一个卓越的广告创意，是打动消费者、战胜竞争对手的重要环节。广告创意要达到引起消费者注意、诱发消费者的购买欲望并促进购买行为发生的广告目的，就要坚持从消费者心理出发、有针对性地把握影响消费者心理的诸多因素，并以此为基础进行广告设计和制作。科学的广告术是遵循心理学法则的。一个成功的广告战略一定来自一个绝妙动人的创意，一定是以消费者的心理为基础的。

（二）以情感诉说方式打动消费者的心理，引起情绪与情感的共鸣，使消费者在好感的基础上进一步产生商品或品牌信赖感。从“送礼就送脑白金”“南方黑芝麻糊”等广告就可以清晰地看到广告商对产品的推广很多是采用情感路线来实现的。幼儿、长辈、亲情、家庭都是广告情感诉求的对象。如“孔府家酒”的广告，通过爷爷和孙女的对话，把孔府家酒的特点进行了充分展示，整篇文案洋溢着对民族文化的自豪之情、对家乡亲人的依恋之情、对祖国统一的渴望之情，充分调动了观众的情感因素，达到了以情感人的效果。

女孩：爷爷，您回台湾带这么多东西呀？

爷爷：对，好园园，快别动，快别动，这箱子可是爷爷的宝贝！

女孩（撒娇）：我是您的宝贝，我要看看箱子里是什么宝贝！要看嘛！要看嘛！

爷爷：好！好！乖园园，看吧！（音乐起）

女孩：孔府……

爷爷：孔府家酒。

女孩：全是孔府家酒啊！

爷爷：对，你知道孔府吗？

女孩：知道，在孔夫子的家乡曲阜。

爷爷：园园真聪明。

女孩：我们幼儿园老师说，孔子是大教育家，妈妈说孔子是大圣人。

爷爷：对呀，中国不管是大陆还是台湾，谁不知道孔夫子啊，这酒出在孔子的家乡，名气这么大，酒味这么香，在台湾的爷爷、伯伯、叔叔们谁都想尝一口，爷爷也想时不时地喝上两盅，所以带这么多，还不够呢！

女孩：妈妈说，您年纪大要少喝白酒。

爷爷：对，对，这酒度数低，喝几杯醉不了，就是醉了，也是醉在家乡的清水里，也是醉在民族的自豪中啊！

旁白：飘洒中华芳香，深藏民族自豪！孔府——家酒①

（三）广告对消费者观念的引导是促成购买行为的决定性因素。广告对消费者的引导主要是通过传递信息，实现品牌认知，产生品牌意向，升华品牌情感，最终完成产品购买。广告的品牌认知是指消费者对品牌的了解、记忆和识别。它是消费者购买产品的基础，是基于消费者一般不会在对某一品牌一无所知的情况下购买该品牌产品的现象而产生的。如耐克、阿迪达斯品牌进入中国市场，就是广泛利用明星效应，并以明星带动民众对品牌的认知，从而实现推广。乔丹与耐克的结缘，造就了耐克在中国运动鞋类市场的霸主地位。

广告的引导力从消费者产生品牌意向开始，品牌意向是消费者消费某一品牌商品的直接原因。它受到消费者需要的影响，而将需要转化为品牌意向的关键是消费者对品牌的联想。品牌传播就是让消费者产生对品牌的这种联想，并产生拥有该品牌的意愿，而广告的引导在此过程中起到重要作用。

广告的品牌情感是指消费者对品牌的一种比较稳定的评价与情感倾向，它反映了消费者对品牌的喜欢、偏爱、追崇和信赖。国外一些著名品牌之所以品牌资产价值较高又比较保值的一个重要原因就是消费者对其品牌（文化）产生了不同程度的偏爱和追崇。品牌情感的拓展主要靠累积与效仿。人们对品牌情感的累积很好理解：产品用得舒服，价格合适、合情，品牌就能得到认可。效仿效应对品牌情感来说是一种延伸，最突出的实例就是阿曼尼、LV在中国商人与高级白领间的备受推崇。这些品牌在推广中就是利用人们的攀比心理和名牌的品质、气质特性，以极小的广告代价获得极大的市场。

广告在传播商品信息、引起情感共鸣的时候，逐渐影响消费者的态度，并说服消费者改变原来的态度，促使消费者逐渐喜欢商品并购买商品。这在广告中很多是采用对比的手法来实现的，如通过不同产品间、相同的人使用产品的前后、新产品与老旧产品之间等的对比，渲染消费或购买商品之后的美妙效果，给消费者明显的示范作用，指导人们的消费与购买行为。

---

① 陈培爱：《如何成为杰出的广告文案撰稿人》，171－172页，厦门，厦门大学出版社，1995。

广告还善于利用流行趋势或潜流行方向，为产品的推出创造适当的氛围，引导和改变消费者的消费理念，形成流行时尚。广告常以完全相同或极其相近的方式，向消费者多次重复同样的内容和诉求，利用大众流行的社会心理机制创造轰动效应，激发更多的消费者参与购买。这种方法在当年的“红牛”“脑白金”“三株”等产品广告中十分普遍。如“三棵树，健康漆、深呼吸”，推崇健康生态的生活，引出时尚的健康概念。

“脑白金”广告是近些年来本土品牌的广告中很有影响又颇具争议的一支。一方面，许多消费者谴责脑白金广告的品位恶俗；另一方面，脑白金销量连续数年在中国保健品市场高居榜首，这又足以说明该广告的成功。有学者研究指出，脑白金广告运用了很多技术策略，但更深层次的原因是它把握住了广告的文化内涵和消费者的情感资源。首先，成功的广告包装不仅在声音、色彩、构图上迅速吸引眼球，更重要的是广告的内核——特定社会、特定文化传统中的意义阐释模式——在不经意间切合了受众的潜在心理期待。脑白金广告中所体现的文化内涵包括：社会中崇尚“权威”的消费心理，中国人的“孝道”观念，传统文化中的面子观，礼仪之邦的群文化观念，等等。其次，广告要把握消费者的消费心理，除了充分应用社会文化资源，还要充分利用人们的情感资源，以达到促销目的。在成功的广告中，销售的点不是商品的直接使用价值，而往往是它的附加价值或象征价值，如亲情、自由、身份地位、文化品位等等；消费者所认同的也不仅仅是商品的使用价值，更多的是人为的附加在商品上的符号价值或象征价值。广告中应用情感手段达到成功的例子举不胜举，比如“孝敬爸妈，礼品还是脑白金”，它给你的信息就是送爸妈脑白金就等于孝敬爸妈。可见，脑白金广告既有效地利用了传统文化资源，又在情感上做足了文章，很好地切合了消费者的心理诉求，因而取得了巨大的商业成功。[①]

三、会展与会展消费心理

会展是指会议、展览、大型活动等集体性的商业或非商业活动。其概念内涵是指在一定地域空间内许多人聚集在一起形成的，定期或不定期、制度或非制度的传递和交流信息的群众性社会活动；其概念外延包括各种

① 陈方丽：《广告中的文化内涵和情感资源——〈脑白金〉广告的个案分析》，《企业导报》，2011（10）。

类型的博览会、展销活动、大中小型会议、文化活动、节庆活动等。特定主题的会展是指围绕特定主题集合多人在特定时空的集聚交流活动。狭义的会展仅指展览会和会议，广义的会展是会议、展览会、节庆活动和各类产业/行业相关展览的统称。会议、展览会、博览会、交易会、展销会、展示会等都是会展活动的基本形式，世界博览会是最典型的会展活动。

会展消费心理就是研究在会展活动中人的心理活动及其行为规律，以及如何遵循这些规律去指导会展业中的消费活动、服务行为和管理行为，以促进会展业的发展。会展业本身的迅速发展也要求对会展活动中出现的各种复杂心理现象进行分析和研究，为发展会展业、提高会展服务质量和效率、培养优秀会展业从业人员提供心理学依据。

会展产业是近年来高速发展起来的产业。国内正式提出会展产业大约在 1998—1999 年之间。国外专家认为会展产业对相关产业具有 1∶9 的拉动作用，会展不仅能带来巨大的经济效益，更重要的是还能带来巨大的社会效益。因此，会展产业受到很多地区和城市的重视。我国会展发展史分为萌芽阶段、起步阶段和快速发展阶段，分别对应三个不同的历史时期，即新中国成立前期、改革开放前期和改革开放后期。

（一）萌芽阶段。中国会展业的萌芽阶段从古代集市的产生开始，一直持续到 1949 年中华人民共和国的建立。中国古代的集市普遍具有商业性，以市、集和庙会为主要代表形式。市，最初是指人们交换货物的场所。到西周时期，市发展成为官府控制的市场。到宋朝时官府对市的控制逐渐减弱，市的时间和地域的限制性被逐渐突破，而市的商业色彩日益强烈。集，出现于公元前 11 世纪，是随着社会分工的深入和经济交流的扩大而发展起来的。与市相比，集大都在固定的地点定期举行，旨在促进生产和交易活动。而庙会则源于宗教活动，其形式和内容丰富多彩，除了传统的产品交换以外，还包括宗教仪式和文化娱乐等活动。事实上，受到历代封建王朝重农轻商的禁锢，中国的会展活动直到 19 世纪仍然发展非常缓慢。

19 世纪末，中国开始尝试着参加各种世界博览会，自此中国近代意义上的会展业才开始真正出现并逐渐成长。1851 年，中国商人徐荣村等人带着国内的丝绸、茶叶等民族产品参加英国的万国博览会并获得多项大奖。随后在 1873 年，中国首次派代表参加维也纳的世界博览会。此后，中国又先后参加了 20 多次世界博览会，其中包括 1876 年美国费城的世界博览会、1878 年和 1900 年法国巴黎的世界博览会、1885 年美国新奥尔良的世界博览会及1903年日本大阪的世界博览会等。但是由于种种原因，中国自1926年到1951年期间一直没有参加世界博览会，其会展业在这一阶段进入了“休眠期”。[①] 总体上讲，萌芽阶段，特别是19世纪末的种种尝试对推动中国会展业的起步和进一步发展起到了重要作用。

（二）起步阶段。1951年3月，新中国第一次参加民主德国的“莱比锡春季博览会”，这标志着中国会展业起步阶段的开始。据统计，自1951年至1985年中国共举办了427次出国展。1953年中国国际贸易促进委员会接待了新中国成立后的第一次来华展览会——德意志民主共和国工业展览会。从1953年到1978年中国共接待了112次来华展。

由于多种政治经济因素的影响，中国的会展业在其起步阶段发展缓慢，只是在出国参展方面有一定程度的进展。这一阶段会展活动的主要宗旨被确定为：配合新中国政府的外交政策，冲破西方国家对中国的政治孤立和封锁，以及宣传新中国的建设成就。而1982年中国参加美国诺克斯维尔世界博览会是中国会展业由最初的以展示介绍为主，逐步发展到以促进商务、贸易为主，并开始加速发展的重要标志。

（三）快速发展阶段。改革开放以来，随着国民经济的发展和市场化的深入，中国的会展活动逐渐由以政治为主导的起步阶段过渡到以经济发展为主导的迅速发展阶段。会展业在全国范围内蓬勃发展，给举办地带来了可观的经济、社会和文化效益。作为潜力巨大的新兴产业，会展业在促进经济发展、文化科技交流和国际合作等方面起到越来越重要的作用。2001年中国加入WTO后，中国会展业的发展进程大幅度加快。在此历史背景下，中国政府于2004年1月颁布了《设立外商投资会议展览公司暂行规定》，强调“国家鼓励引进国际上先进的组织会议展览和专业交流方面的专有技术，设立外商投资会议展览公司，促进我国会展业的发展”。2005年初，时任国务院副总理吴仪为中国会展业制定了规划蓝图，这是国家首次明确提出中国会展业的发展目标。因此，2005年被公认为中国会展业发展史上的一个重要里程碑。

在一系列优惠政策的鼓励下，国外会展巨头开始以合作办展及合资兴建会展场馆和设施等多种形式进军前景广阔的中国会展市场。2005年8月德国科隆国际展览公司签署长期在中国联合主办“中国国际五金展”(CIHS)的协议。同年10月，德国法兰克福展览公司与广州光亚展览贸易

① 张艳玲：《会展管理》，16页，北京，清华大学出版社，2009。

有限公司联合成立广州第一家中外合资的展览公司——广州光亚法兰克福展览有限公司。与此同时，美国拉斯维加斯金沙集团与珠海政府签订了高达10亿美元的工程协议，要将珠海的一个废弃的采石场改建成现代化的会展中心。

为了进一步吸引国外厂商来华参展，中国从2005年起开始逐渐实行“展位收费并轨”。所谓“展位收费并轨”，是指对来自国内和国外的展商实行统一收费。“展位收费并轨”的实施必将对引进国外资金和先进的技术经验起到积极的作用，从而进一步推进中国会展业走向国际化。随着国际化、市场化、专业化和产业化程度的日益提高，中国会展业将逐渐进入相对成熟的阶段。

四、会展消费心理的营销策略

“在最短的时间，在最小的空间里，用最少的成本做出最大的生意。”这可能是对会展产业最精辟的阐释。成功的会展必须建立在周密的系统的科学策划基础上，运用整合策略，方能全局一盘棋，胜算了然于胸。概括起来讲就是要做到“三点四关键”。

（一）寻找“三点”。根据消费热点，采取找切入点、找结合点、找支撑点，即“由点到面”再“由面到点”的系统步骤，对当时消费热点涉及的相关政治、经济、文化、法律、地理、人力等系统资源进行整合筹划。运用“三点”策略对展会项目的系统资源进行分析、整理、判断，是展会策划创新的有效方法。①

1. 找切入点。就是采用“重点法”，对当前的消费热点进行宏观和微观环境方面的分析，把握消费热点的战略、生态、融资、管理、营销的策划，寻找决策点，以解决展会立项的基础要素问题，即展会名称、主题内容、规模、时间、地点、组织机构等。

综合衡量会展业自身特点和体验营销的契合点，我们认为可以从以下几个点进行切入，来制定会展营销计划。

一是消费情感。现代乃至将来都是消费过剩的时代，消费者的目的，不再只是为需要而消费，而更多的是为消费而消费，为感觉而消费。在生活节奏日益加快的现代社会里，人们因过多地忙于各自的工作而忽略了情感方面的需求。事实上，正是在这样的情形下，人们更需要情感，更需要

① 曾华：《会展场馆管理》，173页，北京，机械工业出版社，2008。

为温情而消费。爱情的甜蜜感、家庭的温馨感、事业的成就感、地位的荣誉感等，都将成为人们生活中不可缺少的部分。感情切入点的诉求策略就是以目标受众的心理活动过程中的情感阶段为依据，运用受众的恒常情感价值体系或特殊的情绪体验等心理因素进行营销诉求。会展策划者可以利用人们的情感和情感活动规律，通过激发消费者积极的情感与体验，使消费者做出购买行为。一般情况下，在会展场地这样一个直接面对消费者、可以直接沟通的场合，感情切入对消费者极具感染力，通过“从情出发，以情动人”引起消费者的某些珍贵体验，通过人们的感情过程来控制人们的消费行为，可以达到实现销售的目的。简单地说，感情切入点营销就是唤起受众的情感共鸣，让他成为消费者，在会展现场完成体验营销。

二是消费文化。文化是继情感之后的另一个影响人价值取向的关键词。以制造文化体验为特色的会展营销模式，是针对商品特点和顾客的消费心理，在会展营销活动中运用文化造势，建立文化体验氛围，让消费者确实可以从产品形式、商标命名、标志识别、广告宣传等感受浓郁的文化气息，让消费者在获得产品实体的同时还能获得一种文化体验和精神上的满足。它更注重产品和诉求的情感性、审美性、象征性、符号性等文化价值。在各类会展上，我们经常可以看到相关的民族风情节目，比如大连服装节、青岛啤酒节等活动，让参观者感受到文化的力量和文化归属感体验。

三是消费情景。情景切入点营销是在营销活动中通过各种手段为顾客创造一个全新的、真实情景的体验。运用情景作为切入点的关键是在从产品设计到营销推广的整个过程的每一个环节，都必须始终站在消费者的体验角度来进行策划；不能仅仅满足于怎样把它做好，而是要考虑消费者看到它、使用它时，会产生什么样的感受。为此，在整个会展过程中，首先要重视对消费者心理需求的研究和分析，其次要注重对产品的心理属性的开发。必须重视对产品的品位、形象、个性、情调、感性等方面的塑造，营造出与目标顾客心理需要一致的心理属性，帮助顾客形成或者完成某种其感兴趣的体验，这样的产品才能迅速被顾客所接受。此外，在会展的管理过程中要注重情景体验与整体营销计划之间的协调性。会展受限于场地的大小、时间的集中等因素，往往将多种营销方式一起使用以求达到效果最大化，以营造一种统一的氛围、制造一种统一的环境、设计一种统一的场景、完成一个统一的过程、做出一项统一的承诺。因此，会展营销需要具有高度的整体协调性，在每一个业务环节中都要注重营销的一致性和整

WENHUA CHANYE

体性，才能使消费者在进行情景体验时接收到一致的强烈的信息。

2. 找结合点。就是根据切入点应用“组合法”或“背景转换法”，寻找消费热点对应的会展决策，分析两者之间的内在关系，排除劣势，找出最佳优势结合点，以确定展会的价值取向、利益空间和核心竞争力，实现点与面的结合，最终确定展会项目的市场定位、价格定位、目标客户定位、推广手段、营销方式和项目预期收益等。把消费热点展会打造成为高品质、高特色、高占有率、高信誉度、高附加值的品牌展会，是会展策划者所追求的最高境界。找结合点就是围绕创立高质量展会品牌这一目标，对影响展会质量的相关因素进行分析、判断、创新的过程，也是品牌展会全面策划的过程。

3. 找支撑点。建立品牌会展支撑体系，就是根据以上的切入点和结合点，应用“分解法”对消费热点展会推广的支撑系统进行分析、判断的过程，包括对消费热点展会推广过程的系统分析，是展会实施品牌战略的基础。在现代会展市场营销中，展会的推广过程就是创立品牌、发展品牌的过程，展会质量的竞争集中在品牌的竞争上，展会推广必须借助品牌运作。在这个长期艰苦的运作过程中，组织者除了要明确树立展会品牌的全面营销观念，还应千方百计集思广益建立与展会推广配套的支撑系统，这个系统包括创新机制系统、激励机制系统、保障机制系统、宣传机制系统、组织机制系统、融资机制系统。①

在实际策划过程中，通常以消费热点的要素为切入点，以消费热点的资源为结合点，以消费热点的功能为支撑点，通过“三点”的整合来确定展会项目的战略定位、生态方向、融资渠道、管理方式和营销手段。在整合过程中，“三点”可以相互转换，相互渗透。如以消费热点——旅游合作为主题的展会形式，其结合点可能是展览、交易、论坛；而在营销策划时，展览、交易、论坛就成为切入点和整个展会的支撑点。在市场竞争日益激烈的情况下，策划运作品牌展会，必须以权变思维，灵活运用“三点”策略，以整合一个完整的、具有核心竞争力的品牌展会系统，实现展会功能最大化，从而达到展会举办的目的。

（二）把握“四关键”

1. 充分体现“高度”。这里所说的“高度”专指消费热点与相关政策

---

① 叶万春、王堃：《企业营销战略诊断》，98页，武汉，武汉理工大学出版社，2004。

的契合度。组织一个展会时，组织者首先看到它的市场潜力，了解分析未来几年的消费趋势。但所看见的“市场”能不能开发，怎么开发，就要靠政策来衡量和把握。这个时候，就需要组织者充分查阅国家相关文件规定，通过引用、转述、理解等方式，让展会策划方案合法化、合理化、合情化。

2. 解决市场问题。参展商参加这个展会有何收益，有什么样的回报？专业观众到会又有什么样的收获和价值？整个策划方案要围绕这个核心来组织，并巧妙地解疑释惑。展会组织者要在策划方案中表明如下几个关键解决方案：对展会的宣传力度、影响力度、号召力度；展会的专业化程度，比如保证专业观众与会的组织手段、途径、方式，历届展会专业观众统计信息、购销信息等；展会的权威性，比如组织者的地位与影响、该展会在业界的口碑与影响，与会专业人士以及领导、专家的分量，等等。为提高展会关注度，展会组织者应重点突出如下几个方面：参展企业的数量与分量，比如有多少家世界500强企业、有多少家大型跨国公司、有多少家国内业界龙头企业等与会；展品的先进性，如有什么样的世界先进技术水平产品、国内先进技术产品等技术含量较高的展品亮相；展会组织者如何保证以优质服务协助专业人士采购到他们所需的物美价廉的产品等；业内专业高峰会议组织情况，比如有哪些权威领导、专家发布权威报告等。

3. 注意法律问题。现在国内会展市场不太规范，而且多数承办展会的机构属民营个体企业。有些企业为了实现利益最大化，在各种展会宣传资料和宣传活动推介中，虚夸展会规模、影响，虚报展会数字，虚列来头大的中央、省、市政府部门和机构等为展会支持单位，向参展商、与会观众等虚假承诺其他服务项目等，这些都是不良事件的由头和导火索，十分容易引发双方纷争，激化矛盾。如果展会组织者对此类问题处理不当、不及时，就极有可能被诉诸法律。所以在将消费热点具体表现在展会上时，必须把法律允许摆在每个策划环节之上，这样才能将辛苦策划的展会规范化、持续性地做起来。

4. 创新消费热点。现在各地的展会一个接一个，都在挖掘消费热点。如果一个城市有两个以上的同题材展会要举办，某个展会要独领风骚，展会组织者就必须重点考虑展会的“出新”之处和权威程度，做到“人无我有，人有我出彩”，将创新作为展会的不竭竞争力。会展经济是扩大内需、促进消费的重要载体。远离消费热点的展会，必然会脱离经济发展的趋势，消费者认知度必然不高，必然缺乏市场，难走品牌之路；而贴近消费热点的展会，必然会迎合消费者的需求，适应市场，对展会的品牌发展起到事半功倍的作用。在经济发展的浪潮中，在市场需求的承载下，在经济全球化的趋势中，把握消费热点，才能筹划品牌会展。

第二节　影响广告、会展消费的因素

一、影响广告消费心理的主要因素

（一）消费者购买行为的类型

广告的目标是诱发购买动机、促成购买行为，但现实中的消费者是多种多样的，不同的消费者在购买动机及行为方面有着很大差别，需要广告商明确区分、精准把握。受购买动机、经济条件、生活方式、社会文化、年龄个性等因素的影响，消费者的购买行为主要有以下六种类型：

1. 价格型购买行为。具有这种购买行为模式的消费者对商品价格比较敏感。如有些人总喜欢购买廉价商品，甚至在没有购买意向的情况下，见到廉价商品也会采取购买行动；有些人特别信任高价商品，认为这类商品用料上乘，质量可靠，即所谓“一分钱，一分货”，所以常乐于购买高价商品，认为这样可以使自己的需求得到更好的满足。①

2. 理智型购买行为。有些消费者习惯在反复考虑、认真分析、多方选择的基础上采取购买行为。他们购买商品时比较慎重，不轻易受广告宣传、商品外观以及他人购买行为的影响，而是对商品质量、性能、价格和服务等认真比较。广告针对这类消费者要实事求是，详细地介绍商品，努力促成交易。

3. 冲动型购买行为。具有这种行为模式的消费者经常在广告和商品陈列、使用示范等因素刺激下购买商品。他们在挑选商品时主要凭直观感受，而很少进行理智思考，不大讲究商品实际效用和价格等，可能因为喜爱或看到他人争相购买，就会迅速采取购买行动。生动的广告、美观的商品包装、引人注目的商品陈列等，对于吸引这类购买者效果十分显著。

4. 想象型购买行为。有些人往往根据自己对商品的想象、评价或联想进行选购。该类消费者在购买商品时，比较重视商品名称、造型、图案、色彩、寓意等，这是一种比较复杂的购买行为。具有这种购买行为的消费

---

① 黄志平：《赢得顾客心：营销最佳境界》，1页，北京，金盾出版社，2004。

者通常对商品有很高的鉴赏力，他们的选择对相关群体的影响比较大。

5. 习惯型购买行动。有些消费者通常根据自己过去的使用习惯和爱好购买商品，或总是到自己熟悉的地点去购买商品。他们一般比较忠于自己熟悉的商品、商标和经销商，选择商品和购买地点时具有定向性、重复性。他们见到自己习惯使用的商品就果断采取购买行动，不需要进行反复比较。

6. 随意型购买行为。有些消费者对商品没有固定的偏好，不讲究商品的商标和外观，往往是随机购买，这被称为随意型购买。它有两种表现：一种表现是不愿为购买商品多费精力，需要时遇到什么就买什么，图方便和省事；另一种表现是购买者缺乏主见或经验，不知道怎样选择，乐于仿效他人，卖方的建议对其影响也很大。

此外，人们的购买行为模式并不是一成不变的。在现实生活中，人们的购买行为模式如何，与产品特性有直接关系。人们在购买不同类别的商品时，往往会采取不同的行为模式。例如，购买一般生活用品，属于随意型、习惯型的较多；而对于高档消费品，多数人属于理智型；对于服装、礼品等，则冲动型或价格型购买占多数。广告商掌握了各种类型的消费者及其购买行为，就能深入地了解消费者的需求，从而最终赢得消费者。

（二）影响消费者购买行为的因素

影响消费者购买行为的主要因素有消费者自身因素、社会因素、企业和产品因素等。分析影响消费者购买行为的因素，对于企业正确把握消费者行为，有针对性地开展广告营销活动，具有极其重要的意义。

1. 消费者自身因素。消费者购买行为首先受其自身因素的影响，这些因素主要包括：

一是消费者的经济状况，即消费者的收入、存款与资产、借贷能力等。消费者的经济状况会强烈影响消费者的消费水平和消费范围，并决定着消费者的需求层次和购买能力。消费者经济状况较好，就可能产生较高层次的需求，购买较高档次的商品，享受较为高级的消费。[①] 相反，如消费者经济状况较差，只能优先满足衣食住行等基本生活需求。

二是消费者的职业和地位。不同职业的消费者，对于商品的需求与爱好往往不一致。一个从事教师职业的消费者，一般会较多地购买书报、杂志等文化商品；而对于时装模特来说，漂亮的服饰和高档的化妆品更为重

① 邱华：《服务营销》，34页，北京，科学出版社，2010。

要。消费者的不同地位也影响着其对商品的购买。身在高位的消费者，将会购买能够显示其身份与地位的较高级的商品。

三是消费者的年龄与性别。消费者对产品的需求会随着年龄的增长而变化，在生命周期的不同阶段，相应需要不同的商品。如在幼年期需要婴儿食品、玩具等，在老年期则需要保健和延年益寿产品。不同性别的消费者，其购买行为也有很大差异。烟酒类产品较多为男性消费者购买，而女性消费者则喜欢购买时装、首饰和化妆品等。

四是消费者的性格与自我观念。性格是指一个人特有的心理素质，通常用刚强或懦弱、热情或孤僻、外向或内向、创意或保守等去描述。不同性格的消费者具有不同的购买行为。刚强的消费者在购买中表现得果断自信，而懦弱的消费者在挑选商品时往往举棋不定。

2. 社会因素。人是生活在社会之中的，消费者的购买行为受到诸多社会因素的影响。

首先是社会文化因素对消费者购买行为产生影响。文化通常是指人类在长期生活实践中建立起来的价值观念、道德观念以及其他行为准则和生活习俗。不了解消费者所处的文化背景，往往会导致营销活动的失败。任何文化还都包含着一些较小的群体或所谓的亚文化群，它们以特定的认同感和影响力将各成员联系在一起，使之持有特定的价值观念、生活格调与行为方式。[①] 这种亚文化群有许多不同类型，其中影响购买行为最显著的主要有：一是民族亚文化群。如我国除了占人口多数的汉族外，还有五十多个民族，他们在食品、服饰、娱乐等方面仍保留着各自的许多传统情趣和喜好。二是宗教亚文化群。我国就同时存在着伊斯兰教、佛教、天主教等，他们特有的信仰、偏好和禁忌在购买行为和购买种类上表现出许多特征。三是地理亚文化群。如我国华南地区与西北地区，沿海地区与内陆地区，都有不同的生活方式和时尚，因而对商品的购买行为也有很大不同。

其次是社会相关群体对消费者购买行为产生影响。相关群体是指对消费者的态度和购买行为具有直接或间接影响的组织、团体和人群等。消费者作为社会一员，在日常生活中经常与家庭、学校、工作单位、左邻右舍、社会团体等发生各种各样的联系。家庭是消费者最基本的相关群体，家庭成员对消费者购买行为的影响最强烈。现在大多数广告营销人员都很注意研究家庭不同成员如丈夫、妻子、子女在商品购买中所起的作用和影

① 杜向荣：《服务营销理论与实务》，92页，北京，北京交通大学出版社，2009。

响。一般来说，夫妻的购买参与程度大都因产品的不同而有所区别。家庭主妇通常是一家的采购者，特别是在食物、家常衣着和日杂用品方面的购买，传统上主要由妻子承担。但随着知识女性事业心的增强，男子参与家庭和家务劳动风气逐步兴起，现在生产基本生活消费品的企业如果仍然认为妇女是他们产品唯一的或主要的购买者，那将在市场营销决策中造成很大的失误。当然在家庭的购买活动中，决策并不总是由丈夫或妻子单方面做出的，实际上有些价值昂贵或是不常购买的产品，往往是由夫妻双方包括已长大的孩子共同做出购买决定的。此外，亲戚、朋友、同学、同事、邻居等也是影响消费者购买行为的重要相关群体。这些相关群体是消费者经常接触、关系较为密切的一些人。由于经常在一起学习、工作、聊天等，消费者在购买商品时，往往受到这些人对商品评价的影响，有时甚至是决定性的影响。

此外，影响消费者购买行为的社会因素还包括一定的社会政治、法律、军事、经济等因素。影响消费者购买行为的主要因素，除消费者自身因素、社会因素之外，还有企业和产品因素，如产品的质量、价格、包装、商标和企业的促销工作等，在此不再赘述。

（三）消费者的购买决策过程

人们购买一种商品的行为并不是突然发生的，在购买行为发生之前，购买者会有思维活动或行为来保证将要购买的商品自己能满意；即使消费者把商品买到家里后，他还会进一步研究他所买的商品，看看性能如何、味道如何等等。这样看来，与消费者购买行为相关的是一个完整的购买过程。[①] 对于参与广告营销的企业来说，了解消费者的整个购买决策过程是很重要的，因为针对消费者的购买决策，企业可以制定一些广告策略来帮助消费者联想到自己的产品。消费者的购买决策过程可以明显地分为五个阶段，它们是：认识需要、信息搜索、评估选择、购买决定与购后评估。

1. 认识需求。消费者首先要认识到自己需要某种商品的功能，才会去选择和购买，因此，认识需要是消费者购买决策过程中的第一个阶段。在这个阶段里，消费者认识到自己的现实状态与理想中的状态的差距，所以就想消除这个差距。许多因素都可以使人们认识到自己的需要。当人们看到冰箱里空了，就会去买蔬菜、水果、饮料等来填充它，甚至空了的酱油瓶和醋瓶也会使人们认识到需要一瓶新的酱油和一瓶醋。正是因为许多因

① 荣晓华：《消费者行为学（第 3 版）》，53 页，大连，东北财经大学出版社，2011。

素都可以激发人们认识需要，进行市场营销的企业才可以通过广告来激发人们对新产品的需要，从而使他们放弃那些老的产品或者在市场上已经没有竞争力的产品。

2. 信息搜索。消费者认识到自己的需要以后，便会自动地进入购买决策过程中的另一个阶段：信息搜索。当然，对于反复购买的商品，消费者会越过信息搜索阶段，因为所需信息已被消费者通过过去的搜索而掌握，这是不言而喻的。另外，越贵的商品越能使消费者重视信息搜索。信息的外部来源有多种：

（1）个人来源：亲戚和朋友是典型的外部信息来源。在与亲朋好友的谈天中，人们会获得关于商品的知识和信息，并且有相当一部分的消费者喜欢接受别人的建议及购物指导，尽管介绍商品的人的认识或消息来源有时也不十分准确。

（2）公共来源：公共来源的范围较广，可以是政府或其他组织的评奖，也可以是报纸或杂志中关于产品的评论与介绍，还可以是广播电台或电视台组织的有关商品的节目。

（3）商品来源：商品来源包括产品广告、推销员的介绍、商店的陈列或产品包装上的说明等，不过消费者有时会对这些途径的信息有先入为主的判断，消费者可以同意或相信，也可以提出质疑或根据自己的经验做其他评论。

3. 评估选择。

（1）品牌子集。所谓品牌子集是指消费者根据某种标准所选择的限定范围内的商品品牌。评估选择只在消费者的品牌子集中进行，这个子集并不包括同类产品的所有品牌。

（2）决定性因素。在消费者评价与选择的标准中，通常会有一项是促成消费者决策的主要因素，这项因素被称为决定性因素。决定性因素依商品的种类和消费者的感觉、生活方式、态度、需要等诸多方面的因素而变化。[①] 例如一位公司高级职员要买一块与他的地位相称的手表，他喜欢欧米茄牌的，这时品牌就是他评价与选择的决定性因素；一位爱吃辣椒的消费者买零食，那么带辣味儿的食品就是他的首选食品，他会买带辣味儿的锅巴或虾条，至于品牌则不是他关注的要点。有时决定性因素并不止一

---

① 戴贤远：《市场营销通略：营销技术高级分析》，71页，北京，中国金融出版社，2004。

个，可以是两个同样重要的因素。

对企业来说，使某种商品具有独一无二的特色并不是广告的全部，更重要的是这个特色必须与消费者眼里的决定性因素结合起来，这样才能吸引消费者并满足消费者的迫切需要。实际上这种思想已经被许多企业所利用，许多广告不断地宣传产品的迎合消费者决定性因素的功能。洗涤剂的去污能力、卫生巾的防侧漏、电视录像一体机的便利、抗过敏药的无嗜睡性等，都是这方面的例子。

4. 决定购买。消费者经过搜索信息并对产品进行了评价与选择后就会做出购买决定。当然，消费者也可能因为评价与选择过程中的问题推迟或取消购买的决定，这时消费者购买的决策过程处于停滞状态。参与营销的企业不可能对消费者的购买决定做任何工作，因为消费者一旦做出购买决定，余下的只是在商店或其他什么地方完成交易，也就是付款、提货或安排交货地点等事宜。

5. 购后评估。将商品买回家以后，消费者的购买决策过程还没有终止，因为在最初使用商品的过程中，消费者会以购前的期望为标准来检查与衡量自己买回来的商品，为的是看看有没有什么问题或不满意的地方。消费者的期望与消费者所购产品间的差异称为双向差异。双向差异的校正主要由进行营销的企业方面来执行，例如检查产品说明有无给消费者以正确的指导，广告内容有无超现实的方面，产品制造方面是否尚存在缺陷，等等。再如，对技术要求较高的产品，企业对消费者进行专门指导和培训是十分重要的，这一做法已被许多计算机公司和软件公司所采用。

二、影响会展消费心理的主要因素

消费者在社会化环境中，产生对会展产品的需要，在经济条件允许的情况下，进而产生购买的动机，然后产生消费行动，即消费者购买行为。消费者购买行为是指以满足个人或家庭的消费需求为目的购买商品或服务的消费行为，又称为最终消费者的购买行为。消费者先要产生需求动机，需求动机支配消费行为，各种各样的需求动机促进或阻碍购买行为的发生。如何正确分析普通消费者在会展市场的需求动机？什么因素影响着需求动机的变化？

（一）消费者对会展产品的需求动机

需求是人类从事一切活动的基本动力，是消费者产生购买想法和购买行为的直接原因。一个人的购买行为总是直接或间接地、自觉或不自觉地

WENHUA CHANYE

为了满足某种需求。而消费者对会展产品的需求，很大程度上是由会展产品所提供的核心内容引起的。当消费者产生了要了解市场信息、购买商品、寻找合作伙伴等需求时，会展产品应运而生，即构建一个平台，提供相应的服务与设施，使参展商、专业观众与普通观众都能找到所需要的信息，或找到需要的产品完成交易。因此，消费者对会展产品的需求动机的产生取决于会展产品能否满足消费者的需求，以及参展商的产品与服务的质量、专业观众与普通观众的素质与购买量。

（二）影响会展消费心理的主要因素

1. 产品因素

（1）会展产品的内容以及所提供的服务。不同的会展产品有着不同的特性。即使是同样性质的会展产品，在场地、所邀请的参展商和专业观众的质量，以及对行业的影响程度等方面都是不一样的。一个设施完善、服务周到的展会，自然能引起消费者的参与欲望，信誉良好的展会有着很大的优势。消费者的需求会随着会展产品质量的优劣而有所增减。

（2）会展产品的价格。价格是商品价值的货币表现形式，会展产品价格直接关系到买卖双方的切身利益，也直接影响消费者对某些会展产品的购买意愿和购买数量。消费者往往将自身感官接受度与价格相比较，形成对某种商品某个价位的直觉与判断。所以，商品价格是消费者会展产品购买心理中最敏感的因素。

2. 社会因素

（1）社会群体的影响。一个人一生中可能会从属于很多群体——家庭、学校以及各类组织。人在社会中有不同的角色，不能脱离社会而存在，自然也会受所处的社会群体的影响。一个人的消费行为也受到许多参考群体的影响。[①] 如果所处的群体中，大部分人都觉得你需要这样的产品，或大部分的人都认同拥有这件产品，不知不觉地你也会有心理暗示，觉得你自己需要这一产品，从而产生购买的欲望。如广交会成功举办多年，在国内会展行业有良好的口碑，因此各种观众都希望可以进入这样的展会增长自己的见识，寻找发展的机会。

（2）社会信息的影响。在 21 世纪这个信息高速流通的社会，信息科技的成果已经惠及每一个角落。千里之外的信息，通过互联网的传送，几秒钟就能让人们收到。人们收集这些信息，通过分析、辨别，得出结论，

---

① 席波：《推销原理与实务》，40 页，大连，东北财经大学出版社，2009。

同时产生需求。例如，绿色生活、低碳生活的概念，促使人们产生对能源节约的需求，使购买节能电器的人大幅增加；2013年，上海暴发H7N9禽流感，人们产生对板蓝根的需求，争相购买。鉴于信息对消费者需求的影响之大与波及范围之广，应对信息发布者进行适当的规范与约束，使人们获得真实的信息，从而产生理性的需求，进行理性的购买。

(3) 社会媒体的影响。在数字化媒体融合的潮流中，媒体的形式变得日益多元且丰富，新媒体势力不断增长，消费者接收信息的渠道由单一化走向多样化，各种各样的广告也通过媒体的传播铺天盖地袭来。广告通过各种表达方式、表现手法，向消费者传递产品的特征信息以及品牌故事，以求在消费者心中树立对产品与品牌的好感，争取消费者的共鸣，从而产生购买行为。如广州近年兴起的南国书香节，通过电视媒体、车站牌广告、书店宣传等，引起广泛的读书爱好者注意。

3. 消费者个人因素

(1) 消费者的经济条件。消费者即使对一样产品需求再大，购买欲望再高，如果没有相应的经济条件，也是天方夜谭。经济条件不足的消费者将会降低自身对产品的需求，或者选择同样能满足消费者需求又购买得起的替补产品。

(2) 消费者的文化程度及观念。消费者的受教育程度对消费者的需求有影响。例如，文化程度高的消费者会货比三家，寻找一些口碑较好的展会参加，在他们看来质量最为重要，价钱次要；而知识水平较低的人则较多选择价格更为实惠的会展产品。

(3) 消费者的职业与地位。会展产品有着很强的交流性和导向性，不同专题的会展吸引着不同职业和不同地位的消费者。同理，消费者的职业与地位也使他们对会展产品的需求有所差异。例如，家庭主妇更热衷于年货展，而学生们则更喜爱参加动漫展。

普通消费者对会展产品的需求动机及其影响因素都会对消费者的购买决策产生积极或者消极的影响，这会对营销者进行产品宣传和消费引导产生一定的指导作用。有效地利用这些稳定的因素，对消费者决策施加积极的影响，可以促使其做出对产品销售有利的决策行为。同时，要尽量控制其中的不稳定因素，采取一定的方式进行转变和因势利导，使其转化为消费者对产品正面而稳定的总体形象，使营销工作顺利进行。

为便于大家深入了解会展消费的定位及特点，以及影响会展消费的关键因素，下面我们以中国（长春）国际汽车博览会为例进行分析。长春国际汽车博览会是中国五大汽车展会之一，是中国唯一国际级汽车博览会。该展会成功走出了一条独具特色的内涵式发展路子，在助推产业发展、引领汽车文化、探索运作模式等方面都走在了国内众多车展的前列。2012年第九届汽博会以“振兴汽车产业，打造国际汽车名城”为宗旨，开展一系列主题鲜明、内涵丰富、大众喜闻乐见的活动，突出汽车产业成果展示、汽车先进技术交流、汽车主题文化培育，成为国内历届汽博会中规模最大、档次最高、人气最旺、文化氛围最浓、影响面最广的汽车盛会。长春汽博会的相关负责人曾经分析指出其针对会展消费心理进行营销的成功经验：

一是注重营造群众性汽车文化消费氛围。长春汽博会注重把产品展示与汽车文化交流紧密地结合起来，组织开展丰富多彩、形式各异的汽车文化活动，普及汽车文化，让市民体验汽车、感受汽车、热爱汽车，在全市上下营造浓厚的汽车文化氛围。2012年长春汽博会举办了以“传承、铭记、幸福”为主题的汽车节系列活动，先后组织开展了汽车摄影图片展、历史名车展、国际汽车拉力赛、汽车知识大赛、汽车模特大赛、中国汽车模仿锦标赛、车展摄影大赛、汽车涂鸦、达人送票、欢乐汽车总动员、汽车拍卖善款义捐、试乘试驾、特技表演、场地越野赛等系列配套活动，丰富了市民的文化生活，进一步彰显了长春市作为“汽车城”的深厚的汽车文化底蕴。

二是注重推行消费者体验式营销。长春汽博会设置了国内外所有车展中面积最大的试乘试驾活动区，提供了新款车型、专业试车手、技术讲解员、VIP休息区等诸多服务，大大提高了车展的社会性和趣味性，极大增强了广大市民的消费欲望和消费热情。①

在诸多活动和服务的支撑下，长春汽博会的参观人数实现大幅增长，区域影响力进一步提升。在长春汽博会现场，既有脚步欢快的孩童，也能不时看到步履稳健的老者，特别是年轻人对汽车的品牌、性能、厂家以及性价比等如数家珍，长春人爱车懂车亲车的文化素养得到集中展示。②

---

① 滕佳材：《第九届中国（长春）国际汽车博览会闭幕式新闻发布稿》，长春汽博会官网，http://auto-changchun.com/show.php?classid=2&id=2119。

② 冯长远：《长春汽博会铸就国内车展诸多第一》，长春汽博会官网，http://auto-changchun.com/show.php?classid=2&id=2056。

参考文献

1. ［美］阿尔温·托夫勒著，朱志焱等译：《第三次浪潮》，北京，三联书店，1984。

2. ［德］席勒：《审美教育书简》，北京，北京大学出版社，1985。

3. 郭本禹：《高觉敷心理学文选》，南京，江苏教育出版社，1986。

4. 周晓红：《现代社会心理学》，南京，江苏人民出版社，1991。

5. 温孝卿：《消费心理学》，天津，天津大学出版社，1995。

6. 陈培爱：《如何成为杰出的广告文案撰稿人》，厦门，厦门大学出版社，1995。

7. 国家体改委经济体制改革研究院等：《中国国际竞争力发展报告1997》，北京，中国人民大学出版社，1998。

8. 刘家林：《新编中外广告通史》，广州，暨南大学出版社，2000。

9. ［德］齐奥格尔·西美尔著，费勇等译：《时尚的哲学》，北京，文化艺术出版社，2001。

10. 荣晓华：《消费者行为学》，大连，东北财经大学出版社，2011。

11. ［美］尼葛洛·庞帝著，胡泳等译：《数字化生存》，海口，海南出版社，1997。

12. ［美］约瑟夫·派恩、詹姆斯·吉尔摩著，毕崇毅译：《体验经济》，北京，机械工业出版社，2002。

13. 苏东水：《管理心理学》，上海，复旦大学出版社，2002。

14. 刘泓：《广告社会学》，武汉，武汉大学出版社，2002。

15. 顾文钧：《顾客消费心理学》，上海，同济大学出版社，2002。

16. ［美］理查德·格里格、菲利普·津巴多著，王垒、王甦等译：《心理学与生活》，北京，人民邮电出版社，2003。

17. 胡惠林、陈昕主编：《中国文化产业评论（第1卷）》，上海，上海人民出版社，2003。

18. 王永章主编：《中国文化产业典型案例选编》，北京，北京出版社，2003。

19. 申维辰主编：《评价文化：文化资源评估与文化产业评估研究》，太原，山西教育出版社，2004。

20. 王一川：《大众文化导论》，北京，高等教育出版社，2004。

21. 朱惠文、毛丽蓉：《现代消费心理学》，杭州，浙江大学出版社，2004。

22. 叶万春、王堃：《企业营销战略诊断》，武汉，武汉理工大学出版社，2004。

23. 黄志平：《赢得顾客心：营销最佳境界》，北京，金盾出版社，2004。

24. 戴贤远：《市场营销通略：营销技术高级分析》，北京，中国金融出版社，2004。

25. 戴彦臻主编：《旅游心理学》，济南，山东大学出版社，2005。

26. 秦明：《旅游心理学》，北京，北京大学出版社，2005。

27. 胡林主编：《旅游心理学》，广州，华南理工大学出版社，2005。

28. ［美］戴维·迈尔斯著，侯玉波等译：《社会心理学》，北京，人民邮电出版社，2006。

29. 陈灵强：《多维视野中的大众文化》，杭州，浙江大学出版社，2007。

30. 王海鹰：《消费者文化心理研究》，北京，经济管理出版社，2007。

31. 周来祥、周纪文：《中国审美文化通史（秦汉卷）》，合肥，安徽教育出版社，2007。

32. 王雪野：《国际文化资本运营》，北京，中国传媒大学出版社，2008。

33. 曾华：《会展场馆管理》，北京，机械工业出版社，2008。

34. ［美］津巴多等著，王佳艺译：《津巴多普通心理学》，北京，中国人民大学出版社，2008。

35. 王健民：《旅行社产品经营智慧》，北京，旅游教育出版社，2008。

36. 陈筱、袁俊主编：《旅游心理学》，武汉，华中师范大学出版社，2008。

37. 林日葵：《艺术经济学》，杭州，浙江工商大学出版社，2009。

38. 丁汉青：《广告经济学》，北京，经济管理出版社，2009。

39. [美] 马歇尔·麦克卢汉著，何道宽译：《理解媒介——论人的延伸》，北京，商务印书馆，2000。

40. 杜向荣：《服务营销理论与实务》，北京，北京交通大学出版社，2009。

41. 席波：《推销原理与实务》，大连，东北财经大学出版社，2009。

42. [美] 迈克尔·R·所罗门著，卢泰宏等译：《消费者行为学（第8版·中国版）》，北京，中国人民大学出版社，2009。

43. 王育济等主编：《中国文化产业学术年鉴（1979—2002年卷）》，济南，山东大学出版社，2009。

44. 王育济等主编：《中国文化产业学术年鉴（2003—2007年卷）》，济南，山东大学出版社，2009。

45. 李宇红、赵晶媛：《文化创意的人文理论和产业研究》，北京，中国物资出版社，2010。

46. 范周等：《中国城市文化消费报告》，北京，社会科学文献出版社，2010。

47. 齐常华等：《消费心理学》，北京，清华大学出版社，2010。

48. 徐文燕：《旅游心理学原理与应用》，上海，格致出版社，2010。

49. 马继兴主编：《旅游心理学》，北京，清华大学出版社，2010。

50. 吕勤、徐施：《旅游心理学》，北京，北京师范大学出版社，2010。

51. [美] 凯勒著，卢泰宏、吴水龙译：《战略品牌管理（第3版）》，北京，中国人民大学出版社，2009。

52. 邱华：《服务营销》，北京，科学出版社，2010。

53. 皇甫晓涛：《版权经济》，北京，科学出版社，2011。

54. 江林主编：《消费者心理与行为》，北京，中国人民大学出版社，2011。

55. 高长春：《时尚产业经济学导论》，北京，经济管理出版社，2011。

56. 林伟贤：《最佳商业模式》，北京，北京联合出版公司，2011。

57. 刘军、王砥：《消费心理学》，北京，机械工业出版社，2012。

58. 徐萍主编：《消费心理学教程》，上海，上海财经大学出版社，2012。

59. 崔保国主编：《2012年：中国传媒产业发展报告》，北京，社会科学文献出版社，2012。

60. 周忠民主编：《饮食消费心理学》，北京，中国轻工业出版

WENHUA CHANYE

社，2011。

61. 来逢波主编：《旅游心理学》，北京，北京师范大学出版社，2011。

62. 徐子琳、严伟主编：《旅游心理学》，上海，复旦大学出版社，2011。

63. 舒伯阳、廖兆光主编：《旅游心理学》，大连，东北财经大学出版社，2011。

64. 徐永清、李长秋主编：《旅游心理学》，北京，旅游教育出版社，2012。

65. 薛群慧：《旅游心理学：理论·案例》，天津，南开大学出版社，2012。

66. 唯高主编：《餐饮市场消费心理分析》，北京，中国物资出版社，2012。

67. 昝胜锋、唐月民主编：《文化产业十八讲》，福州，福建人民出版社，2012。

后　　记

20 世纪 90 年代山东大学历史文化学院设立旅游管理专业后，我一直给旅游管理专业的本科生讲授《旅游心理学》课程，后来还讲授《管理心理学》课程。很遗憾院系调整后，旅游专业调到了山东大学管理学院，我就不再讲授《旅游心理学》，但《管理心理学》还是继续讲了几年。2003 年历史文化学院结合学院特色和学科发展需要申报开设了文化产业管理专业获得批准，2004 年开始招收本科生。此后我一直给本科生讲授《文化产业经营管理案例》，其中涉及文化消费心理问题；还为文化产业管理专业的研究生开设文化消费心理专题。在这个过程中我一直非常关注人的心理活动与文化消费活动的关系。文化消费与一般消费相比具有满足文化心理需求的功能，文化消费心理决定了文化消费的选择，在消费过程中具有特殊的重要性。所以我一直认为发展文化产业必须要重视对文化消费心理的研究，充分了解消费者的文化消费心理需求的特点及其影响因素，探索文化消费心理发展变化的规律。

目前学术界对文化消费心理的研究还处于起步阶段，研究成果相对较少、系统性不强、研究水平不高，只有一两部研究文化消费心理的专著，还没有一部高等学校教材。一些高校相关专业开设了文化消费心理学的课程，也苦于没有教材。为了推动相关专业的教材建设，福建人民出版社与山东大学合作推动文化产业本科系列教材的编写与出版工作。在山东大学文化产业管理专业同事的支持和鼓励下，我结合自己以前讲授的课程和相关研究，提供了文化消费心理学的编写提纲并得到福建人民出版社的认同，开始组织教材的编写。

因为关于文化消费心理研究的可供直接参考的文献较少，所以本教材编写需要进行大量的具有一定创新的、学科融合意义上的研究。本书形式是教材，但内容本身具有较强的研究性，我也希望在此基础上以后能开展更为深入的系统研究。由于笔者水平和精力有限，为了保证质量和进度，承蒙文化产业管理专业的李大伟、邵明华、付晓青、唐建军、昝胜锋、丁培卫几位年轻教师受邀惠允参与教材编写，保证了教材如期面世。其中笔者确定了写作大纲和体例要求，编写了第一章消费心理与文化消费心理，第二章文化消费心理学的理论与实践基础；李大伟编写第三章文化消费心理的基本过程，第四章群体文化消费心理，第五章传统、环境与文化消费心理；邵明华编写第六章影视传媒消费心理；付小青编写第七章纸质媒体消费心理，第八章网络媒体消费心理，第十一章演艺文化消费心理；唐建军编写第九章旅游、餐饮文化消费心理；昝胜锋编写第十章体育文化消费心理；丁培卫编写第十二章广告、会展消费心理。他们都是相关专业博士，在山东大学文化产业管理专业任教有年，学有专攻，业有所成，团队合作，甚为愉快。

写作过程中与出版社赖炳伟先生多次沟通，听取意见建议，对写作大纲和编写要求进行了调整完善；各位老师也非常用心，多次修改调整书稿。成稿后本人做了通稿、统稿工作，基本上保持了各位作者所写的原有内容、写作风格和基本观点，对教材体例结构等进行了进一步的统筹。在即将付梓之际，衷心感谢福建人民出版社及为本书付出辛勤劳动的编辑们，感谢写作团队的老师，感谢历史文化学院各位老师、同事给予的多方面的支持和帮助；特别要感谢王育济教授和文化产业管理系韩英主任、董雪梅副书记等在写作过程中给予的指导、关心和帮助，感谢硕士研究生张聪、孙红袖、张学斌等同学在资料收集整理和文字校对等方面做的工作。

本书参考了大量文献资料，感谢相关专家学者的前期研究工作。本书所引用资料，尽量予以注明，如有疏忽遗漏，恳请批评指正。

本书可以作为本、专科文化产业管理专业和相关专业的教材，也可供研究生和相关专业人员参考。由于文化消费心理是一个新的研究领域，我们的研究才刚刚起步，书中观点存在不够成熟、不够准确之处在所难免，恳请读者提出宝贵意见和建议，以便今后修订中加以改正。

赵爱国

2013 年暑假于山东大学知新楼